초등학생을 위한
표준 한국어

교사용 지도서

저학년
의사소통 1

초등학생을 위한

표준 한국어

국립국어원 기획 · **이병규** 외 집필

저학년

의사소통 1

마리북스

교사용 지도서

발간사

국립국어원에서는 교육부 2012년 '한국어 교육과정' 고시에 따라 교육과정을 반영한 학교급별 교재 개발을 진행하였습니다. 이어서 2017년 9월에 '한국어 교육과정'이 개정·고시(교육부 고시 제2017-131호)됨에 따라 2017년에 한국어(KSL) 교재 개발 기초 연구를 수행하였고, 연구 결과를 바탕으로 초등학교 교재 11권, 중고등학교 교재 6권을 개발하여 2019년 2월에 출판하였습니다.

교재에 더하여 학교 현장에서 다문화가정 학생들의 한국어 의사소통 능력 및 학습 능력 함양에 보탬이 되고자 익힘책을 개발하게 되었습니다. 교재와의 연계성을 높인 내용으로 구성하여 말 그대로 익힘책을 통해 한국어를 더 잘 익힐 수 있도록 노력하였습니다. 더불어 익힘책의 내용을 추가 반영한 지도서를 함께 출판하여 현장에서 애쓰시는 일선 학교 담당자들과 선생님들에게도 교재 사용의 길라잡이를 제공하고자 하였습니다.

'다문화'라는 말이 더 이상 낯설지 않은 한국 사회에서 다문화가정 학생들이 한국 사회 구성원으로서의 정체성 함양에 밑거름이 되는 한국어 능력을 기르는 데 《초등학생을 위한 표준 한국어》가 도움이 되기를 바랍니다. 국립국어원에서는 이제껏 그래왔듯이 교재 개발 결과가 현장에서 보다 잘 활용될 수 있도록 돕기 위하여 교재 개발은 물론 교원 연수 등을 통해 지속적으로 다문화가정 학생들의 한국어 능력 향상을 위해 노력하겠습니다.

끝으로 3년간 《초등학생을 위한 표준 한국어》 교재와 익힘책, 지도서 개발과 발간을 위해 애써 주신 교재 개발진과 출판사에 깊은 감사의 말씀을 드립니다.

2020년 2월
국립국어원장 소강춘

머리말

2012년 '한국어(KSL) 교육과정'이 고시되면서 초등 및 중등 학습자를 위한 한국어(KSL) 교육은 공교육의 체제 속에서 전개되어 왔습니다. 모어 배경과 문화, 생활 경험과 언어적 환경 등에서 매우 다양한 한국어(KSL) 학습자들은 '한국어(KSL) 교육과정'이 적용된 《초등학생을 위한 표준 한국어》를 배워 왔고 일상생활과 학교생활에 필요한 한국어 능력을 길러 왔습니다. 이제 학교에서의 한국어(KSL) 교육은 새로운 도약을 목전에 두고 있다고 할 수 있습니다. 지난 2017년에 '한국어(KSL) 교육과정'이 개정되면서, 새로운 교육과정이 적용된 《초등학생을 위한 표준 한국어》 11권이 2019년에 출간되었습니다. 그리고 올해는 《초등학생을 위한 표준 한국어 익힘책》 11권이 세상에 빛을 보게 되었기 때문입니다.

새 교육과정에 따라 편찬한 《초등학생을 위한 표준 한국어》와 《초등학생을 위한 표준 한국어 익힘책》은 세 가지 원칙을 분명히 하였습니다. 첫째, 개정된 교육과정의 관점과 내용 체계, 교재 개발을 위한 기초 연구의 성과 등을 충실히 반영하는 것입니다. 〈의사소통 한국어〉 교재와 〈학습 도구 한국어〉 교재를 분권하고, 학령의 특수성을 고려한 저학년용, 고학년용 교재의 구분 등도 이러한 맥락에서 실행되었습니다.

둘째, 초등학교 한국어(KSL) 학습자와 교육 현장을 충분히 이해하고 고려하는 것입니다. 이를 위해 연구 집필진은 초등학생 한국어 학습자의 언어 환경, 한국어 학습의 조건과 요구 등을 파악하는 데 많은 노력을 기울였습니다.

셋째, 《초등학생을 위한 표준 한국어》와 《초등학생을 위한 표준 한국어 익힘책》을 긴밀히 연계하여 교수·학습의 효과와 효율성을 높이고자 하였습니다. 본책에서 목표 어휘와 목표 문법에 대한 부족한 활동을 익힘책에서 반복·수행하여 익힐 수 있도록 연계하였습니다.

이 교사용 지도서는 위와 같은 원칙하에 개발된 《초등학생을 위한 표준 한국어》와 《초등학생을 위한 표준 한국어 익힘책》을 교수·학습 상황에 효과적으로 연계하여 활용할 수 있도록 하였습니다. 한국어 교육 경험이 많지 않은 선생님도 이 지도서를 참고하여 교재 연구를 하면 수업 설계를 잘 할 수 있을 것입니다. 특히, 교수·학습의 절차와 교육 내용 등을 교사 언어와 함께 구체적으로 기술하여 수업을 설계하는 데 편의를 도모하고자 하였습니다.

이뿐만 아니라, 이 지도서는 교수·학습 내용에 대한 배경지식과 참고 정보를 풍부하게 제시하고 있으며, 교수 방안에 대한 아이디어 또한 다양하게 제시하고 있습니다. 이를 참고하면 초등학교 한국어 학습자의 특성을 고려한 교수·학습을 수행하는 데 도움이 될 수 있을 것입니다.

초등학교 한국어 교육 현장에 적합한 교육을 설계하고 구현하기 위하여 개발한 교사용 지도서는 많은 분들의 지원과 노력으로 완성되었습니다. 우선 새로운 방식의 지도서가 편찬될 수 있도록 지원을 아끼지 않은 교육부와 국립국어원 관계자 여러분께 깊이 감사드립니다. 그리고 고된 작업 일정과 어려운 여건 속에서도 진심과 열정으로 임해 주셨던 연구 집필진 선생님들께, 그리고 마리북스출판사에도 깊은 감사의 마음을 전합니다.

　이 지도서가 선생님들이 한국어(KSL) 교수·학습을 운영하는 데 올바른 지침이 될 수 있기를 바랍니다. 이렇게 이루어진 한국어 수업을 통하여 초등학교 한국어 학습자들이 학교생활에 잘 적응할 뿐만 아니라, 교과 학습의 기초와 기반을 다질 수 있는 한국어 능력을 갖게 되길 희망합니다.

2020년 2월
저자 대표 이병규

일러두기

1 지도서 소개

《초등학생을 위한 표준 한국어 의사소통 교사용 지도서》는 한국어(KSL) 교재의 교육 목표를 현장에 충분히 구현할 수 있도록 하는 데 목적을 두고 구성했다. 본 지도서의 특징은 다음과 같다.

교사 중심의 교사용 지도서

- 교육 절차와 교육 내용 등을 상세하고 구체적으로 기술하여 한국어(KSL) 교육 경험이 많지 않은 교사도 본 지도서를 참고하면 양질의 수업을 진행할 수 있도록 했다.
- 교사가 알고 있어야 하는 관련 지식과 다양한 활동을 기반으로 한 교수·학습 지침, 유의점 등을 상세하고 구체적으로 기술했다.
- 단원별로 수행 과제로 부과할 만한 교육 활동을 제공하거나 여건에 따라 익힘책 활동을 과제로 전환할 수 있도록 유도하여 교사들의 편의를 도모했다.
- 다양한 유형의 지도서 사용자들을 고려해 단계에 맞는 교사 언어를 제공했다.

다양한 교육 현장에서의 활용을 고려한 지도서

- 교재의 단원 구성 원리와 교수 절차에 맞춰 개발함으로써 실제 사용상의 효율성을 높였다.
- 단원별로 8~10차시를 적절한 교육 시수로 설정하였으나 교육 현장의 상황이나 여건에 맞춰 선택적 사용이 가능하도록 내용을 구성했다.
- 교재와 익힘책의 긴밀성을 확보하는 방향으로 지도서의 내용을 구성했다.

초등 학습자의 특성을 고려한 교수 방안

- 성인 학습자에 비해 경험의 폭이 한정되어 있고 학습 동기의 양상도 다른 초등 학습자를 배려한 교수·학습 방안을 개발했다.
- 교사로 하여금 《초등학생을 위한 표준 한국어》에 반영되어 있는 초등 학습자의 관심사와 학습 흥미를 이끌어 낼 수 있게 도와주고, 학습자가 간접 경험의 기회를 많이 가질 수 있도록 하는 데에 도움을 주는 장치를 다수 마련했다.

- 초등학생들이 경험하는 일상생활과 학교생활을 고려한 교수·학습 방안을 개발했다.
- 초등학생에게 필요한 학습 어휘와 학습 주제를 활용하는 방안을 제시하여 교사가 현장에서 바로 적용하여 사용할 수 있도록 했다.

수업 전반의 진행 방식 및 각 단계의 진행 방식의 구체적 방법을 제시하는 지도서

- '어휘 지식' 등과 같은 보충적 설명을 통해 교사가 사전에 숙지해야 할 내용을 제공하여 지도서가 교사 재교육에 일조할 수 있도록 했다.
- 각 활동을 설명하는 '교사 언어'를 제공하여 활동에 대한 교사와 학습자의 이해도를 높일 수 있도록 했다.

알아 두기

〈'알고 있나요?'와 '점검하기'에 대한 적절한 지도를 위해 알아 두어야 할 사항〉

- 교사는 학습자가 '알고 있나요?'를 통해 해당 권을 학습하기 전 스스로 한국어 실력을 확인해 볼 수 있도록 지도한다.
- '알고 있나요?'에서 제시된 문제의 70% 이상을 이해하였을 때, 해당 교재를 학습하기 위한 최소한의 언어 능력이 있다고 판단할 수 있다.

- 교사는 학습자로 하여금 교재의 해당 권을 모두 학습한 후에 '점검하기'를 통해 종합적 연습을 할 수 있도록 지도한다.
- '점검하기'에서 제시된 문제의 80% 이상을 이해하였을 때, 해당 교재의 내용을 충분히 학습하였다고 판단한다. 단 학생이나 현장의 특성에 따라 필수 차시만 학습하고 '점검하기'를 접하게 된 경우에 '점검하기' 문제를 80% 미만으로 이해하였다고 판단되면 해당 교재의 필수 차시를 복습하거나 선택 차시를 학습하도록 지도할 수 있다.

2 지도서의 단원 구성

《초등학생을 위한 표준 한국어 의사소통 교사용 지도서》의 단원은 다음과 같은 순서로 구성된다.

단원명 ⇨ 단원의 개관 ⇨ 차시 전개 과정
⇨ 단원 지도상의 유의점 ⇨ 차시별 교수·학습 방법 제시

3 지도서의 단원별 내용 구성

지도서의 내용 구성과 제시의 특징은 다음과 같다.

① 단원의 개관

- 단원의 학습 주제와 학습 활동, 학습 어휘와 문법에 대한 설명을 간략하게 제시했다.
- 단원의 학습 목표와 주제, 장면, 기능, 문법, 어휘, 문화, 담화 유형을 제시했다.

② 차시 전개 과정

- 필수 차시의 차시 제목, 성격, 학습 내용, 교재와 익힘책 쪽수 정보를 제시했다.
- 선택 차시의 차시 제목, 성격, 학습 내용, 교재와 익힘책 쪽수 정보를 제시했다.

③ 단원 지도상의 유의점

- 단원을 지도할 때 전반적으로 유의해야 할 점을 제시했다.

④ 차시별 교수·학습 방법 제시

- 수업 과정에 따라 차시별로 교수·학습 방법을 제공하여 교사의 지도 방향을 구체화했다.
- '주요 학습 내용'을 통해 목표 어휘와 문법 정보, 준비물을 제시했다.
- '어휘 지식' 항목을 설정하여 단원에서 학습해야 하는 목표 어휘와 관련된 전문 지식을 제시했다.
- '문법 지식' 항목을 설정하여 단원에서 학습해야 하는 목표 문법과 관련된 전문 지식을 제시했다.
- '교사 언어(신)'를 제공하여 실제 수업에서 교사가 교육 내용을 어떻게 발화해야 하는지를 구체적으로 제시했다.

4 단계별 지도서 세부 사항

① 단원의 시작

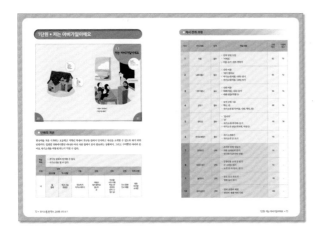

- 해당 단원의 학습 목표, 장면, 기능, 문법, 어휘, 문화, 담화 유형 등 전체 내용을 조밍하고 확인할 수 있도록 구성했다.
- 해당 단원의 차시 전개 과정, 필수 학습, 선택 학습, 익힘책과의 연계성을 설명했다.
- 단원명, 단원의 개관, 차시 전개 과정, 단원 지도상의 유의점의 순으로 구성했다.

② 필수 차시(1~6차시)

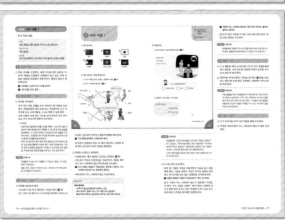

- 필수 차시는 2쪽으로 구성하고 '도입, 제시, 설명, 연습, 적용, 정리' 등 각 단계에 따른 지도 내용을 안내했다.
- 주요 학습 내용으로 '어휘, 문법 및 표현, 준비물'을 안내하고, 해당 차시의 학습 목표를 제시했다.
- 어휘 지식에서 '발음, 정의, 예문' 등을 제시했다(어휘에 따라 '정보' 항목은 선택적으로 제시할 수도 있다).
  - 발음: 발음이 표기와 다를 경우 한국어로 제시했다.
  - 정의: 한국어기초사전 및 표준국어대사전의 풀이를 참조하여 초등학생 수준에 적합하게 풀어썼다(다만 정의의 의미는 학생들에게 알려 주는 것이 아니라 교사에게 주는 정보이다).

- 예문: 해당 어휘 의미가 문맥에 잘 나타난 예문을 새롭게 제시했다.
- 문법 지식에서 '설명, 예문, 형태, 예시' 등을 제시했다.
　　- 설명: 학습자 언어 등급에 맞는 용어와 문장을 통해 문법을 새롭게 설명했다(해당 문법의 모든 의미가 아닌 해당 단원에서 쓰인 문법의 의미만을 설명했다. 교재에 제시된 문법 설명과 동일한 설명은 되도록 지양했다).
　　- 예문: 교재 예문과 중복되지 않은 예문으로 2~3개 더 추가했다.
　　- 형태: 조건에 따라 이형태를 제시했다.
　　- 예시: 이형태의 용례를 제시했다.

③ 선택 차시(7~10차시)

- 선택 차시는 1쪽으로 구성하고 '도입, 전개, 정리', '읽기 전, 읽기 중, 읽기 후', '쓰기 전, 쓰기 중, 쓰기 후', '대화 전, 대화 중, 대화 후' 등 해당 내용에 적합한 단계에 따라 지도 내용을 안내했다.
- 주제와 관련한 질문을 통해 학생들에게 주제를 추측할 수 있도록 도움을 줄 수 있는 교사 언어를 제시했다.
- 언어 학습과 함께 한국 문화를 익힐 수 있는 보충 내용을 소개했다.

한글의 자음자와 모음자

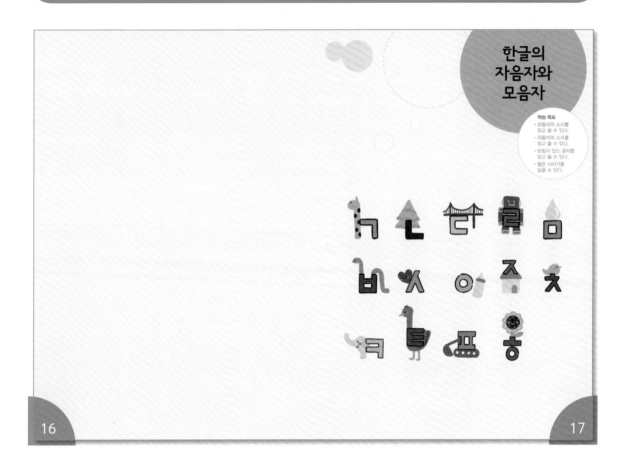

한글의
자음자와
모음자

학습 목표
• 모음자의 소리를
  읽고 쓸 수 있다.
• 자음자의 소리를
  읽고 쓸 수 있다.
• 받침이 있는 글자를
  읽고 쓸 수 있다.
• 짧은 이야기를
  읽을 수 있다.

16   17

● 단원의 개관

이 단원에서는 한국어를 처음 배우는 초등학생들을 위한 한글 학습 내용을 다루고 있다. 한국어를 듣고 말할 수 있는 것과 듣고 말하지 못하는 것은 한글을 지도하는 것에 많은 차이가 있다. 학생이 낱말의 소리와 뜻을 알고 있으면 그 소리를 글자로 표현하는 것을 지도하면 된다. 그렇지 않다면 뜻, 음성, 문자를 모두 지도해야 한다.

이 단원에서는 한국어를 처음 배우는 학생들이 뜻, 음성, 문자를 동시에 익힐 수 있도록 하기 위해 자모나 음절 중심의 한글 학습 방법이 아닌 의미 있는 낱말들, 즉 의미 중심의 한글 학습 방법을 도입했다. 매 차시 한 가지 요소에 따라 뜻이 달라지는 최소 대립쌍(minimal pair)을 그림과 함께 제시하여 글자의 차이와 그 차이에 따른 뜻을 알고 익히도록 한 것이 이 단원의 큰 특징이다.

학습 목표	• 모음자를 읽고 쓸 수 있다. • 자음자를 읽고 쓸 수 있다. • 받침이 있는 글자를 읽고 쓸 수 있다. • 짧은 이야기를 읽을 수 있다.

● 차시 전개 과정

차시	구분	성격	학습 내용	교재 쪽수	익힘책 쪽수	준비물
1	모음	필수	• 모음 ㅏ, ㅓ	18	10	
2	모음	필수	• 모음 ㅗ, ㅜ	20	12	
3	모음	필수	• 모음 ㅡ, ㅣ	22	14	
4	모음	필수	• 모음 ㅐ, ㅔ	24	16	
5	이중 모음	필수	• 이중 모음 ㅑ, ㅕ	26	18	
6	이중 모음	필수	• 이중 모음 ㅛ, ㅠ	28	20	
7	모음 연습	필수	• 모음으로 이루어진 낱말	30	22	자모음 카드
8	자음	필수	• 자음 ㄱ, ㅋ	32	24	모음 막대 1, 2
9	자음	필수	• 자음 ㄴ, ㄷ, ㅌ	34	26	모음 막대 1, 2
10	자음	필수	• 자음 ㅁ, ㅂ, ㅍ	36	28	모음 막대 1, 2
11	자음	필수	• 자음 ㅅ	38	30	모음 막대 1, 2
12	자음	필수	• 자음 ㅈ, ㅊ	40	32	모음 막대 1, 2
13	자음	필수	• 자음 ㄹ	42	34	모음 막대 1, 2
14	자음	필수	• 자음 ㅎ	44	36	모음 막대 1, 2
15	겹자음	필수	• 겹자음 ㄲ, ㄸ, ㅃ, ㅆ, ㅉ	46	38	모음 막대 1, 2
16	받침	필수	• 받침 ㅁ	48	40	받침 ㅁ 막대
17	받침	필수	• 받침 ㅇ	50	42	받침 ㅇ 막대
18	받침	필수	• 받침 ㄴ, ㄹ	52	44	받침 ㄴ, ㄹ 막대
19	받침	필수	• 받침 ㅂ, ㅍ	54	46	받침 ㅂ, ㅍ 막대
20	받침	필수	• 받침 ㄱ, ㄲ, ㅋ	56	48	받침 ㄱ, (ㄲ, ㅋ) 막대
21	받침	필수	• 받침 ㄷ, ㅅ, ㅆ, ㅈ, ㅊ, ㅌ, ㅎ	58	50	자모음 카드
22	겹받침	필수	• 겹받침 ㄺ, ㅄ, ㄶ, ㄼ	60	52	
23	이중 모음	필수	• 이중 모음 ㅒ, ㅖ	62	54	
24	이중 모음	필수	• 이중 모음 ㅘ, ㅝ	64	56	
25	모음	필수	• 모음 ㅟ, ㅢ	66	58	
26	모음	필수	• 모음 ㅙ, ㅚ, ㅞ	68	60	
27	연음	필수	• 끊어 읽기와 이어 읽기	70	62	
28	한글 자모	필수	• 한글 자모 익히기, 이름 쓰기	72	64	
29	짧은 글	필수	• '기차 ㄱ, ㄴ, ㄷ 1' 읽기	74	66	
30	짧은 글	필수	• '기차 ㄱ, ㄴ, ㄷ 2' 읽기	76	68	

1차시 ㅏ, ㅓ

1 도입 – 3분

1) 단원 도입 그림을 설명한다.
· 그림에서 한글을 찾아보게 한다.

2) 차시 도입을 설명한다.
· 그림을 보고 '나'와 '너'의 의미를 이해하게 한다.
🔴 (자신을 가리키며) 나
　　 (학생을 가리키며) 너
· 반복적으로 듣고 따라 하게 한다.

2 제시, 설명 – 10분

1) 듣고 따라 하기를 한다.
· 반복적으로 듣고 따라 하게 한다.
🔴 나, (ㄴ을 가리며) ㅏ
· 글자의 소리 차이를 생각하며 반복적으로 듣고 따라 하게 한다.
🔴 너, (ㄴ을 가리며) ㅓ

3 연습 – 10분

1) 듣고 따라 하기를 한다.
· 입 모양을 보면서 듣고 따라 읽게 한다.

2) 듣고 고르기를 한다.
· 듣고 알맞은 것에 ○표 하게 한다.

4 적용 – 10분

1) 쓰기를 한다.
· 쓰는 순서에 맞게 글자를 쓰는 연습을 하게 한다.

2) 몸으로 표현하기를 한다.
· 배운 글자를 몸으로 표현하게 한다.

5 정리 – 2분

1) 정리하기
· 익힘책에서 배운 내용을 연습하게 한다.

1. ㅏ, ㅓ를 알아봅시다.

나 = ㄴ + 아
너 = ㄴ + 어

18 • 의사소통 한국어 1

18

익힘책 **10쪽 1번**을 써 보게 한다.

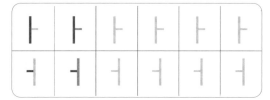

무지개 색깔로 쓰기 순서를 표시하여 글자 순서를 익히게 했다. 즉, 무지개색의 순서가 획순이 된다. 그러므로 색연필 색을 바꿔 가면서 글자를 완성하게 한다. 여기서 주의해야 할 점은 학생들이 빨간색 색연필로 같은 획을 여러 번 쓰지 않도록 해야 한다. 빨간색 색연필로 한 획 쓰고, 주황색 색연필로 다음 획을 쓸 수 있도록 지도한다. 바른 자세로 ㅏ, ㅓ를 쓰게 한다. 여러 번 연습을 통해 위에서 아래, 왼쪽에서 오른쪽으로 쓴다는 것을 스스로 알게 한다.

2. 들어 봅시다.

① 아 ② 어

3. 골라 봅시다.

① 아 어
  (   ) (   )

② 아 어
  (   ) (   )

4. 써 봅시다.

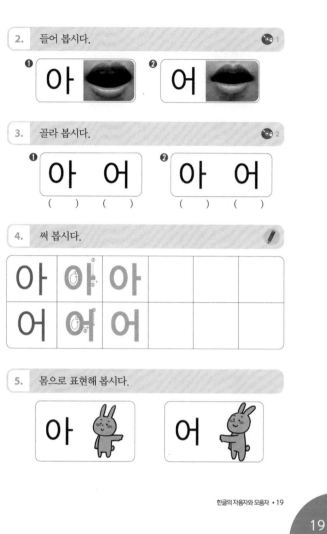

5. 몸으로 표현해 봅시다.

아 🐰   어 🐰

① 나 ② 너 ③ 나

2차시 ㅗ, ㅜ

1 도입 – 3분

1) 이전 학습 떠올리기를 한다.
 · 지난 시간에 배운 글자를 확인하게 한다.

2) 차시 도입을 설명한다.
 · 그림을 보고 '소'와 '수'의 의미를 몸이나 그림으로 표현하게 한다. 상황에 따라 번역기를 사용할 수도 있다.

2 제시, 설명 – 10분

1) 의미 알아보기를 한다.
 · 그림을 보고 '소'와 '수'의 의미를 이해하게 한다.
 🔵 ('소'를 가리키며) 소
  ('수'를 가리키며) 수

 · 글자의 소리 차이를 생각하며 반복적으로 듣고 따라 하게 한다.

2) 듣고 따라 하기를 한다.
 · 반복적으로 듣고 따라 하게 한다.
 🔵 소, (ㅗ을 가리키며) ㅗ

 · 반복적으로 듣고 따라 하게 한다.
 🔵 수, (ㅜ을 가리키며) ㅜ

3 연습 – 10분

1) 듣고 따라 하기를 한다.
 · 입 모양을 보면서 듣고 따라 읽게 한다.

2) 듣고 고르기를 한다.
 · 듣고 알맞은 것에 ○표를 한다.

  ※ 유의점: 학생들이 '오', '우' 소리를 정확히 구분할 수 있도록 지도한다.

4 적용 – 10분

1) 쓰기를 한다.
 · 쓰는 순서에 맞게 글자를 쓰는 연습을 하게 한다.

2) 몸으로 표현하기를 한다.
 · 배운 글자를 몸으로 표현하게 한다.

  ※ 유의점: 학습에 어려운 점이 없는 학생에게는 지난 시간에 배운 내용을 적용하여 의미 없는 소리인 '노'와 '누', '사'와 '서'를 익히게 한다.

5 정리 – 2분

1) 정리하기
 · 익힘책에서 배운 내용을 연습하게 한다.

2 ㅗ, ㅜ

1. ㅗ, ㅜ를 알아봅시다.

ㅗ = ㅅ + ㅗ

ㅜ = ㅅ + ㅜ

익힘책 12쪽 1번을 써 보게 한다.

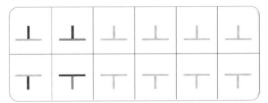

무지개 색깔로 쓰기 순서를 표시하여 글자 순서를 익히게 했다. 즉, 무지개색의 순서가 획순이 된다. 그러므로 색연필 색을 바꿔 가면서 글자를 완성하게 한다. 여기서 주의해야 할 점은 학생들이 빨간색 색연필로 같은 획을 여러 번 쓰지 않도록 해야 한다. 빨간색 색연필로 한 획 쓰고, 주황색 색연필로 다음 획을 쓸 수 있도록 지도한다. 바른 자세로 ㅗ, ㅜ를 쓰게 한다. 여러 번 연습을 통해 위에서 아래, 왼쪽에서 오른쪽으로 쓴다는 것을 스스로 알게 한다.

2. 들어 봅시다.

3. 골라 봅시다.

4. 써 봅시다.

5. 몸으로 표현해 봅시다.

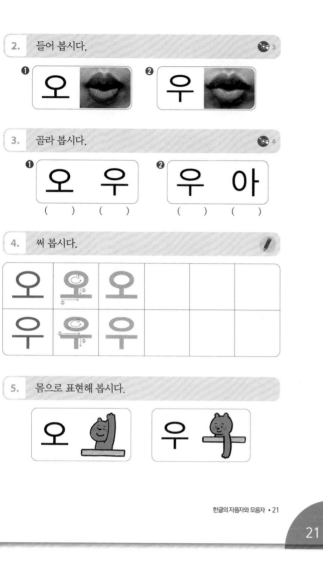

익힘책 12쪽 2번을 써 보게 한다.

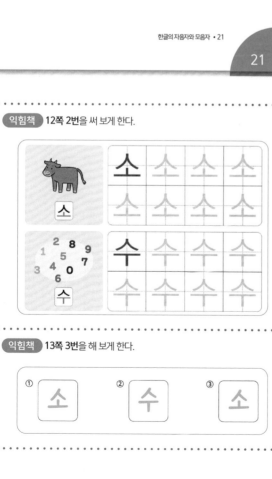

익힘책 13쪽 3번을 해 보게 한다.

① 소 ② 수 ③ 소

3차시 ㅡ, ㅣ

1 도입 - 3분

1) 이전 학습 떠올리기를 한다.
· 지난 시간에 배운 글자를 확인하게 한다.

2) 차시 도입을 설명한다.
· 그림을 보고 '비'와 '버스'의 의미를 몸이나 그림으로 표현하게 한다. 상황에 따라 번역기를 사용할 수도 있다.

2 제시, 설명 - 10분

1) 의미 알아보기를 한다.
· 그림을 보고 '비'와 '버스'의 의미를 이해하게 한다.
   선 ('비'를 가리키며) 비
       ('버스'를 가리키며) 버스
· 반복적으로 듣고 따라 하여 글자와 의미를 함께 익히도록 한다.
   ※ 유의점: '버'는 지난 시간에 배운 'ㅓ'를 생각하며 읽을 수 있도록 한다.

2) 듣고 따라 하기를 한다.
· 반복적으로 듣고 따라 하게 한다.
   선 비, (ㅂ을 가리키며) ㅣ
· 반복적으로 듣고 따라 하게 한다.
   선 버스, (ㅅ을 가리키며) ㅡ

3 연습 - 10분

1) 듣고 따라 하기를 한다.
· 입 모양을 보면서 듣고 따라 읽게 한다.

2) 듣고 고르기를 한다.
· 듣고 알맞은 것에 ○표 하게 한다.
   ※ 유의점: 학생들이 '으', '이' 소리를 정확히 구분할 수 있도록 한다.

4 적용 - 10분

1) 쓰기를 한다.
· 쓰는 순서에 맞게 글자를 쓰는 연습을 하게 한다.

2) 몸으로 표현하기를 한다.
· 배운 글자를 몸으로 표현하게 한다.
   ※ 유의점: 'ㅡ'와 'ㅣ'는 한국 학생들도 많이 헷갈려 한다. 반복적인 연습으로 음을 정확히 구분하고 발음할 수 있도록 한다.

1. ㅡ, ㅣ를 알아봅시다.

5 정리 - 2분

1) 정리하기
· 익힘책에서 배운 내용을 연습하게 한다.

익힘책 14쪽 1번을 써 보게 한다.

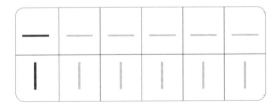

무지개 색깔로 쓰기 순서를 표시하여 글자 순서를 익히게 했다. 바른 자세로 ㅡ, ㅣ를 쓰게 한다.

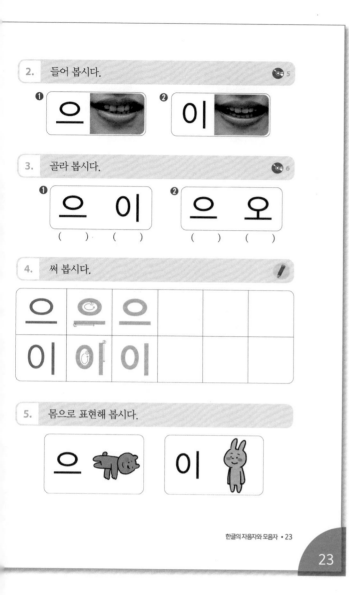

2. 들어 봅시다. 💿 5

① 으 ② 이

3. 골라 봅시다. 💿 6

① 으 이 ② 으 오
　( )　( )　　　( )　( )

4. 써 봅시다. ✏

| 으 | 으 | 으 | | |
| 이 | 이 | 이 | | |

5. 몸으로 표현해 봅시다.

으 🐻   이 🐰

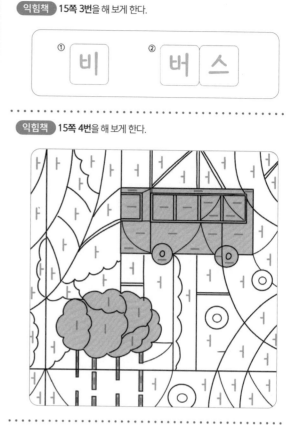

익힘책 15쪽 3번을 해 보게 한다.

① 비   ② 버 스

익힘책 15쪽 4번을 해 보게 한다.

익힘책 14쪽 2번을 써 보게 한다.

비

버스

4차시 ㅐ, ㅔ

1 도입 – 3분

1) 이전 학습 떠올리기를 한다.
- 지난 시간에 배운 글자를 확인하게 한다.

2) 차시 도입을 설명한다.
- 그림을 보고 '개'와 '게'의 의미를 몸이나 그림으로 표현하게 한다. 상황에 따라 번역기를 사용할 수도 있다.

2 제시, 설명 – 10분

1) 의미 알아보기를 한다.
- 그림을 보고 '개'와 '게'의 의미를 이해하게 한다.
  📌 ('개'를 가리키며) 개
     ('게'를 가리키며) 게
- 반복적으로 듣고 따라 하여 글자와 의미를 함께 익히도록 한다.

2) 듣고 따라 하기를 한다.
- 반복적으로 듣고 따라 하게 한다.
  📌 개, (ㄱ을 가리며) ㅐ
- 반복적으로 듣고 따라 하게 한다.
  📌 게, (ㄱ을 가리며) ㅔ

  ※ 유의점: 'ㅐ'는 'ㅔ'보다 입을 조금 더 크게 벌려 발음하게 한다. 단, 'ㅐ'와 'ㅔ'는 한국 사람들도 발음을 정확하게 구분하지 못하는 경우가 많으므로 발음 차이를 지나치게 강조할 필요는 없다.

3 연습 – 10분

1) 듣고 따라 하기를 한다.
- 입 모양을 보면서 듣고 따라 읽게 한다.

2) 듣고 고르기를 한다.
- 듣고 알맞은 것에 ○표 한다.

4 적용 – 10분

1) 쓰기를 한다.
- 쓰는 순서에 맞게 글자를 쓰는 연습을 하게 한다.

2) 찾아보기를 한다.
- 'ㅐ', 'ㅔ'가 들어 있는 여러 개의 단어에서 'ㅐ'와 'ㅔ'를 찾게 한다.

  ※ 유의점: 심화 과정으로 제시된 여러 개의 단어에 있는 배운 모음을 찾아 읽어 보게 하거나 단어를 읽고 따라 하게 한다. 아직 자음을 배우기 전이지만 자연스럽게 노출하여 자음을 읽는 방법을 유추할 수 있는 기회를 준다.

---

4 ㅐ, ㅔ

1. ㅐ, ㅔ를 알아봅시다.

개 = ㄱ + ㅐ

게 = ㄱ + ㅔ

24 • 의사소통 한국어 1

24

5 정리 – 2분

1) 정리하기
- 익힘책에서 배운 내용을 연습하게 한다.

익힘책 16쪽 1번을 써 보게 한다.

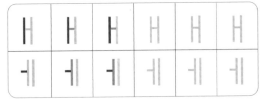

무지개 색깔로 쓰기 순서를 표시하여 글자 순서를 익히게 했다. 바른 자세로 ㅐ, ㅔ를 쓰게 한다.

25

2. 들어 봅시다.   🔊 7

❶ 애    ❷ 에

3. 골라 봅시다.   🔊 8

❶ 에 이
( ) ( )

❷ 애 으
( ) ( )

4. 써 봅시다.   ✏️

애	애	애		
에	에	에		

5. ㅔ와 ㅐ를 찾아봅시다.

민들레 개나리 메추라기 그네 개구리
벌레 매미 해바라기 개미 모래

한글의 자음자와 모음자 • 25

익힘책 17쪽 3번을 해 보게 한다.

① 개   ② 게

익힘책 17쪽 4번을 해 보게 한다.

익힘책 16쪽 2번을 써 보게 한다.

개	개	개	개
개	개	개	개

게	게	게	게
게	게	게	게

5차시 ㅑ, ㅕ

1 도입 – 3분

1) 이전 학습 떠올리기를 한다.
- 지난 시간에 배운 글자를 확인하게 한다.

2) 차시 도입을 설명한다.
- 그림을 보고 '야호'와 '여우'의 의미를 몸이나 그림으로 표현하게 한다. 상황에 따라 번역기를 사용할 수도 있다.

2 제시, 설명 – 10분

1) 의미 알아보기를 한다.
- 그림을 보고 '야호'와 '여우'의 의미를 이해하게 한다.
  교 (손을 입에 모아) 야호
  ('여우'를 가리키며) 여우
- 반복적으로 듣고 따라 하여 글자와 의미를 함께 익히도록 한다.
  ※ 유의점: 이중 모음이 처음 나온다. 이중 모음은 입술 모양이나 혀의 위치를 처음과 나중이 서로 달라지게 하여 내는 모음을 말한다. 이에 발음 지도에 유의해야 한다.

2) 듣고 따라 하기를 한다.
- 반복적으로 듣고 따라 하게 한다.
  교 야호, 야
- 반복적으로 듣고 따라 하게 한다.
  교 여우, 여

3 연습 – 10분

1) 듣고 따라 하기를 한다.
- 입 모양을 보면서 듣고 따라 읽게 한다.
  ① '이'와 '아'를 연속적으로 의도적으로 여러 번 천천히 발음하게 한다.
  ② '이'와 '아'를 연속적으로 의도적으로 조금씩 빠르게 발음하여 자연스럽게 '야'의 발음을 익히게 한다.
  ③ '여'도 같은 방법으로 연습하게 한다.

2) 듣고 고르기를 한다.
- 듣고 알맞은 것에 ○표 한다.
  ※ 유의점: 학생들이 '야', '여' 소리를 정확히 구분할 수 있도록 한다.

4 적용 – 10분

1) 쓰기를 한다.
- 쓰는 순서에 맞게 글자를 쓰는 연습을 하게 한다.

2) 몸으로 표현하기를 한다.
- 배운 글자를 몸으로 표현하게 한다.

5

ㅑ, ㅕ

1. ㅑ, ㅕ를 알아봅시다.

야호

여 우

야 호 = ㅇ 야 + 호

여 우 = ㅇ 여 + 우

5 정리 – 2분

1) 정리하기
- 익힘책에서 배운 내용을 연습하게 한다.

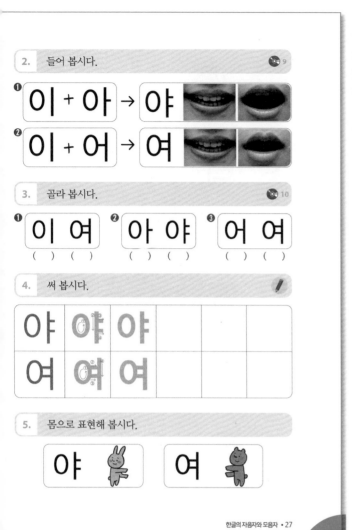

2. 들어 봅시다. 🔊 9

이 + 아 → 야	
이 + 어 → 여	

3. 골라 봅시다. 🔊 10

① 이 여   ② 아 야   ③ 어 여
 ( ) ( )   ( ) ( )   ( ) ( )

4. 써 봅시다. ✏️

야	야	야		
여	여	여		

5. 몸으로 표현해 봅시다.

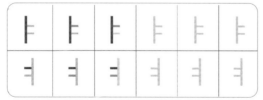

익힘책 18쪽 2번을 써 보게 한다.

익힘책 19쪽 3번을 해 보게 한다.

익힘책 19쪽 4번을 해 보게 한다.

익힘책 18쪽 1번을 써 보게 한다.

ㅑ	ㅑ	ㅑ	ㅑ	ㅑ	ㅑ
ㅕ	ㅕ	ㅕ	ㅕ	ㅕ	ㅕ

무지개 색깔로 쓰기 순서를 표시하여 글자 순서를 익히게 했다. 즉, 무지개색의 순서가 획순이 된다. 그러므로 색연필 색을 바꿔 가면서 글자를 완성하게 한다. 여기서 주의해야 할 점은 학생들이 빨간색 색연필로 같은 획을 여러 번 쓰지 않도록 해야 한다. 빨간색 색연필로 한 획 쓰고, 주황색 색연필로 다음 획을 쓸 수 있도록 지도한다. 학생들이 순서를 잘 생각하면서 바른 자세로 ㅑ, ㅕ를 쓰게 한다.

6차시 ㅛ, ㅠ

1 도입 – 3분

1) 이전 학습 떠올리기를 한다.
· 지난 시간에 배운 글자를 확인하게 한다.

2) 차시 도입을 설명한다.
· 그림을 보고 '요리'와 '우유'의 의미를 몸이나 그림으로 표현하게 한다. 상황에 따라 번역기를 사용할 수도 있다.

2 제시, 설명 – 10분

1) 의미 알아보기를 한다.
· 그림을 보고 '요리'와 '우유'의 의미를 이해하게 한다.
  🔵 ('요리'를 가리키며) 요리
    ('우유'를 가리키며) 우유
· 반복적으로 듣고 따라 하여 글자와 의미를 함께 익히도록 한다.

2) 듣고 따라 하기를 한다.
· 반복적으로 듣고 따라 하게 한다.
  🔵 요리, 요
· 반복적으로 듣고 따라 하게 한다.
  🔵 우유, 유

3 연습 – 10분

1) 듣고 따라 하기를 한다.
· 입 모양을 보면서 듣고 따라 읽게 한다.
  ① '이'와 '오'를 연속적으로 의도적으로 여러 번 천천히 발음하게 한다.
  ② '이'와 '오'를 연속적으로 의도적으로 조금씩 빠르게 발음하여 자연스럽게 '요'의 발음을 익히게 한다.
  ③ '유'도 같은 방법으로 연습하게 한다.

2) 듣고 고르기를 한다.
· 듣고 알맞은 것에 ○표 한 다.
  ※ 유의점: 학생들이 '요', '유' 소리를 정확히 구분할 수 있도록 한다.

4 적용 – 10분

1) 쓰기를 한다.
· 쓰는 순서에 맞게 글자를 쓰는 연습을 하게 한다.

2) 몸으로 표현하기를 한다.
· 배운 글자를 몸으로 표현하게 한다.

---

6 ㅛ, ㅠ

1. ㅛ, ㅠ를 알아봅시다.

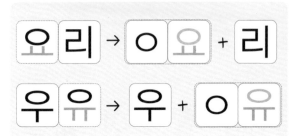

28

5 정리 – 2분

1) 정리하기
· 익힘책에서 배운 내용을 연습하게 한다.

익힘책 20쪽 1번을 써 보게 한다.

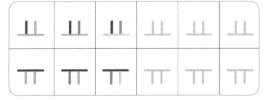

무지개 색깔로 쓰기 순서를 표시하여 글자 순서를 익히게 했다. 즉, 무지개색의 순서가 획순이 된다. 그러므로 색연필 색을 바꿔 가면서 글자를 완성하게 한다. 여기서 주의해야 할 점은 학생들이 빨간색 색연필로 같은 획을 여러번 쓰지 않도록 해야 한다. 빨간색 색연필로 한 획 쓰고, 주황색 색연필로 다음 획을 쓸 수 있도록 지도한다. 학생들이 순서를 잘 생각하면서 바른 자세로 ㅛ, ㅠ를 쓰게 한다.

2. 들어 봅시다. 🔊 11

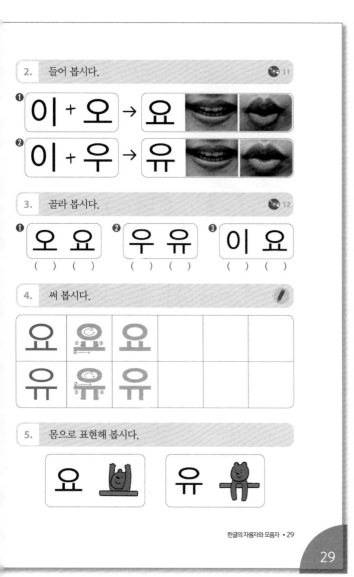

① 이 + 오 → 요

② 이 + 우 → 유

3. 골라 봅시다. 🔊 12

① 오 요
( ) ( )

② 우 유
( ) ( )

③ 이 요
( ) ( )

4. 써 봅시다. 🖊

요	요	요		
유	유	유		

5. 몸으로 표현해 봅시다.

요   유

익힘책 **21쪽 3번**을 해 보게 한다.

① 유
② 요
③ 우
④ 요 리
⑤ 우 유

익힘책 **21쪽 4번**을 해 보게 한다.

익힘책 **20쪽 2번**을 써 보게 한다.

7차시 낱말

1 도입 – 3분

1) 이전 학습 떠올리기를 한다.
· 지난 시간에 배운 글자를 확인하게 한다.

2) 차시 도입을 설명한다.
· 그림에 있는 글자를 스스로 읽도록 한다.

2 제시, 설명 – 10분

1) 의미 알아보기를 한다.
· 그림을 보고 '오', '아이', '이', '오이', '요요', '여우', '우유'의 의미를 이해하게 한다.
　교 ('오'를 가리키며) 오
　　　('아이'를 가리키며) 아이
　　　('이'를 가리키며) 이
　　　('오이'를 가리키며) 오이
　　　('요요'를 가리키며) 요요
　　　('여우'를 가리키며) 여우
　　　('우유'를 가리키며) 우유
· 반복적으로 듣고 따라 하여 글자와 의미를 함께 익히도록 한다. 실물을 직접 보여 주면서 지도하면 더 효과적이다.

3 연습 – 10분

1) 읽고 쓰기를 한다.
· 각 단어를 쓰면서 읽어 낱말을 익히게 한다.

2) 듣고 쓰기를 한다.
· 듣고 해당하는 낱말을 쓰게 한다.

4 적용 – 10분

1) 자모음 카드로 글자 만들기를 한다.
· 교사가 임의로 낱말을 말하면 학생은 〈부록〉에 있는 자모음 카드를 이용하여 79쪽 글자판에 낱말을 만들어 보게 한다. 의미가 있는 낱말이 좋겠지만 연습을 위해 의미 없는 낱말 연습도 가능하다.

5 정리 – 2분

1) 정리하기
· 익힘책에서 배운 내용을 연습하게 한다.

---

7 낱말

1. 들어 봅시다.　　🔊 13

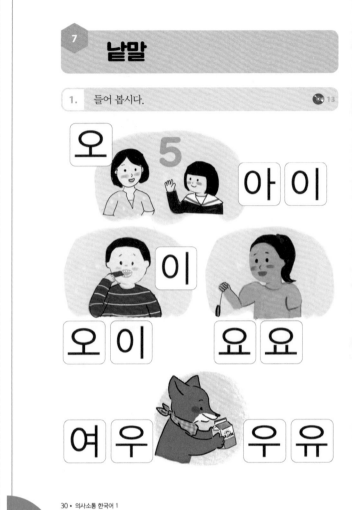

30

익힘책 22쪽 1번을 해 보게 한다.

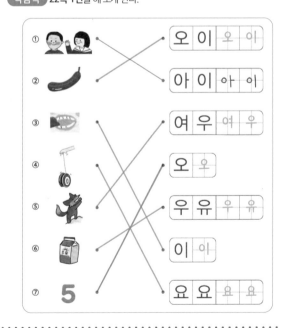

2. 낱말을 쓰면서 읽어 봅시다. 🖊

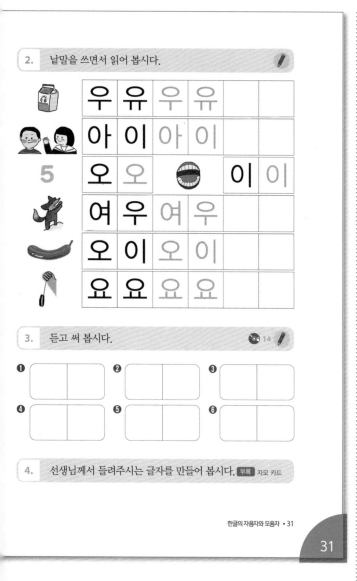

우	유	우	유		
아	이	아	이		
오	오			이	이
여	우	여	우		
오	이	오	이		
요	요	요	요		

3. 듣고 써 봅시다. 💿 14 🖊

❶ ❷ ❸

❹ ❺ ❻

4. 선생님께서 들려주시는 글자를 만들어 봅시다. 부록 자모 카드

한글의 자음자와 모음자 • 31

31

익힘책 23쪽 2번을 해 보게 한다.

오	우	이	오	요
이	여	우	비	요
소	유	유	시	개
요	수	너	아	버
리	게	나	이	스

8차시 ㄱ, ㅋ

1 도입 – 3분

1) 이전 학습 떠올리기를 한다.
   · 지난 시간에 배운 모음자를 확인하게 한다.

2) 차시 도입을 설명한다.
   · 그림을 보고 제시된 낱말의 의미를 몸이나 그림으로 표현하게 한다. 상황에 따라 번역기를 사용할 수도 있다.

2 제시, 설명 – 10분

1) 낱말의 의미를 이해하게 한다.
   · 그림을 보고 제시된 낱말의 의미를 이해하게 한다.

2) 글자의 소리 알아보기를 한다.
   · 모음 소리와 자음자 ㄱ이 있는 글자의 소리를 비교하여 정확한 소리를 익히게 한다.
      🔵 ('거미'의 '거'를 가리키며) 어, 거, ('구두'의 '구'를 가리키며) 우, 구
   · 자음자 ㄱ과 자음자 ㅋ의 모양을 비교하여 설명하게 한다.

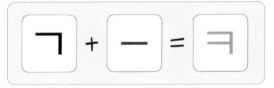

   · 모음 소리와 자음자 ㅋ이 있는 글자의 소리를 비교하여 정확한 소리를 익히게 한다.
      🔵 ('키'를 가리키며) 이, 키
         ('코'를 가리키며) 오, 코
   · 예사소리와 거센소리를 비교하여 제시하면서 소리의 차이를 알게 한다.
      🔵 ('거미'의 '거'를 가리키며) 거, ('커피'의 '커'를 가리키며) 커, (한 글자씩 번갈아 가리키며) 거, 커

3 연습 – 15분

1) 듣고 따라 하기를 한다.
   · 글자를 듣고 따라 하게 한다.

2) 읽기를 한다.
   · 모음 카드를 이용하여 만든 글자를 반복적으로 읽게 한다.

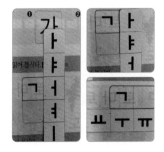

1. ㄱ, ㅋ을 알아봅시다.

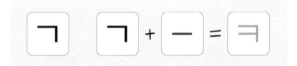

3) 쓰기를 한다.
   · 순서에 맞게 쓰게 한다.

4 적용 – 10분

1) 자모음 카드로 글자 만들기를 한다.
   · 교사가 임의로 낱말을 말하면 학생은 〈부록〉에 있는 자모음 카드를 이용하여 79쪽 글자판에 낱말을 만들게 한다. 의미가 있는 낱말이 좋겠지만 연습을 위해 의미 없는 낱말 연습도 가능하다.

2. 들어 봅시다. 🔵 15

① 가　② 카

3. 읽어 봅시다. 부록 모음 막대

ㄱ　　ㅋ

4. 써 봅시다. ✏

가	가	가		
카	카	카		
고	고	고		

5. 선생님께서 들려주시는 글자를 만들어 봅시다. 부록 자모 카드

5 정리 – 2분

1) 정리하기

· 익힘책에서 배운 내용을 연습하게 한다.

※ 유의점
- 자음은 혼자서 소리를 낼 수 없으므로 자음 아래에는 'ㅡ' 모음을 넣어서 연습하게 한다.
- 본교재는 기본자에 획을 추가하여 글자를 만드는 훈민정음의 제자 원리를 중심으로 자음 학습을 구성했다. 특히 8~10차시, 12차시는 획의 유무에 따라 소리가 달라지는 비슷한 글자들을 모았다. 비슷한 모양으로 인해 학습에 어려운 글자를 의도적으로 모아서 제시하여 집중적으로 글자를 익히도록 했다. 그러므로 기본자와 획의 유무에 집중하여 자음자를 지도할 필요가 있다.

익힘책 24쪽 1번을 써 보게 한다.

무지개 색깔로 쓰기 순서를 표시하여 글자 순서를 익히게 했다. 즉, 무지개색의 순서가 획순이 된다. 그러므로 색연필 색을 바꿔 가면서 글자를 완성하게 한다. 여기서 주의해야 할 점은 학생들이 빨간색 색연필로 같은 획을 여러 번 쓰지 않도록 해야 한다. 빨간색 색연필로 한 획 쓰고, 주황색 색연필로 다음 획을 쓸 수 있도록 지도한다. 학생들이 순서를 잘 생각하면서 바른 자세로 ㄱ, ㅋ을 쓰게 한다.

익힘책 24쪽 2번을 써 보게 한다.

익힘책 25쪽 3번을 해 보게 한다.

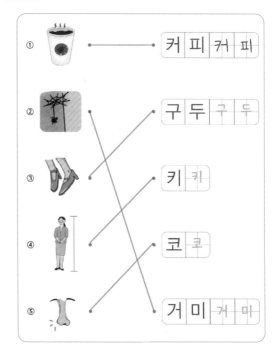

9차시 ㄴ, ㄷ, ㅌ

① 도입 – 3분

1) 이전 학습 떠올리기를 한다.
· 지난 시간에 배운 모음자를 찾아 읽게 한다.

2) 차시 도입을 설명한다.
· 그림을 보고 제시된 낱말의 의미를 몸이나 그림으로 표현하게 한다. 상황에 따라 번역기를 사용할 수도 있다.

② 제시, 설명 – 10분

1) 낱말의 의미를 이해하게 한다.
· 그림을 보고 제시된 낱말의 의미를 이해하게 한다.

2) 글자의 소리 알아보기를 한다.
· 모음 소리와 자음자 ㄴ이 있는 글자의 소리를 비교하여 정확한 소리를 익히게 한다.
  신 ('나비'의 '나'를 가리키며) 아, 나

· 자음자 ㄴ과 자음자 ㄷ의 모양을 비교하여 설명하게 한다.

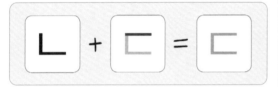

· 모음 소리와 자음자 ㄷ이 있는 글자의 소리를 비교하여 정확한 소리를 익히게 한다.
  신 ('포도'의 '도'를 가리키며) 오, 도

· 자음자 ㄷ과 자음자 ㅌ의 모양을 비교하여 설명하게 한다.

· 모음 소리와 자음자 ㄷ이 있는 글자의 소리를 비교하여 정확한 소리를 익히게 한다.
  신 ('토끼'의 '토'를 가리키며) 오, 토

· 예사소리와 거센소리를 비교하여 제시하면서 소리의 차이를 알게 한다.
  신 ('포도'의 '도' 자를 가리키며) 도, ('토끼'의 '토' 자를 가리키며) 토, (한 글자씩 번갈아 가리키며) 도, 토

③ 연습 – 15분

1) 듣고 따라 하기를 한다.
· 글자를 듣고 따라 하게 한다.

9 ㄴ, ㄷ, ㅌ

1. ㄴ, ㄷ, ㅌ을 알아봅시다.

2) 읽기를 한다.
· 모음 카드를 이용하여 만든 글자를 반복해서 읽게 한다.

3) 쓰기를 한다.
· 글자 순서에 맞게 쓰게 한다.

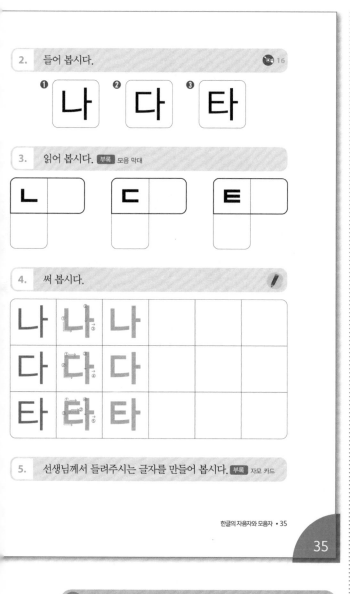

2. 들어 봅시다. 🔊 16

① 나 ② 다 ③ 타

3. 읽어 봅시다. 부록 모음 막대

ㄴ ㄷ ㅌ

4. 써 봅시다. ✏

나 나 나
다 다 다
타 타 타

5. 선생님께서 들려주시는 글자를 만들어 봅시다. 부록 자모 카드

한글의 자음자와 모음자 • 35

④ 적용 – 10분

1) 자모음 카드로 글자 만들기를 한다.

· 교사가 임의로 낱말을 말하면 학생은 〈부록〉에 있는 자모음 카드를 이용하여 79쪽 글자판에 낱말을 만들게 한다. 의미가 있는 낱말이 좋겠지만 연습을 위해 의미 없는 낱말 연습도 가능하다.

⑤ 정리 – 2분

1) 정리하기

· 익힘책에서 배운 내용을 연습하게 한다.

익힘책 26쪽 1번을 써 보게 한다.

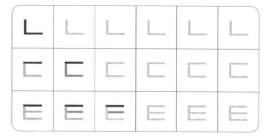

무지개 색깔로 쓰기 순서를 표시하여 글자 순서를 익히게 했다. 즉, 무지개색의 순서가 획순이 된다. 그러므로 색연필 색을 바꿔 가면서 글자를 완성하게 한다. 여기서 주의 해야 할 점은 학생들이 빨간색 색연필로 같은 획을 여러 번 쓰지 않도록 해야 한다. 빨간색 색연필로 한 획 쓰고, 주황색 색연필로 다음 획을 쓸 수 있도록 지도한다. 학생 들이 순서를 잘 생각하면서 바른 자세로 ㄴ, ㄷ, ㅌ을 쓰게 한다.

익힘책 26쪽 2번을 써 보게 한다.

익힘책 27쪽 3번을 해 보게 한다.

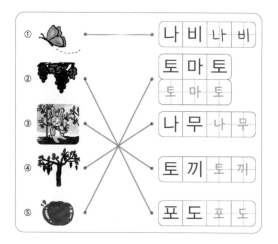

한글의 자음자와 모음자 • 33

10차시 ㅁ, ㅂ, ㅍ

1 도입 – 3분

1) 이전 학습 떠올리기를 한다.
 · 지난 시간에 배운 모음자를 찾아 읽게 한다.

2) 차시 도입을 설명한다.
 · 그림을 보고 제시된 낱말의 의미를 몸이나 그림으로 표현하게 한다. 상황에 따라 번역기를 사용할 수도 있다.

2 제시, 설명 – 10분

1) 낱말의 의미를 이해하게 한다.
 · 그림을 보고 제시된 낱말의 의미를 이해하게 한다.

2) 글자의 소리 알아보기를 한다.
 · 모음 소리와 자음자 ㅁ이 있는 글자의 소리를 비교하여 정확한 소리를 익히게 한다.
 신 ('무'를 가리키며) 우, 무

 ※ 9차시의 낱말 '나무' 읽기

 · 자음자 ㅁ과 자음자 ㅂ의 모양을 비교하여 설명하게 한다.

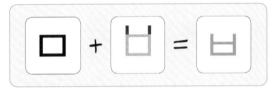

 · 모음 소리와 자음자 ㅂ이 있는 글자의 소리를 비교하여 정확한 소리를 익히게 한다.
 신 ('나비'의 '비'를 가리키며) 이, 비
 　　('버스'의 '버'를 가리키며) 어, 버

 · 자음자 ㅁ과 자음자 ㅍ의 모양을 비교하여 설명하게 한다.

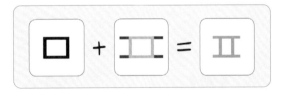

 · 모음 소리와 자음자 ㅍ이 있는 글자의 소리를 비교하여 정확한 소리를 익히게 한다.
 신 ('포도'의 '포'를 가리키며) 오, 포

3 연습 – 15분

1) 듣고 따라 하기를 한다.
 · 글자를 듣고 따라 하게 한다.

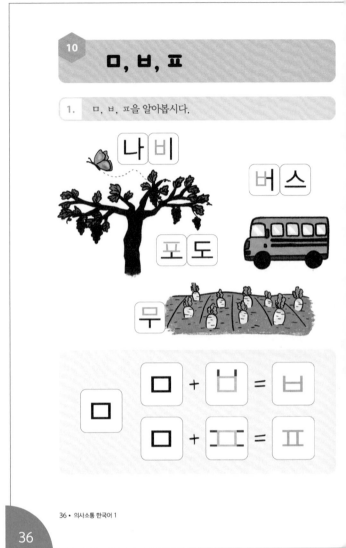

10 ㅁ, ㅂ, ㅍ

1. ㅁ, ㅂ, ㅍ을 알아봅시다.

36 • 의사소통 한국어 1

2) 읽기를 한다.
 · 모음 카드를 이용하여 만든 글자를 반복해서 읽게 한다.

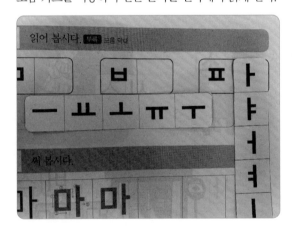

3) 쓰기를 한다.
 · 글자 순서에 맞게 쓰게 한다.

 ※ 유의점: ㅁ, ㅂ, ㅍ은 쓰는 순서를 익히는 것이 중요하다. 정확한 순서로 쓰도록 지도한다.

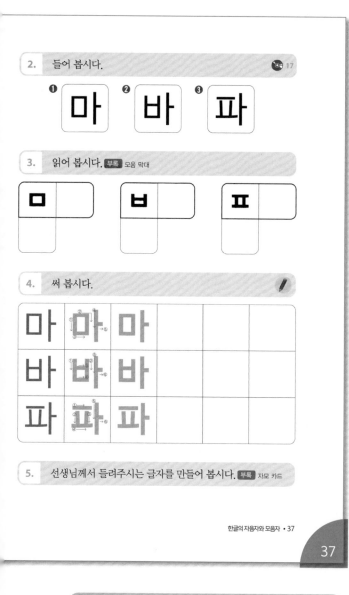

2. 들어 봅시다.　　　　　🔘 17

❶ 마　❷ 바　❸ 파

3. 읽어 봅시다. **부록** 모음 막대

ㅁ　　　ㅂ　　　ㅍ

4. 써 봅시다. ✏️

마	마	마		
바	바	바		
파	파	파		

5. 선생님께서 들려주시는 글자를 만들어 봅시다. **부록** 자모 카드

4 적용 – 10분

1) 자모음 카드로 글자 만들기를 한다.

· 교사가 임의로 낱말을 말하면 학생은 〈부록〉에 있는 자모음 카드를 이용하여 79쪽 글자판에 낱말을 만들게 한다. 의미가 있는 낱말이 좋겠지만 연습을 위해 의미 없는 낱말 연습도 가능하다.

5 정리 – 2분

1) 정리하기

· 익힘책에서 배운 내용을 연습하게 한다.

익힘책 28쪽 1번을 써 보게 한다.

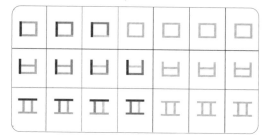

무지개 색깔로 쓰기 순서를 표시하여 글자 순서를 익히게 했다. 즉, 무지개색의 순서가 획순이 된다. 그러므로 색연필 색을 바꿔 가면서 글자를 완성하게 한다. 여기서 주의해야 할 점은 학생들이 빨간색 색연필로 같은 획을 여러 번 쓰지 않도록 해야 한다. 빨간색 색연필로 한 획 쓰고, 주황색 색연필로 다음 획을 쓸 수 있도록 지도한다. 학생들이 순서를 잘 생각하면서 바른 자세로 ㅁ, ㅂ, ㅍ을 쓰게 한다.

익힘책 28쪽 2번을 써 보게 한다.

익힘책 29쪽 3번을 써 보게 한다.

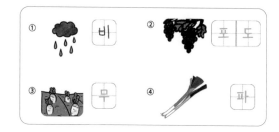

11차시 ㅅ

1 도입 - 3분

1) 이전 학습 떠올리기
· 지난 시간에 배운 모음자와 자음자를 찾아 읽게 한다.

2) 차시 도입을 설명한다.
· 그림을 보고 제시된 낱말의 의미를 몸이나 그림으로 표현하게 한다. 상황에 따라 번역기를 사용할 수도 있다.

2 제시, 설명 - 10분

1) 낱말의 의미를 이해하게 한다.
· 그림을 보고 제시된 낱말의 의미를 이해하게 한다.

2) 글자의 소리 알아보기를 한다.
· 모음 소리와 자음자 ㅅ이 있는 글자의 소리를 비교하여 정확한 소리를 익히게 한다.
　🔲 ('소'를 가리키며) 오, 소
　　('사'를 가리키며) 아, 사
　　('시소'를 가리키며) 이, 시, 오, 소

3 연습 - 15분

1) 듣고 따라 하기를 한다.
· 글자를 듣고 따라 하게 한다.

2) 읽기를 한다.
· 모음 카드를 이용하여 만든 글자를 반복적으로 읽게 한다.

3) 쓰기를 한다.
· 글자 순서에 맞게 쓰게 한다.

4 적용 - 10분

1) 자모음 카드로 글자 만들기를 한다.
· 교사가 임의로 낱말을 말하면 학생은 〈부록〉에 있는 자모음 카드를 이용하여 79쪽 글자판에 낱말을 만들어 보게 한다. 의미가 있는 낱말이 좋겠지만 연습을 위해 의미 없는 낱말 연습도 가능하다.

1. ㅅ을 알아봅시다.

38

5 정리 - 2분

1) 정리하기
· 익힘책에서 배운 내용을 연습하게 한다.

익힘책 30쪽 1번을 써 보게 한다.

무지개 색깔로 쓰기 순서를 표시하여 글자 순서를 익히게 했다. 즉, 무지개색의 순서가 획순이 된다. 그러므로 색연필 색을 바꿔 가면서 글자를 완성하게 한다. 여기서 주의해야 할 점은 학생들이 빨간색 색연필로 같은 획을 여러 번 쓰지 않도록 해야 한다. 빨간색 색연필로 한 획 쓰고, 주황색 색연필로 다음 획을 쓸 수 있도록 지도한다. 학생들이 순서를 잘 생각하면서 바른 자세로 ㅅ을 쓰게 한다.

2. 들어 봅시다. 🔊 18

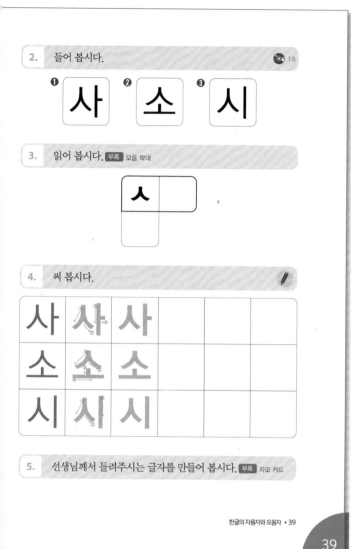

❶ 사 ❷ 소 ❸ 시

3. 읽어 봅시다. 부록 모음 막대

ㅅ

4. 써 봅시다. ✏

사	사	사		
소	소	소		
시	시	시		

5. 선생님께서 들려주시는 글자를 만들어 봅시다. 부록 자모 카드

한글의 자음자와 모음자 • 39

익힘책 31쪽 3번을 해 보게 한다.

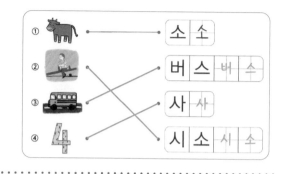

① 소 소
② 버 스 버 스
③ 사 사
④ 시 소 시 소

익힘책 30쪽 2번을 써 보게 한다.

소	소	소	소
소	소	소	소

소

시 소	시 소
시 소	시 소

시소

버 스	버 스
버 스	버 스

버스

1 도입 – 3분

1) 이전 학습 떠올리기를 한다.
· 지난 시간에 배운 모음자와 자음자를 찾아 읽게 한다.

2) 차시 도입을 설명한다.
· 그림을 보고 제시된 낱말의 의미를 몸이나 그림으로 표현해 보게 한다. 상황에 따라 번역기를 사용할 수도 있다.

2 제시, 설명 – 10분

1) 낱말의 의미를 이해하게 한다.
· 그림을 보고 제시된 낱말의 의미를 이해하게 한다.

2) 글자의 소리 알아보기를 한다.
· 모음 소리와 자음자 ㅈ이 있는 글자의 소리를 비교하여 정확한 소리를 익히게 한다.
　선 ('바지'를 가리키며) 이, 지, 바지
　　　('모자'를 가리키며) 아, 자, 모자
· 자음자 ㅈ과 자음자 ㅊ의 모양을 비교하여 설명한다.

· 모음 소리와 자음자 ㅊ이 있는 글자의 소리를 비교하여 정확한 소리를 익히게 한다.
　선 ('치마'를 가리키며) 이, 치, 치마

3 연습 – 15분

1) 듣고 따라 하기를 한다.
· 글자를 듣고 따라 하게 한다.

2) 읽기를 한다.
· 모음 카드를 이용하여 만든 글자를 반복적으로 읽게 한다.

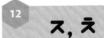

1. ㅈ, ㅊ을 알아봅시다.

ㅈ ㅈ + ㅊ = ㅊ

3) 쓰기를 한다.
· 글자 순서에 맞게 쓰게 한다.

4 적용 – 10분

1) 자모음 카드로 글자 만들기를 한다.
· 교사가 임의로 낱말을 말하면 학생은 〈부록〉에 있는 자모음 카드를 이용하여 79쪽 글자판에 낱말을 만들어 보게 한다. 의미가 있는 낱말이 좋겠지만 연습을 위해 의미 없는 낱말 연습도 가능하다.

5 정리 – 2분

1) 정리하기
· 익힘책에서 배운 내용을 연습하게 한다.

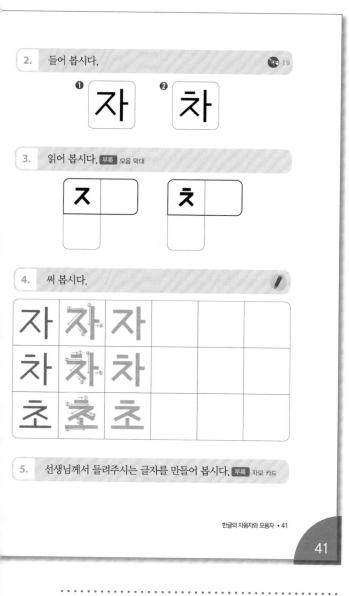

2. 들어 봅시다. 🎧 19

❶ 자 ❷ 차

3. 읽어 봅시다. 부록 모음 막대

ㅈ   ㅊ

4. 써 봅시다. ✏

자	자	자		
차	차	차		
초	초	초		

5. 선생님께서 들려주시는 글자를 만들어 봅시다. 부록 자모 카드

익힘책 32쪽 2번을 써 보게 한다.

익힘책 33쪽 3번을 해 보게 한다.

익힘책 32쪽 1번을 써 보게 한다.

ㅈ	ㅈ	ㅈ	ㅈ	ㅈ	ㅈ
ㅊ	ㅊ	ㅊ	ㅊ	ㅊ	ㅊ

무지개 색깔로 쓰기 순서를 표시하여 글자 순서를 익히게 했다. 즉, 무지개색의 순서가 획순이 된다. 그러므로 색연 필 색을 바꿔 가면서 글자를 완성하게 한다. 여기서 주의 해야 할 점은 학생들이 빨간색 색연필로 같은 획을 여러 번 쓰지 않도록 해야 한다. 빨간색 색연필로 한 획 쓰고, 주 황색 색연필로 다음 획을 쓸 수 있도록 지도한다. 학생들 이 순서를 잘 생각하면서 바른 자세로 ㅈ, ㅊ을 쓰게 한다.

13차시 ㄹ

1 도입 – 3분

1) 이전 학습 떠올리기를 한다.
  · 지난 시간에 배운 모음자와 자음자를 찾아 읽게 한다.

2) 차시 도입을 설명한다.
  · 그림을 보고 제시된 낱말의 의미를 몸이나 그림으로 표현하게 한다. 상황에 따라 번역기를 사용할 수도 있다.

2 제시, 설명 – 10분

1) 낱말의 의미를 이해하게 한다.
  · 그림을 보고 제시된 낱말의 의미를 이해하게 한다.

2) 글자의 소리 알아보기를 한다.
  · 모음 소리와 자음자 ㄹ이 있는 글자의 소리를 비교하여 정확한 소리를 익히게 한다.
  🔵 ('오리'를 가리키며) 이, 리, 오리
  ('도로'를 가리키며) 오, 로, 도로

3 연습 – 15분

1) 듣고 따라 하기를 한다.
  · 글자를 듣고 따라 하게 한다.

2) 읽기를 한다.
  · 모음 카드를 이용하여 만든 글자를 반복적으로 읽게 한다.

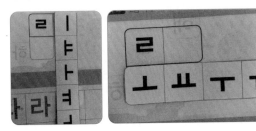

3) 쓰기를 한다.
  · 글자 순서에 맞게 쓰게 한다.
    ※ 유의점: ㄹ을 쓸 때 한 획으로 그리는 경우가 있다. 세 번으로 나누어 쓸 수 있도록 강조하여 지도한다.

4 적용 – 10분

1) 자모음 카드로 글자 만들기를 한다.
  · 교사가 임의로 낱말을 말하면 학생은 〈부록〉에 있는 자모음 카드를 이용하여 79쪽 글자판에 낱말을 만들어 보게 한다. 의미가 있는 낱말이 좋겠지만 연습을 위해 의미 없는 낱말 연습도 가능하다.

1. ㄹ을 알아봅시다.

오리 = 오 ㄹ + 이

5 정리 – 2분

1) 정리하기
  · 익힘책에서 배운 내용을 연습하게 한다.

······························

익힘책 34쪽 1번을 써 보게 한다.

무지개 색깔로 쓰기 순서를 표시하여 글자 순서를 익히게 했다. 즉, 무지개색의 순서가 획순이 된다. 그러므로 색연 필 색을 바꿔 가면서 글자를 완성하게 한다. 여기서 주의 해야 할 점은 학생들이 빨간색 색연필로 같은 획을 여러 번 쓰지 않도록 해야 한다. 빨간색 색연필로 한 획 쓰고, 주황색 색연필로 다음 획을 쓸 수 있도록 지도한다. 학생 들이 순서를 잘 생각하면서 바른 자세로 ㄹ을 쓰게 한다.

······························

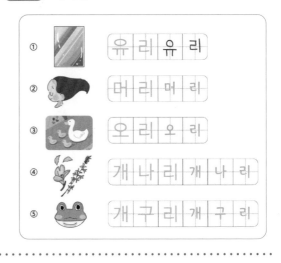

① 유리유리
② 머리머리
③ 오리오리
④ 개나리개 나 리
⑤ 개구리개 구 리

2. 들어 봅시다. 🔊 20

❶ 라 ❷ 로 ❸ 리

3. 읽어 봅시다. 부록 모음 막대

ㄹ

4. 써 봅시다. ✏

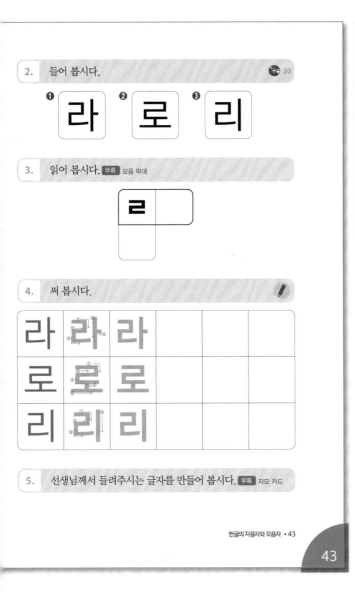

라 라 라
로 로 로
리 리 리

5. 선생님께서 들려주시는 글자를 만들어 봅시다. 부록 자모 카드

한글의 자음자와 모음자 • 43

오리
오 리 오 리
오 리 오 리

다리
다 리 다 리
다 리 다 리

도로
도 로 도 로
도 로 도 로

14차시 ㅎ

1 도입 - 3분

1) 이전 학습 떠올리기를 한다.

· 지난 시간에 배운 모음자와 자음자를 찾아 읽게 한다.

2) 차시 도입을 설명한다.

· 그림을 보고 제시된 낱말의 의미를 몸이나 그림으로 표현하게 한다. 상황에 따라 번역기를 사용할 수도 있다.

2 제시, 설명 - 10분

1) 낱말의 의미를 이해하게 한다.

· 그림을 보고 제시된 낱말의 의미를 이해하게 한다.

2) 글자의 소리 알아보기를 한다.

· 모음 소리와 자음자 ㅎ이 있는 글자의 소리를 비교하여 정확한 소리를 익히게 한다.

선 ('호수'를 가리키며) 오, 호, 호수
('해'를 가리키며) 애, 해
('하마'를 가리키며) 아, 하, 하마
('혀'를 가리키며) 여, 혀

3 연습 - 15분

1) 듣고 따라 하기를 한다.

· 글자를 듣고 따라 하게 한다.

2) 읽기를 한다.

· 모음 카드를 이용하여 만든 글자를 반복해서 읽게 한다.

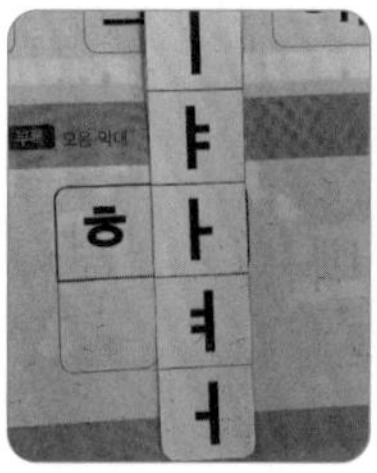

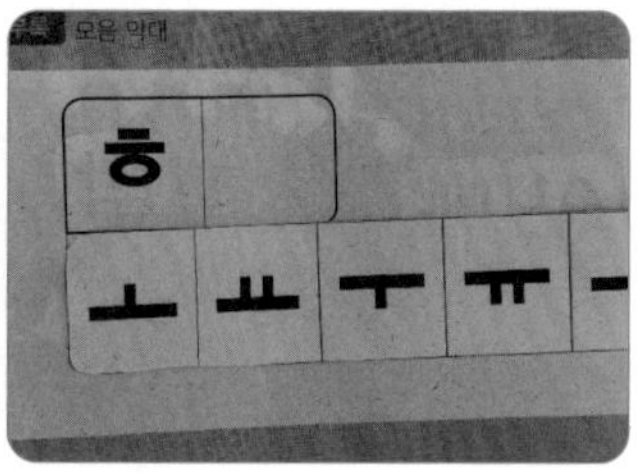

3) 쓰기를 한다.

· 글자 순서에 맞게 쓰게 한다.

4 적용 - 10분

1) 자모음 카드로 글자 만들기를 한다.

· 교사가 임의로 낱말을 말하면 학생은 〈부록〉에 있는 자모음 카드를 이용하여 79쪽 글자판에 낱말을 만들게 한다. 의미가 있는 낱말이 좋겠지만 연습을 위해 의미 없는 낱말 연습도 가능하다.

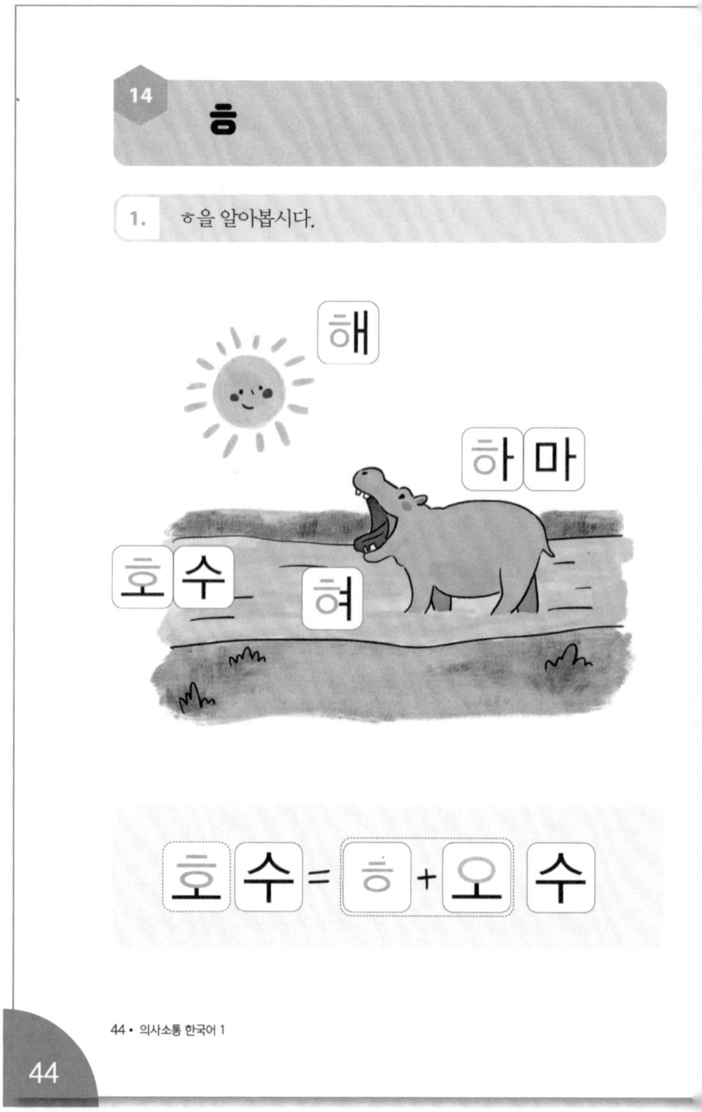

14 **ㅎ**

1. ㅎ을 알아봅시다.

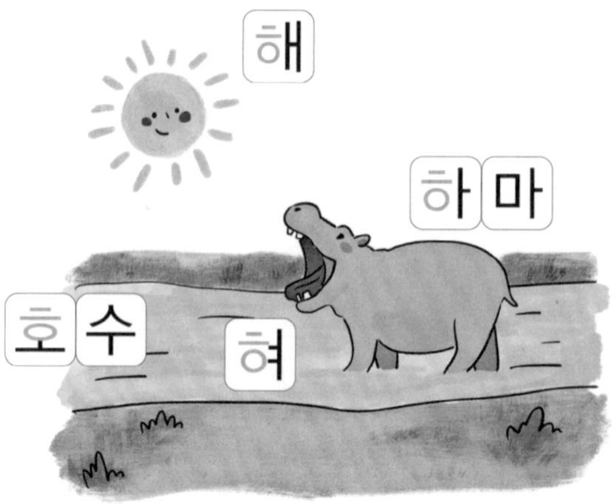

호 수 = ㅎ + 오 수

44 • 의사소통 한국어 1

44

---

5 정리 - 2분

1) 정리하기

· 익힘책에서 배운 내용을 연습하게 한다.

익힘책 **36쪽 1번**을 써 보게 한다.

ㅎ	ㅎ	ㅎ	ㅎ	ㅎ	ㅎ

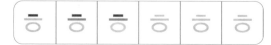

무지개 색깔로 쓰기 순서를 표시하여 글자 순서를 익히게 했다. 즉, 무지개색의 순서가 획순이 된다. 그러므로 색연필 색을 바꿔 가면서 글자를 완성하게 한다. 여기서 주의해야 할 점은 학생들이 빨간색 색연필로 같은 획을 여러 번 쓰지 않도록 해야 한다. 빨간색 색연필로 한 획 쓰고, 주황색 색연필로 다음 획을 쓸 수 있도록 지도한다. 학생들이 순서를 잘 생각하면서 바른 자세로 ㅎ을 쓰게 한다.

2. 들어 봅시다. 🎧 21

❶ 하 **❷** 호 **❸** 해

3. 읽어 봅시다. [부록] 모음 막대

ㅎ	

4. 써 봅시다. ✏️

하	하	하	
호	호	호	
해	해	해	

5. 선생님께서 들려주시는 글자를 만들어 봅시다. [부록] 자모 카드

한글의 자음자와 모음자 • 45

45

[익힘책] **37쪽 3번**을 해 보게 한다.

[익힘책] **36쪽 2번**을 써 보게 한다.

한글의 자음자와 모음자 • 43

15차시 ㄲ, ㄸ, ㅃ, ㅆ, ㅉ

1 도입 - 3분

1) 이전 학습 떠올리기를 한다.
· 지난 시간에 배운 모음자와 자음자를 찾아 읽게 한다.

2) 차시 도입을 설명한다.
· 그림을 보고 제시된 낱말의 의미를 몸이나 그림으로 표현하게 한다. 상황에 따라 번역기를 사용할 수도 있다.

2 제시, 설명 - 10분

1) 낱말의 의미를 이해하게 한다.
· 그림을 보고 제시된 낱말의 의미를 이해하게 한다.

2) 글자의 소리 알아보기를 한다.
· 모음 소리와 자음자 ㄲ, ㄸ, ㅃ, ㅆ, ㅉ이 있는 글자의 소리를 비교하여 정확한 소리를 익히게 한다.
🟦 ('아빠'를 가리키며) 아빠, 아, 빠
('딸'을 가리키며) 딸, 아, 따, 딸
('까치'를 가리키며) 까치, 아, 까, 까치
('씨'를 가리키며) 씨, 이, 씨
(묵찌빠 '찌'를 가리키며) 찌, 이, 찌

$$아 빠 = 아 ㅃ + 아$$
$$머 리 띠 = 머 리 ㄸ + 이$$
$$까 치 = ㄲ + 아 치$$
$$찌 = ㅉ + 이 \quad 씨 = ㅆ + 이$$

3 연습 - 15분

1) 듣고 따라 하기를 한다.
· 글자를 듣고 따라 하게 한다.

2) 읽기를 한다.
· 모음 카드를 이용하여 만든 글자를 반복해서 읽게 한다.

ㄲ, ㄸ, ㅃ, ㅆ, ㅉ

1. ㄲ, ㄸ, ㅃ, ㅆ, ㅉ을 알아봅시다.

아빠   딸   머리띠

까치

묵찌빠

$$아 빠 = 아 ㅃ + 아$$
$$머 리 띠 = 머 리 ㄸ + 이$$
$$까 치 = ㄲ + 아 치$$
$$찌 = ㅉ + 이 \quad 씨 = ㅆ + 이$$

---

3) 쓰기를 한다.
· 글자 순서에 맞게 쓰게 한다.

4 적용 - 10분

1) 자모음 카드로 글자 만들기를 한다.
· 교사가 임의로 낱말을 말하면 학생은 〈부록〉에 있는 자모음 카드를 이용하여 79쪽 글자판에 낱말을 만들어 보게 한다. 의미가 있는 낱말이 좋겠지만 연습을 위해 의미 없는 낱말 연습도 가능하다.

5 정리 - 2분

1) 정리하기
· 익힘책에서 배운 내용을 연습하게 한다.

2. 들어 봅시다. 🔊 22

가	까	다	따	바	빠

사	싸	자	짜

3. 읽어 봅시다. 부록 모음 막대

ㄲ		ㄸ		ㅃ	

씨		찌	

4. 써 봅시다.

빠	빠	빠		
쓰	쓰	쓰		

무지개 색깔로 쓰기 순서를 표시하여 글자 순서를 익히게 했다. 즉, 무지개색의 순서가 획순이 된다. 그러므로 색연필 색을 바꿔 가면서 글자를 완성하게 한다. 여기서 주의해야 할 점은 학생들이 빨간색 색연필로 같은 획을 여러 번 쓰지 않도록 해야 한다. 빨간색 색연필로 한 획 쓰고, 주황색 색연필로 다음 획을 쓸 수 있도록 지도한다. 학생들이 순서를 잘 생각하면서 바른 자세로 ㄲ, ㄸ, ㅃ, ㅆ, ㅉ을 쓰게 한다. ㅃ을 쓸 때 큰 ㅂ을 쓰고 중간에 획을 추가하지 않고 ㅂ을 2개 정확히 쓸 수 있도록 한다.

익힘책 38쪽 2번을 써 보게 한다.

익힘책 38쪽 1번을 써 보게 한다.

ㄲ	ㄲ	ㄲ	ㄲ	ㄲ	ㄲ
ㄸ	ㄸ	ㄸ	ㄸ	ㄸ	ㄸ
ㅃ	ㅃ	ㅃ	ㅃ	ㅃ	ㅃ
ㅃ	ㅃ	ㅃ	ㅃ	ㅃ	ㅃ
ㅆ	ㅆ	ㅆ	ㅆ	ㅆ	ㅆ
ㅉ	ㅉ	ㅉ	ㅉ	ㅉ	ㅉ

16차시 받침 ㅁ

1 도입 – 3분

1) 이전 학습 떠올리기를 한다.
· 받침을 뺀 글자를 읽게 한다.

2) 차시 도입을 설명한다.
· 그림을 보고 제시된 낱말의 의미를 몸이나 그림으로 표현하게 한다. 상황에 따라 번역기를 사용할 수도 있다.

2 제시, 설명 – 10분

1) 낱말의 의미를 이해하게 한다.
· 그림을 보고 제시된 낱말의 의미를 이해하게 한다.

2) 글자의 소리 알아보기를 한다.
· 받침을 넣고 빼면서 발음의 차이를 알아본다. 받침 ㅁ의 소리를 익히게 한다.
신 ('곰'의 'ㅁ'을 가리며) 고, 곰
('봄'의 'ㅁ'을 가리며) 보, 봄
('감'의 'ㅁ'을 가리며) 가, 감

3 연습 – 15분

1) 듣고 따라 하기를 한다.
· 글자를 듣고 따라 하게 한다.

2) 듣고 맞는 글자에 ○표 한다.
· 받침이 없는 글자와 받침이 있는 글자의 소리를 잘 구분하도록 한다.

3) 읽기를 한다.
· 받침 ㅁ 카드를 이용하여 만든 글자를 반복적으로 읽게 한다.

※ 〈부록〉 사용 방법

4 적용 – 10분

1) 자모음 카드로 글자 만들기를 한다.
· 교사가 임의로 낱말을 말하면 학생은 〈부록〉에 있는 자모음 카드를 이용하여 79쪽 글자판에 낱말을 만들게 한다. 의미가 있는 낱말이 좋겠지만 연습을 위해 의미 없는 낱말 연습도 가능하다.

받침 ㅁ

1. 받침 ㅁ을 알아봅시다.

$$가 + \boxed{ㅁ} = 감$$
$$고 + \boxed{ㅁ} = 곰$$

48

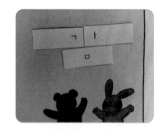

5 정리 – 2분

1) 정리하기
· 익힘책에서 배운 내용을 연습하게 한다.

2. 들어 봅시다. 🔊 23

❶
| 사 | 삼 |
❷
| 고 | 곰 |
❸
| 보 | 봄 |

3. 골라 봅시다. 🔊 24

❶
| 소 | 솜 |
( ) ( )

❷
| 가 | 감 |
( ) ( )

❸
| 공 | 곰 |
( ) ( )

❹
| 성 | 섬 |
( ) ( )

4. 읽어 봅시다. 부록 받침ㅁ 막대

받침 ㅁ	가	마	바	서	자	차
	타	저	커	이	바	지

5. 선생님께서 들려주시는 글자를 만들어 봅시다. 부록 자모 카드

한글의 자음자와 모음자 • 49

49

익힘책 41쪽 2번을 써 보게 한다.

| 곰 | 봄 | 감 |
| 엄마 | 삼 | 사 |

익힘책 41쪽 3번을 해 보게 한다.

① 삼 ② 사 ③ 곰
④ 감 ⑤ 가 ⑥ 봄

익힘책 40쪽 1번을 해 보게 한다.

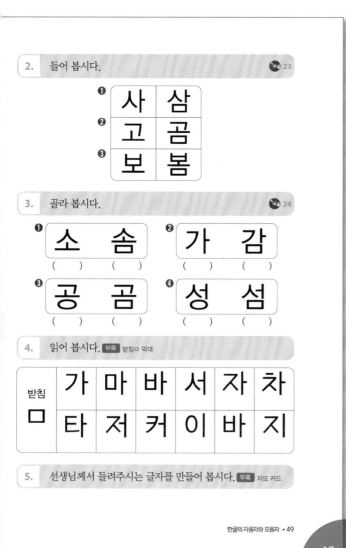

사	사	사
삼	삼	삼
봄	봄	봄
감	감	감
곰	곰	곰
엄마	엄마	
엄	마	엄	마	엄	마

1 도입 – 3분

1) 이전 학습 떠올리기를 한다.

· 받침을 뺀 글자를 읽게 한다.

2) 차시 도입을 설명한다.

· 그림을 보고 제시된 낱말의 의미를 몸이나 그림으로 표현하게 한다. 상황에 따라 번역기를 사용할 수도 있다.

2 제시, 설명 – 10분

1) 낱말의 의미를 이해하게 한다.

· 그림을 보고 제시된 낱말의 의미를 이해하게 한다.

2) 글자의 소리 알아보기를 한다.

· 받침을 넣고 빼면서 발음의 차이를 알아본다. 받침 ㅇ의 소리를 익히게 한다.

선 ('창'의 'ㅇ'을 가리며) 차, 창

('병'의 'ㅇ'을 가리며) 벼, 병

('콩'의 'ㅇ'을 가리며) 코, 콩

('강'의 'ㅇ'을 가리며) 가, 강

※ 유의점: 벼, 차, 코 등의 그림을 제시하여 받침에 따라 의미가 달라질 수 있음을 지도한다.

3 연습 – 15분

1) 듣고 따라 하기를 한다.

· 글자를 듣고 따라 하게 한다.

2) 듣고 맞는 글자에 ○표 한다.

· 받침이 없는 글자와 받침이 있는 글자의 소리를 잘 구분하도록 한다.

3) 읽기를 한다.

· 받침 ㅇ 카드를 이용하여 만든 글자를 반복적으로 읽게 한다.

※ 〈부록〉 사용 방법

17

받침 ㅇ

1. 받침 ㅇ을 알아봅시다.

4 적용 – 10분

1) 자모음 카드로 글자 만들기를 한다.

· 교사가 임의로 낱말을 말하면 학생은 〈부록〉에 있는 자모음 카드를 이용하여 79쪽 글자판에 낱말을 만든다. 의미가 있는 낱말이 좋겠지만 연습을 위해 의미 없는 낱말 연습도 가능하다.

5 정리 – 2분

1) 정리하기

· 익힘책에서 배운 내용을 연습하게 한다.

2. 들어 봅시다. 🔊 25

① | 차 | 창 | ② | 코 | 콩 |

3. 골라 봅시다. 🔊 26

① | 가 | 강 | ( ) ( )
② | 공 | 방 | ( ) ( )
③ | 구 | 궁 | ( ) ( )
④ | 사 | 상 | ( ) ( )

4. 읽어 봅시다. [부록] 받침○ 막대

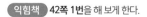

| 받침 ○ | 가 | 마 | 바 | 서 | 자 | 차 |
| | 고 | 구 | 조 | 타 | 쿠 | 보 |

5. 선생님께서 들려주시는 글자를 만들어 봅시다. [부록] 자모 카드

한글의 자음자와 모음자 • 51

51

익힘책 42쪽 1번을 해 보게 한다.

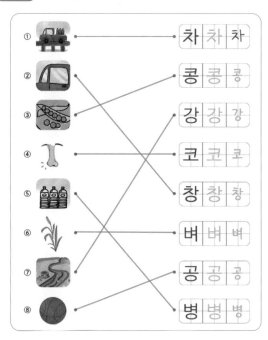

한글의 자음자와 모음자 • 49

익힘책 43쪽 2번을 써 보게 한다.

익힘책 43쪽 3번을 해 보게 한다.

① 코 ② 콩 ③ 벼
④ 병 ⑤ 공 ⑥ 강

18차시 받침 ㄴ, ㄹ

1 도입 – 3분

1) 이전 학습 떠올리기를 한다.
   · 받침을 뺀 글자를 읽게 한다.

2) 차시 도입을 설명한다.
   · 그림을 보고 제시된 낱말의 의미를 몸이나 그림으로 표현하게 한다. 상황에 따라 번역기를 사용할 수도 있다.

2 제시, 설명 – 10분

1) 낱말의 의미를 이해하게 한다.
   · 그림을 보고 제시된 낱말의 의미를 이해하게 한다.

2) 발음의 차이 알아보기를 한다.
   · 받침을 넣고 빼면서 발음의 차이를 알아본다. 받침 ㄴ의 소리를 익히게 한다.
   선 ('산'의 'ㄴ'을 가리며) 사, 산
   ('손'의 'ㄴ'을 가리며) 소, 손
   ('논'의 'ㄴ'을 가리며) 노, 논

   · 받침을 넣고 빼면서 발음의 차이를 알아본다. 받침 ㄹ의 소리를 익히게 한다.
   선 ('달'의 'ㄹ'을 가리며) 다, 달
   ('돌'의 'ㄹ'을 가리며) 도, 돌
   ('발'의 'ㄹ'을 가리며) 바, 발
   ('별'의 'ㄹ'을 가리며) 벼, 별

   ※ 유의점: 사(4), 소, 벼, 병 등을 그림이나 행동으로 제시하여 받침에 따라 의미가 달라질 수 있음을 지도한다.

3 연습 – 15분

1) 듣고 따라 하기를 한다.
   · 글자를 듣고 따라 하게 한다.

2) 듣고 맞는 글자에 ○표 한다.
   · 받침이 없는 글자와 받침이 있는 글자의 소리를 잘 구분하도록 한다.

3) 읽기를 한다.
   · 받침 ㄴ, ㄹ 카드를 이용하여 만든 글자를 반복적으로 읽게 한다.

---

18 받침 ㄴ, ㄹ

1. 받침 ㄴ, ㄹ을 알아봅시다.

$$다 + ㄹ = 달$$
$$소 + ㄴ = 손$$

52 • 의사소통 한국어 1

52

4 적용 – 10분

1) 자모음 카드로 글자 만들기를 한다.
   · 교사가 임의로 낱말을 말하면 학생은 〈부록〉에 있는 자모음 카드를 이용하여 79쪽 글자판에 낱말을 만들게 한다. 의미가 있는 낱말이 좋겠지만 연습을 위해 의미 없는 낱말 연습도 가능하다.

5 정리 – 2분

1) 정리하기
   · 익힘책에서 배운 내용을 연습하게 한다.

50 • 의사소통 한국어 교사용 지도서 1

2. 들어 봅시다. 🎧 27

① 사 산 살
② 소 손 솔
③ 도 돈 돌

3. 골라 봅시다. 🎧 28

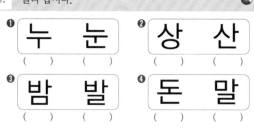

① 누 눈
( ) ( )
② 상 산
( ) ( )
③ 밤 발
( ) ( )
④ 돈 말
( ) ( )

4. 읽어 봅시다. 부록 받침 ㄴ, ㄹ. 막대

받침 ㄴ	사	여	피	서	노	도
받침 ㄹ	기	마	아	시	다	벼

5. 선생님께서 들려주시는 글자를 만들어 봅시다. 부록 자모 카드

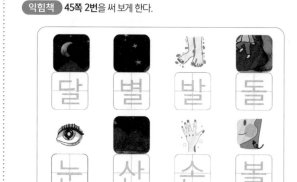

달 별 발 돌
눈 산 손 볼

익힘책 45쪽 3번을 해 보게 한다.

① 달 ② 손 ③ 논
④ 발 ⑤ 별 ⑥ 볼

익힘책 44쪽 1번을 해 보게 한다.

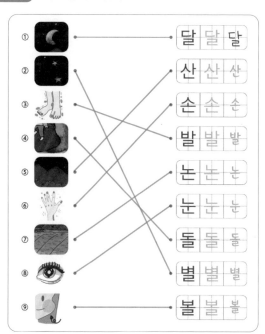

① 달 달 달
② 산 산 산
③ 손 손 손
④ 발 발 발
⑤ 논 논 논
⑥ 눈 눈 눈
⑦ 돌 돌 돌
⑧ 별 별 별
⑨ 볼 볼 볼

19차시 받침 ㅂ, ㅍ

1 도입 – 3분

1) 이전 학습 떠올리기를 한다.
· 받침을 뺀 글자를 읽게 한다.

2) 차시 도입을 설명한다.
· 그림을 보고 제시된 낱말의 의미를 몸이나 그림으로 표현하게 한다. 상황에 따라 번역기를 사용할 수도 있다.

2 제시, 설명 – 10분

1) 낱말의 의미를 이해하게 한다.
· 그림을 보고 제시된 낱말의 의미를 이해하게 한다.

2) 발음의 차이 알아보기를 한다.
· 받침을 넣고 빼면서 발음의 차이를 알아본다. 받침 ㅂ의 소리를 익히게 한다.
　🔴 ('밥'의 'ㅂ'을 가리며) 바, 밥
　　('집'의 'ㅂ'을 가리며) 지, 집
　　('컵'의 'ㅂ'을 가리며) 커, 컵
· 받침을 넣고 빼면서 발음의 차이를 알아본다. 받침 ㅍ의 소리를 익히게 한다.
　🔴 ('잎'의 'ㅍ'을 가리며) 이, 잎
　　('숲'의 'ㅍ'을 가리며) 수, 숲

　※ 유의점: 낱말 '입'을 제시하여 '잎'과 발음은 같으나 의미가 달라짐을 지도한다.

3 연습 – 15분

1) 듣고 따라 하기를 한다.
· 글자를 듣고 따라 하게 한다.

2) 듣고 맞는 글자에 ○표 한다.
· 받침이 없는 글자와 받침이 있는 글자의 소리를 잘 구분하도록 한다.

3) 읽기를 한다.
· 받침 ㅂ, ㅍ 카드를 이용하여 만든 글자를 반복적으로 읽게 한다.

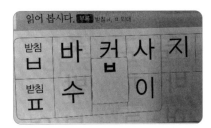

19 받침 ㅂ, ㅍ

1. 받침 ㅂ, ㅍ을 알아봅시다.

$$지 + ㅂ = 집$$
$$수 + ㅍ = 숲$$

4 적용 – 10분

1) 자모음 카드로 글자 만들기를 한다.
· 교사가 임의로 낱말을 말하면 학생은 〈부록〉에 있는 자모음 카드를 이용하여 79쪽 글자판에 낱말을 만들어 보게 한다. 의미가 있는 낱말이 좋겠지만 연습을 위해 의미 없는 낱말 연습도 가능하다.

5 정리 – 2분

1) 정리하기
· 익힘책에서 배운 내용을 연습하게 한다.

　※ 유의점: 19~21차시는 받침의 발음이 같은 것끼리 묶어서 제시했다. 받침 ㅂ, ㅍ의 받침 소리는 [ㅂ]이다. 글자는 다르지만 받침 소리가 같다는 것을 알도록 한다. 또한 일부러 받침에 '—'를 넣어 발음하지 않는다. 예를 들면 '밥'을 [바브]로 발음하지 않도록 한다.

익힘책 47쪽 3번을 해 보게 한다.

2. 들어 봅시다. 🔊29

① 사 삽 샀
② 지 집 짚

3. 골라 봅시다. 🔊30

① 징 집
( ) ( )
② 밥 방
( ) ( )
③ 잎 이
( ) ( )
④ 숲 숭
( ) ( )

4. 읽어 봅시다. 부록 받침ㅂ, ㅍ 막대

받침 ㅂ	바	커	사	지	이
받침 ㅍ	수	여	이		

5. 선생님께서 들려주시는 글자를 만들어 봅시다. 부록 자모 카드

익힘책 46쪽 1번을 해 보게 한다.

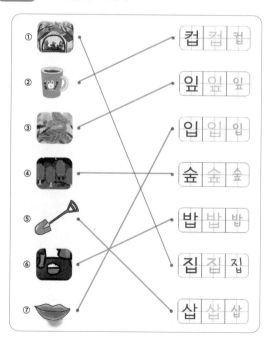

20차시 받침 ㄱ, ㄲ, ㅋ

1 도입 – 3분

1) 이전 학습 떠올리기를 한다.
- 받침을 뺀 글자를 읽게 한다.

2) 차시 도입을 설명한다.
- 그림을 보고 제시된 낱말의 의미를 몸이나 그림으로 표현하게 한다. 상황에 따라 번역기를 사용할 수도 있다.

2 제시, 설명 – 10분

1) 낱말의 의미를 이해하게 한다.
- 그림을 보고 제시된 낱말의 의미를 이해하게 한다.

2) 발음의 차이 알아보기를 한다.
- 받침을 넣고 빼면서 발음의 차이를 알아본다. 받침 ㄱ의 소리를 익히게 한다.
  - 신 ('죽'의 'ㄱ'을 가리며) 주, 죽
     ('역'의 'ㄱ'을 가리며) 여, 역
     ('약'의 'ㄱ'을 가리며) 야, 약
- 받침을 넣고 빼면서 발음의 차이를 알아본다. 받침 ㄲ의 소리를 익히게 한다.
  - 신 ('밖'의 'ㄲ'을 가리며) 바, 밖
- 받침을 넣고 빼면서 발음의 차이를 알아본다. 받침 ㅋ의 소리를 익히게 한다.
  - 신 ('부엌'의 'ㅋ'을 가리며) 어, 억, 부엌

  ※ 유의점: 낱말 '박'을 제시하여 '밖'과 발음은 같으나 의미가 달라짐을 지도한다.

3 연습 – 15분

1) 듣고 따라 한다.
- 글자를 듣고 따라 하게 한다.

2) 듣고 맞는 글자에 ○표 한다.
- 받침이 없는 글자와 받침이 있는 글자의 소리를 잘 구분하도록 한다.

3) 읽기를 한다.
- 받침 ㄱ (ㄲ, ㅋ) 카드를 이용하여 만든 글자를 반복적으로 읽게 한다.

 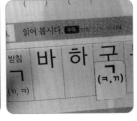

---

20 받침 ㄱ, ㄲ, ㅋ

1. 받침 ㄱ, ㄲ, ㅋ을 알아봅시다.

56

4 적용 – 10분

1) 자모음 카드로 글자 만들기를 한다.
- 교사가 임의로 낱말을 말하면 학생은 〈부록〉에 있는 자모음 카드를 이용하여 79쪽 글자판에 낱말을 만들어 보게 한다. 의미가 있는 낱말이 좋겠지만 연습을 위해 의미 없는 낱말 연습도 가능하다.

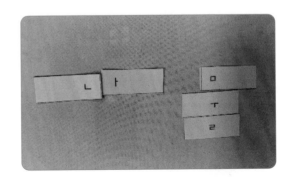

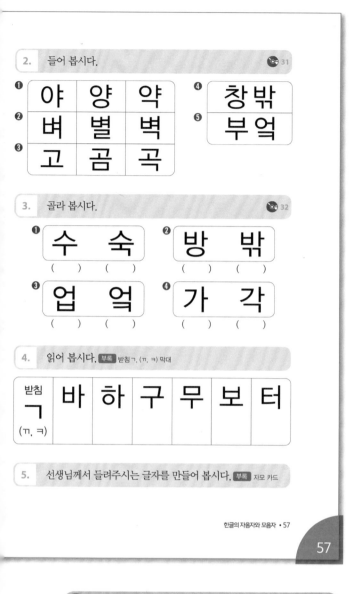

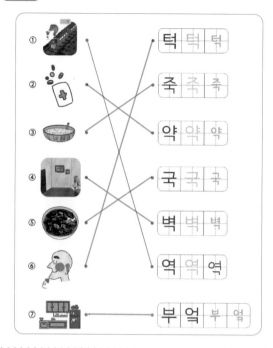

익힘책 49쪽 2번을 써 보게 한다.

익힘책 49쪽 3번을 해 보게 한다.

한글의 자음자와 모음자 • 57

57

5 정리 – 2분

1) 정리하기

· 익힘책에서 배운 내용을 연습하게 한다.

※ 유의점: 19~21차시는 받침의 발음이 같은 것끼리 묶어
서 제시했다. 받침 ㄱ, ㄲ, ㅋ의 받침 소리는 [ㄱ]이다. 글자
는 다르지만 받침 소리가 같다는 것을 알도록 한다. 또한 일
부러 받침에 '―'를 넣어 발음하지 않는다. 예를 들면 '죽'을
[주그]로 발음하지 않도록 한다.

21차시 받침 ㄷ, ㅅ, ㅆ, ㅈ, ㅊ, ㅌ, ㅎ

1 도입 – 3분

1) 이전 학습 떠올리기를 한다.
· 받침을 뺀 글자를 읽게 한다.

2) 차시 도입을 설명한다.
· 그림을 보고 제시된 낱말의 의미를 몸이나 그림으로 표현하게 한다. 상황에 따라 번역기를 사용할 수도 있다.

2 제시, 설명 – 10분

1) 낱말의 의미를 이해하게 한다.
· 그림을 보고 제시된 낱말의 의미를 이해하게 한다.

2) 발음의 차이 알아보기를 한다.
· 받침을 넣고 빼면서 발음의 차이를 알아본다. 받침 ㅅ의 소리를 익히게 한다.
　⬛ ('옷'의 'ㅅ'을 가리며) 오, 옷

· 받침을 넣고 빼면서 발음의 차이를 알아본다. 받침 ㅈ의 소리를 익히게 한다.
　⬛ ('낮'의 'ㅈ'을 가리며) 나, 낮

· 받침을 넣고 빼면서 발음의 차이를 알아본다. 받침 ㅊ의 소리를 익히게 한다.
　⬛ ('빛'의 'ㅊ'을 가리며) 비, 빛

· 받침을 넣고 빼면서 발음의 차이를 알아본다. 받침 ㅌ의 소리를 익히게 한다.
　⬛ ('밭'의 'ㅌ'을 가리며) 바, 밭

　※ 유의점: 받침 ㄷ, ㅅ, ㅆ, ㅈ, ㅊ, ㅌ, ㅎ은 모두 같은 소리가 난다.

3 연습 – 15분

1) 듣고 따라 하기를 한다.
· 글자를 듣고 따라 하게 한다.

　※ 유의점: 제시된 단어는 뜻이 있는 낱말들이다. 그러므로 각 단어에 맞는 그림을 제시하여 낱말의 뜻도 익히게 한다.

2) 듣고 맞는 글자에 ○표 한다.
· 받침이 없는 글자와 받침이 있는 글자의 소리를 잘 구분하도록 한다.

4 적용 – 10분

1) 자모음 카드로 글자 만들기를 한다.
· 교사가 임의로 낱말을 말하면 학생은 〈부록〉에 있는 자모음 카드를 이용하여 79쪽 글자판에 낱말을 만들게 한다. 의미가 있는 낱말이 좋겠지만 연습을 위해 의미

21 받침 ㄷ, ㅅ, ㅆ, ㅈ, ㅊ, ㅌ, ㅎ

1. 받침 ㄷ, ㅅ, ㅆ, ㅈ, ㅊ, ㅌ, ㅎ을 알아봅시다.

낮
빛
옷
밭

나 + ㅈ = 낮
오 + ㅅ = 옷

없는 낱말 연습도 가능하다.

5 정리 – 2분

1) 정리하기
· 익힘책에서 배운 내용을 연습하게 한다.

　※ 유의점: 19~21차시는 받침의 발음이 같은 것끼리 묶어서 제시했다. 받침 ㄷ, ㅅ, ㅆ, ㅈ, ㅊ, ㅌ, ㅎ의 받침 소리는 [ㄷ]이다. 글자는 다르지만 받침 소리가 같다는 것을 알도록 한다. 또한 일부러 받침에 'ㅡ'를 넣어 발음하지 않는다. 예를 들면 '옷'을 [오스]로 발음하지 않고 [옫]으로 발음하도록 한다.

2. 들어 봅시다. 🔈 33

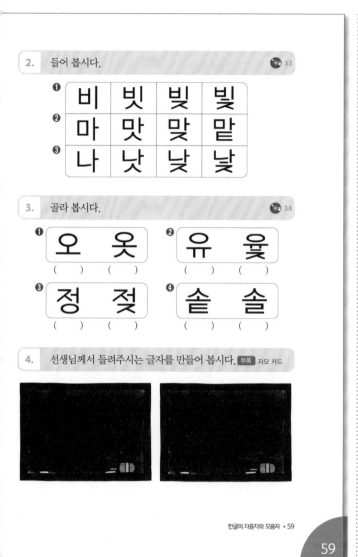

비	빗	빚	빛
마	맛	맞	맡
나	낫	낮	낯

3. 골라 봅시다. 🔈 34

❶ 오   옷
( ) ( )

❷ 유   윷
( ) ( )

❸ 정   젖
( ) ( )

❹ 솥   솔
( ) ( )

4. 선생님께서 들려주시는 글자를 만들어 봅시다. 부록 자모 카드

익힘책 **51쪽 2번**을 써 보게 한다.

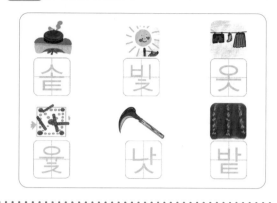

솥   빛   옷

윷   낫   밭

익힘책 **51쪽 3번**을 해 보게 한다.

① 솥   ② 옷   ③ 윷
④ 밭   ⑤ 빛   ⑥ 낫

익힘책 **50쪽 1번**을 해 보게 한다.

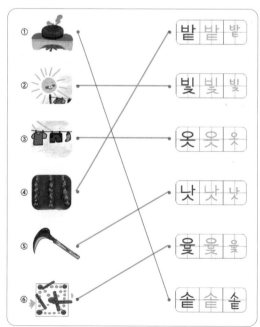

① · · 밭 밭 밭
② · · 빛 빛 빛
③ · · 옷 옷 옷
④ · · 낫 낫 낫
⑤ · · 윷 윷 윷
⑥ · · 솥 솥 솥

1 도입 – 3분

1) 이전 학습 떠올리기를 한다.
· 받침을 뺀 글자를 읽게 한다.

2) 차시 도입을 설명한다.
· 그림을 보고 제시된 낱말의 의미를 몸이나 그림으로 표현하게 한다. 상황에 따라 번역기를 사용할 수도 있다.

2 제시, 설명 – 10분

1) 낱말의 의미를 이해하게 한다.
· 그림을 보고 제시된 낱말의 의미를 이해하게 한다.

2) 발음의 차이 알아보기를 한다.
· 받침을 넣고 빼면서 발음의 차이를 알아본다. 받침 ㄺ의 소리를 익히게 한다.
   신 닭, 밝, 밝다, 읽, 읽다
   ※ 유의점: 겹받침이기 때문에 받침이 한 개 있는 경우와 비교해서 읽게 한다.
      신 다, 달, 닥, 닭,
         바, 발, 박, 밝, 밝다
         이, 일, 익, 읽, 읽다

· 받침을 넣고 빼면서 발음의 차이를 알아본다. 받침 ㄶ의 소리를 익히게 한다.
   신 많, 많다
   ※ 유의점: 겹받침이기 때문에 받침이 한 개 있는 경우와 비교해서 읽게 한다.
      신 만, 많, 많다

· 받침을 넣고 빼면서 발음의 차이를 알아본다. 받침 ㅄ의 소리를 익히게 한다.
   신 없, 없다
   ※ 유의점: 겹받침이기 때문에 받침이 한 개 있는 경우와 비교해서 읽게 한다.

· 받침을 넣고 빼면서 발음의 차이를 알아본다. 받침 ㄼ의 소리를 익히게 한다.
   신 너, 널, 넙, 넓, 넓다
   ※ 유의점: 겹받침이기 때문에 받침이 한 개 있는 경우와 비교해서 읽게 한다.
   ※ 유의점: 발음할 때의 소리와 쓸 때의 받침 글자가 다르다는 것을 강조하여 지도한다.

22 겹받침

1. 겹받침을 알아봅시다.

다 + ㄺ = 닭   마 + ㄶ = 많
어 + ㅄ = 없   너 + ㄼ = 넓

60 · 의사소통 한국어 1

60

3 연습 – 15분

1) 듣고 따라 하기를 한다.
· 글자를 듣고 따라 하게 한다.

4 적용 – 10분

1) 쓰기를 한다.
   ※ 유의점
   – 읽으면서 써 보도록 한다. 발음할 때 소리가 다름을 강조한다.
   – 전 차시 익힘책에서 이미 배웠으나 받침이 있는 낱말을 쓸 때의 순서를 강조하여 지도한다. 자음, 모음, 받침의 순서로 쓰도록 하되 겹받침의 경우 왼쪽 글자부터 다 쓰고 오른쪽 글자를 쓰도록 한다.

5 정리 – 2분

1) 정리하기
· 익힘책에서 배운 내용을 연습하게 한다.

2. 들어 봅시다. 🔊 35

① 읽다 ② 닭 ③ 흙 ④ 넓다
⑤ 많다 ⑥ 싫다 ⑦ 앉다 ⑧ 없다

3. 써 봅시다. ✏️

읽다	읽다	읽다		
넓다	넓다	넓다		
많다	많다	많다		
싫다	싫다	싫다		
앉다	앉다	앉다		
없다	없다	없다		

익힘책 53쪽 2번을 써 보게 한다.

많다 밝다 읽다
앉다 없다 넓다

익힘책 53쪽 3번을 해 보게 한다.

☑ 많다 / ☐ 만타
☐ 업따 / ☑ 없다
☑ 밝다 / ☐ 발따
☑ 앉다 / ☐ 않다
☐ 흙 / ☑ 흑
☐ 닥 / ☑ 닭

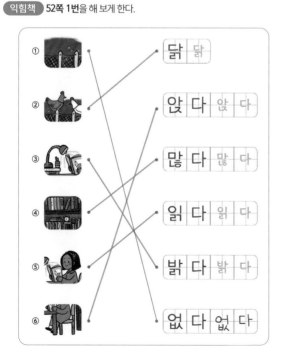

익힘책 52쪽 1번을 해 보게 한다.

① 닭 닭
② 앉다 앉다
③ 많다 많다
④ 읽다 읽다
⑤ 밝다 밝다
⑥ 없다 없다

23차시 ㅒ, ㅖ

1 도입 – 3분

1) 이전 학습 떠올리기를 한다.

· 받침을 뺀 글자를 읽게 한다.

2) 차시 도입을 설명한다.

· 그림을 보고 '시계', '계단', '얘기'의 의미를 몸이나 그림으로 표현하게 한다. 상황에 따라 번역기를 사용할 수도 있다.

2 제시, 설명 – 10분

1) 낱말의 의미를 이해하게 한다.

· 그림을 보고 '시계', '계단', '얘기'의 의미를 이해하게 한다.

> 🔵 (손목시계나 학급 시계를 가리키며) 시계
>
> (계단을 가리키며) 계단
>
> (옆 사람과 이야기하는 동작을 하며) 얘기

· 반복적으로 듣고 따라 하여 글자와 의미를 함께 익히도록 한다.

> ※ 유의점: 이중 모음은 입술 모양이나 혀의 위치를 처음과 나중이 서로 달라지게 하여 내는 모음을 말한다. 이에 발음 지도에 유의해야 한다.

2) 듣고 따라 하기를 한다.

· 반복적으로 듣고 따라 하게 한다.

> 🔵 얘기, 얘

· 반복적으로 듣고 따라 하게 한다.

> 🔵 시계, 계, 예

3 연습 – 10분

1) 듣고 따라 하기를 한다.

· 입 모양을 보면서 듣고 따라 읽게 한다.

① '이'와 '애'를 연속적으로 의도적으로 여러 번 천천히 발음한다.

② '이'와 '애'를 연속적으로 의도적으로 조금씩 빠르게 발음하여 자연스럽게 '얘'의 발음을 익히게 한다.

③ '예'도 같은 방법으로 연습한다.

> ※ 유의점: '예'와 '얘'는 소리가 비슷하다. 하지만 입 모양에 따라 구분할 수 있다. '얘'가 '예'보다 입이 더 크게 벌어진다.

2) 듣고 고르기를 한다.

· 듣고 알맞은 것에 ○표 하게 한다.

> ※ 유의점: 학생들이 'ㅒ', 'ㅖ' 소리를 정확히 구분할 수 있도록 한다.

---

23 ㅒ, ㅖ

1. ㅒ, ㅖ를 알아봅시다.

애 기 → ㅇ 애 + 기
계 단 → ㄱ 예 + 단

62 • 의사소통 한국어 1

62

4 적용 – 10분

1) 쓰기를 한다.

· 쓰는 순서에 맞게 글자를 쓰는 연습을 하게 한다.

5 정리 – 2분

1) 정리하기

· 익힘책에서 배운 내용을 연습하게 한다.

익힘책 54쪽 2번을 써 보게 한다.

애기	애	기	애	기
	애	기	애	기
계단	계	단	계	단
	계	단	계	단

익힘책 55쪽 3번을 해 보게 한다.

① 계 단   ② 시 계

익힘책 55쪽 4번을 해 보게 한다.

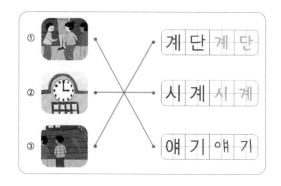

① ──────── 계 단 계 단

② ──────── 시 계 시 계

③ ──────── 애 기 애 기

---

2. 들어 봅시다. 🔊 36

❶ 이 + 애 → 애

❷ 이 + 에 → 예

3. 골라 봅시다. 🔊 37

❶ 이 애
( ) ( )

❷ 이 예
( ) ( )

❸ 예 어
( ) ( )

❹ 애 야
( ) ( )

4. 써 봅시다. ✏️

한글의 자음자와 모음자 • 63

63

익힘책 54쪽 1번을 써 보게 한다.

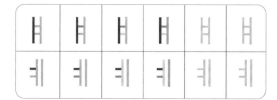

무지개 색깔로 쓰기 순서를 표시하여 글자 순서를 익히게
했다. 즉, 무지개색의 순서가 획순이 된다. 그러므로 색연
필 색을 바꿔 가면서 글자를 완성하게 한다. 여기서 주의
해야 할 점은 학생들이 빨간색 색연필로 같은 획을 여러
번 쓰지 않도록 해야 한다. 빨간색 색연필로 한 획 쓰고,
주황색 색연필로 다음 획을 쓸 수 있도록 지도한다. 학생
들이 순서를 잘 생각하면서 바른 자세로 ㅐ, ㅖ를 쓰게 한
다. 여러 번 연습을 통해 위에서 아래, 왼쪽에서 오른쪽으
로 쓴다는 것을 스스로 알게 한다.

1 도입 – 3분

1) 이전 학습 떠올리기를 한다.
· 지난 시간에 배운 글자를 확인하게 한다.

2) 차시 도입을 설명한다.
· 그림을 보고 '소화기', '원숭이', '타워', '동물원', '전화기'의 의미를 몸이나 그림으로 표현하게 한다. 상황에 따라 번역기를 사용할 수도 있다.

2 제시, 설명 – 10분

1) 의미 알아보기를 한다.
· 그림을 보고 '소화기', '원숭이', '타워', '동물원', '전화기'의 의미를 이해하게 한다.
· 사진 자료를 추가하여 의미를 정확하게 이해하게 한다.
· 반복적으로 듣고 따라 하여 글자와 의미를 함께 익히도록 한다.

　※ 유의점: 이중 모음은 입술 모양이나 혀의 위치를 처음과 나중이 서로 달라지게 하여 내는 모음을 말한다. 이에 발음 지도에 유의해야 한다.

2) 듣고 따라 하기를 한다.
· 반복적으로 듣고 따라 하게 한다.
　🔊 전화, 화, 와

· 반복적으로 듣고 따라 하게 한다.
　🔊 원숭이, 원, 워

3 연습 – 10분

1) 듣고 따라 하기를 한다.
· 입 모양을 보면서 듣고 따라 읽게 한다.
　① 'ㅗ'와 'ㅏ'를 연속적으로 의도적으로 여러 번 천천히 발음하게 한다.
　② 'ㅗ'와 'ㅏ'를 연속적으로 의도적으로 조금씩 빠르게 발음하여 자연스럽게 'ㅘ'의 발음을 익히게 한다.
　③ 'ㅝ'도 같은 방법으로 연습하게 한다.

2) 듣고 고르기를 한다.
· 듣고 알맞은 것에 ○표 하게 한다.

　※ 유의점: 학생들이 'ㅘ', 'ㅝ' 소리를 정확히 구분할 수 있도록 한다.

4 적용 – 10분

1) 쓰기를 한다.
· 쓰는 순서에 맞게 글자를 쓰는 연습을 하게 한다.

24

ㅘ, ㅝ

1. ㅘ, ㅝ를 알아봅시다.

원숭이　타워
동물원
소화기　전화기

전화 → 전 ㅎ + 와
원숭이 → ㅇ + 원 숭 이

5 정리 – 2분

1) 정리를 한다.
· 익힘책에서 배운 내용을 연습하게 한다.

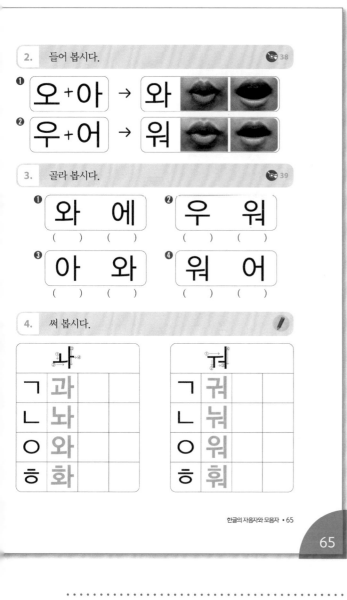

한글의 자음자와 모음자 • 65

익힘책 56쪽 2번을 써 보게 한다.

익힘책 57쪽 3번을 해 보게 한다.

익힘책 57쪽 4번을 해 보게 한다.

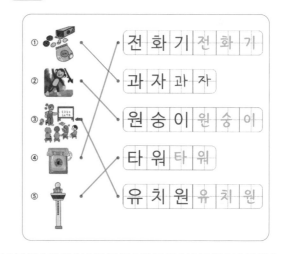

익힘책 56쪽 1번을 써 보게 한다.

무지개 색깔로 쓰기 순서를 표시하여 글자 순서를 익히게 했다. 즉, 무지개색의 순서가 획순이 된다. 그러므로 색연 필 색을 바꿔 가면서 글자를 완성하게 한다. 여기서 주의 해야 할 점은 학생들이 빨간색 색연필로 같은 획을 여러 번 쓰지 않도록 해야 한다. 빨간색 색연필로 한 획 쓰고, 주황색 색연필로 다음 획을 쓸 수 있도록 지도한다. 학생들이 순서를 잘 생각하면서 바른 자세로 ㅘ, ㅝ를 쓰게 한다. 학생들이 많이 실수하는 부분이므로 추가적인 연습이 필요할 수 있다. 여러 번 연습을 통해 위에서 아래, 왼쪽에서 오른쪽으로 쓴다는 것을 스스로 알게 한다.

25차시 ㅟ, ㅢ

1 도입 - 3분

1) 이전 학습 떠올리기를 한다.
· 지난 시간에 배운 글자를 확인하게 한다.

2) 차시 도입을 설명한다.
· 그림을 보고 '위', '귀', '의사', '의자', '바퀴'의 의미를 몸이나 그림으로 표현하게 한다. 주변의 물건을 사용하거나 상황에 따라 번역기를 사용할 수도 있다.

2 제시, 설명 - 10분

1) 의미 알아보기를 한다.
· 그림을 보고 '위', '귀', '의사', '의자', '바퀴'의 의미를 이해하게 한다.
· 사진 자료를 추가하여 의미를 정확하게 이해하게 한다.
· 반복적으로 듣고 따라 하여 글자와 의미를 함께 익히도록 한다.

※ 유의점: 이중 모음은 입술 모양이나 혀의 위치를 처음과 나중이 서로 달라지게 하여 내는 모음을 말한다. 이에 발음 지도에 유의해야 한다.

3 연습 - 10분

1) 듣고 따라 하기를 한다.
· 입 모양을 보면서 듣고 따라 읽게 한다.
① 'ㅜ'와 'ㅣ'를 연속적으로 의도적으로 여러 번 천천히 발음하게 한다.
② 'ㅜ'와 'ㅣ'를 연속적으로 의도적으로 조금씩 빠르게 발음하여 자연스럽게 'ㅟ'의 발음을 익히게 한다.
③ 'ㅢ'도 같은 방법으로 연습하게 한다.

2) 듣고 고르기를 한다.
· 듣고 알맞은 것에 ○표 하게 한다.

※ 유의점: 학생들이 'ㅟ', 'ㅢ' 소리를 정확히 구분할 수 있도록 한다.

4 적용 - 10분

1) 쓰기를 한다.
· 쓰는 순서에 맞게 글자를 쓰는 연습을 하게 한다.

5 정리 - 2분

1) 정리하기
· 익힘책에서 배운 내용을 연습하게 한다.

25

ㅟ, ㅢ

1. ㅟ, ㅢ를 알아봅시다.

바 퀴 → 바 ㅋ + 위
의 사 → ㅇ + 의 사

66 • 의사소통 한국어 1

66

익힘책 58쪽 1번을 써 보게 한다.

무지개 색깔로 쓰기 순서를 표시하여 글자 순서를 익히게 했다. 즉, 무지개색의 순서가 획순이 된다. 그러므로 색연필 색을 바꿔 가면서 글자를 완성하게 한다. 여기서 주의해야 할 점은 학생들이 빨간색 색연필로 같은 획을 여러 번 쓰지 않도록 해야 한다. 빨간색 색연필로 한 획 쓰고, 주황색 색연필로 다음 획을 쓸 수 있도록 지도한다. 학생들이 순서를 잘 생각하면서 바른 자세로 ㅟ, ㅢ를 쓰게 한다. 학생들이 많이 실수하는 부분이므로 추가적인 연습이 필요할 수 있다. 여러 번 연습을 통해 위에서 아래, 왼쪽에서 오른쪽으로 쓴다는 것을 스스로 알게 한다.

① 의 사 ② 바 퀴 ③ 의 자

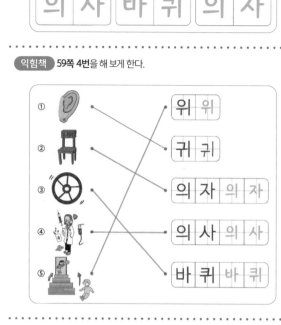

위 위
귀 귀
의 자 의 자
의 사 의 사
바 퀴 바 퀴

---

2. 들어 봅시다. 🔊 40

❶ 우 + 이 → 위

❷ 으 + 이 → 의

3. 골라 봅시다. 🔊 41

❶ 우   위
( ) ( )

❷ 이   의
( ) ( )

❸ 위   의
( ) ( )

❹ 의   워
( ) ( )

4. 써 봅시다.

ㅟ		
ㅇ	위	
ㄱ	귀	
ㅌ	튀	
ㅎ	휘	

ㅢ		
ㅇ	의	
ㄱ	긔	
ㅌ	틔	
ㅎ	희	

한글의 자음자와 모음자 • 67

67

바 퀴 바 퀴
바 퀴 바 퀴

의 사 의 사
의 사 의 사

26차시 ㅙ, ㅚ, ㅞ

1 도입 - 3분

1) 이전 학습 떠올리기를 한다.
· 지난 시간에 배운 글자를 확인하게 한다.

2) 차시 도입을 설명한다.
· 그림을 보고 '열쇠', '교회', '왜', '웨딩'의 의미를 몸이나 그림으로 표현하게 한다. 상황에 따라 번역기를 사용할 수도 있다.

2 제시, 설명 - 10분

1) 의미 알아보기를 한다.
· 그림을 보고 '열쇠', '교회', '왜', '웨딩'의 의미를 이해하게 한다.
· 사진 자료를 추가하여 의미를 정확하게 이해하게 한다.
· 반복적으로 듣고 따라 하여 글자와 의미를 함께 익히도록 한다.

    ※ 유의점: 이중 모음은 입술 모양이나 혀의 위치를 처음과 나중이 서로 달라지게 하여 내는 모음을 말한다. 이에 발음 지도에 유의해야 한다.

2) 듣고 따라 하기를 한다.
· 반복적으로 듣고 따라 하게 한다.
    🔊 교회, 회, 외
· 반복적으로 듣고 따라 하게 한다.
    🔊 웨딩, 웨
· 반복적으로 듣고 따라 하게 한다.
    🔊 왜, 왜

3 연습 - 10분

1) 듣고 따라 하기를 한다.
· 입 모양을 보면서 듣고 따라 읽게 한다.
    ① 'ㅜ'와 'ㅔ'를 연속적으로 의도적으로 여러 번 천천히 발음한다.
    ② 'ㅜ'와 'ㅔ'를 연속적으로 의도적으로 조금씩 빠르게 발음하여 자연스럽게 'ㅞ'의 발음을 익히게 한다.
    ③ 'ㅙ'도 같은 방법으로 연습한다.

    ※ 유의점: 'ㅙ, ㅚ, ㅞ'는 쓰는 방법은 다르지만 소리가 비슷하기 때문에 소리의 차이를 강조해서 가르칠 필요는 없다.

2) 듣고 고르기를 한다.
· 듣고 알맞은 것에 ○표 하게 한다.

68

4 적용 - 10분

1) 쓰기를 한다.
· 쓰는 순서에 맞게 글자를 쓰는 연습을 하게 한다.

5 정리 - 2분

1) 정리하기
· 익힘책에서 배운 내용을 연습하게 한다.

2. 들어 봅시다.   🔊 42
   ❶ 왜 ❷ 외 ❸ 웨

3. 골라 봅시다.   🔊 43
   ❶ 우 웨   ❷ 오 왜
     ( ) ( )   ( ) ( )
   ❸ 외 이   ❹ 왜 애
     ( ) ( )   ( ) ( )

4. 써 봅시다.   ✏️

ㅙ		ㅚ		ㅞ	
ㄷ	돼	ㄴ	뇌	ㄱ	궤
ㅇ	왜	ㅇ	외	ㄷ	뒈
ㅌ	퇐	ㅌ	퇴	ㅇ	웨
ㅅ	쇄	ㅎ	회	ㅎ	훼

익힘책 60쪽 1번을 써 보게 한다.

ㅙ	ㅙ	ㅙ	ㅙ	ㅙ	ㅙ	ㅙ
ㅚ	ㅚ	ㅚ	ㅚ	ㅚ	ㅚ	ㅚ
ㅞ	ㅞ	ㅞ	ㅞ	ㅞ	ㅞ	ㅞ

무지개 색깔로 쓰기 순서를 표시하여 글자 순서를 익히게
했다. 즉, 무지개색의 순서가 획순이 된다. 그러므로 색연
필 색을 바꿔 가면서 글자를 완성하게 한다. 여기서 주의
해야 할 점은 학생들이 빨간색 색연필로 같은 획을 여러
번 쓰지 않도록 해야 한다. 빨간색 색연필로 한 획 쓰고,
주황색 색연필로 다음 획을 쓸 수 있도록 지도한다. 학생
들이 순서를 잘 생각하면서 바른 자세로 ㅙ, ㅚ, ㅞ를 쓰게
한다. 이 세 글자는 복잡하고 구별하기 어렵기 때문에 특
히 순서를 지도하는 데 더 유의해야 한다. 학생들이 많이
실수하는 부분이므로 추가적인 연습이 필요할 수 있다.
여러 번 연습을 통해 위에서 아래, 왼쪽에서 오른쪽으로
쓴다는 것을 스스로 알게 한다.

익힘책 60쪽 2번을 써 보게 한다.

익힘책 61쪽 3번을 해 보게 한다.

① 돼 지   ② 웨 딩   ③ 교 회

익힘책 61쪽 4번을 해 보게 한다.

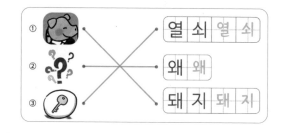

| 열 쇠 열 쇠 |
| 왜 왜 |
| 돼 지 돼 지 |

1. 알아봅시다.

할아버지 → 할라버지

목욕 → 목꼭   음악 → 음막

국어 → 구거   학원 → 학권

군인 → 구닌

2. 듣고 따라 해 봅시다. 🔊 44

❶ 할/아/버/지	할아버지
❷ 목/욕	목욕
❸ 국/어	국어
❹ 음/악	음악
❺ 학/원	학원
❻ 군/인	군인

3. 들어 봅시다. 🔊 45

❶ 옷/이 옷이   ❷ 꽃/을 꽃을

❸ 집/에 집에   ❹ 앞/으로 앞으로

❺ 있/어 있어   ❻ 진섭/아 진섭아

27차시 바르게 읽기

1 도입 – 3분

1) 이전 학습 떠올리기를 한다.
· 지난 시간에 배운 글자를 확인하게 한다.

2) 차시 도입을 설명한다.
· 그림을 보고 거리 주변에 보이는 것이 무엇인지 말하게 한다.
📢 거리에 무엇이 보이나요?
📢 거리에 누가 있나요?

2 제시, 설명 – 10분

1) 발음 알아보기를 한다.
· '할아버지'라고 쓰지만 연음이 되어 [하라버지]로 발음이 된다는 것을 알도록 한다.
· 앞 글자의 받침이 모음으로 시작하는 글자와 만날 경우 받침의 자음이 받침은 발음하지 않고 모음과 함께 발음되는 것을 안내한다.

※ 유의점: 교사는 처음에는 각 글자를 끊어서 읽고, 다음에는 연이어서 읽는 시범을 보여 줌으로써 연음을 익히도록 한다.

3 연습 – 10분

1) 듣고 따라 하기를 한다.

· 듣고 따라 읽게 한다. 각 글자를 끊어 읽었을 때와 연달아 발음이 될 경우 발음의 차이를 구분할 수 있도록 한다.

4 적용 – 10분

1) 듣기를 한다.
· 연음을 생각하며 제시된 글자를 듣도록 한다.

5 정리 – 2분

1) 정리하기
· 익힘책에서 배운 내용을 연습하게 한다.

익힘책 **62쪽 1번**을 해 보게 한다.

익힘책 **62쪽 2번**을 써 보게 한다.

익힘책 **63쪽 3번**을 해 보게 한다.

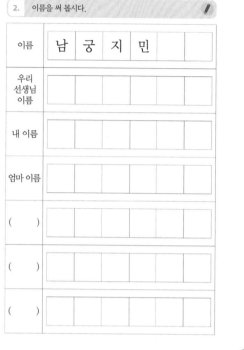

28 이름

1. 읽어 봅시다.

2. 이름을 써 봅시다.

이름	남	궁	지	민	
우리 선생님 이름					
내 이름					
엄마 이름					
( )					
( )					
( )					

28차시 이름

1 도입 – 3분

1) 이전 학습 떠올리기를 한다.
· 지난 시간에 배운 글자를 확인하게 한다.

2) 차시 도입을 설명한다.
· 그림을 보며 학교 주변 가게의 이름을 말해 보게 한다.

2 제시, 설명 – 15분

1) 읽기를 한다.
· 그림에 나오는 가게들의 이름을 읽게 한다.
· 반복적으로 듣고 따라 읽으며 글자를 읽는 것뿐만 아니라 사진 자료를 제공하여 약국, 슈퍼마켓, 분식, 문구점 등의 의미를 자연스럽게 익히도록 한다.

3 연습 – 20분

1) 이름 쓰기를 한다.
· 선생님의 이름을 듣고 쓰게 한다.
  신 내 이름은 박지연입니다.
     박 지 연(끊어서 읽는다).
· 자신의 이름을 한글로 쓰게 한다.
· 가족의 이름을 쓰게 한다.

· 친구의 이름을 쓰게 한다.
· 학급 담임 선생님의 이름을 쓰게 한다.

4 정리 – 2분

1) 선생님이 불러 주시는 단어를 받아 쓰게 한다.

익힘책 **64쪽** 그림을 보고 가게 이름을 써 보게 한다.

새	봄	약	국	맛	나	빵	집
김	밥	나	라	마	리	서	점
사	랑	치	과	명	랑	분	식
미	래	소	아	과	우	체	국
파	랑	새	문	구	점		
알	파	슈	퍼	마	켓		
잘	보	여	안	경	원		

익힘책 **65쪽 2번, 3번**을 해 보게 한다.

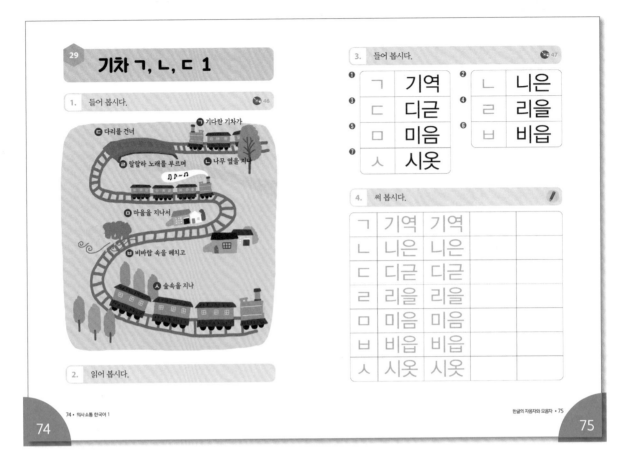

74

75

29차시 기차 ㄱ, ㄴ, ㄷ 1

1 도입 – 3분

1) 이전 학습 떠올리기를 한다.
· 지난 시간에 배운 이름을 다시 한번 읽고 써 보게 한다.

2) 차시 도입을 설명한다.
🔵 뭐가 있어요?
자동차가 있어요.
🟣 (학생들은 자동차를 가리키고 '자동차' 글자를 읽는다.)

2 제시, 설명 – 10분

1) 듣기를 한다.
· 그림을 보며 문장을 듣게 한다.

2) 읽기를 한다.
· 뜻을 생각하며 글을 읽게 한다.

3 연습 – 10분

1) 듣고 따라 하기를 한다.
· ㄱ~ㅅ 자음자 이름을 듣고 따라 하게 한다.

4 적용 – 10분

1) 쓰기를 한다.
· ㄱ~ㅅ 자음자를 말하면서 따라 쓰게 한다.
· ㄱ~ㅅ 자음자를 말하면서 쓰게 한다.

5 정리 – 2분

1) 확인하기를 한다.
· 자모 카드를 통해 ㄱ~ㅅ의 이름을 확인하게 한다.

익힘책 아래와 같이 66쪽 1번을 써 보게 한다.

기차 ㄱ, ㄴ, ㄷ 2

1. 들어 봅시다.

ㅇ 언덕을 넘어
ㅈ 자동차 사이를 제쳐나와
ㅊ 창문을 닫고
ㅌ 터널을 통과해서
ㅋ 커다랗고 컴컴한
ㅎ 해는 벌써 지고 있어요
ㅍ 풀밭을 가로지르면

2. 읽어 봅시다.

3. 들어 봅시다.

❶ ㅇ	이응		❷ ㅈ	지읒
❸ ㅊ	치읓		❹ ㅋ	키읔
❺ ㅌ	티읕		❻ ㅍ	피읖
❼ ㅎ	히읗			

4. 써 봅시다.

ㅇ	이응	이응	
ㅈ	지읒	지읒	
ㅊ	치읓	치읓	
ㅋ	키읔	키읔	
ㅌ	티읕	티읕	
ㅍ	피읖	피읖	
ㅎ	히읗	히읗	

30차시 기차 ㄱ, ㄴ, ㄷ 2

1 도입 – 3분

1) 이전 학습 떠올리기를 한다.
· 지난 시간에 배운 '기차 ㄱ, ㄴ, ㄷ 1'을 읽는다.

2) 차시 도입을 설명한다.
선 뭐가 있어요?
기차가 있어요.
학 (학생들은 기차를 가리키고 나무라는 글자를 읽는다.)

2 제시, 설명 – 10분

1) 듣기를 한다.
· 그림을 보며 문장을 듣게 한다.

2) 읽기를 한다.
· 뜻을 생각하며 글을 읽게 한다.

3 연습 – 10분

1) 듣고 따라 하기를 한다.
· ㅇ~ㅎ 자음자 이름을 듣고 따라 하게 한다.

4 적용 – 10분

1) 쓰기를 한다.
· ㅇ~ㅎ 자음자를 말하면서 따라 쓰게 한다.
· ㅇ~ㅎ 자음자를 말하면서 쓰게 한다.

5 정리 – 2분

1) 확인하기를 한다.
· 자모 카드를 통해 ㅇ~ㅎ의 이름을 확인하게 한다.

익힘책 아래와 같이 68쪽 1번을 써 보게 한다.

ㅇ	이응	언덕을	넘어		
ㅇ	이응	언덕을	넘어		

1단원 • 저는 아비가일이에요

단원의 개관

한국어를 처음 시작하는 초등학교 저학년 학생이 친구들 앞에서 인사하고 자신을 소개할 수 있도록 하기 위한 단원이다. 일대일 대화에서뿐만 아니라 여러 사람 앞에서 혼자 발표하는 상황에서, 그리고 구어뿐만 아니라 문어로 자기소개를 어떻게 하는지 익힐 수 있다.

학습 목표	• 친구들 앞에서 인사할 수 있다. • 자기소개를 할 수 있다.						
주제	장면		기능	문법	어휘	문화	담화 유형
	일상생활	학교생활					
나	집 동네	학교 교실 운동장	인사하기 자기소개하기	이에요 에서 왔어요 입니다 은	인사말 나라 이름 학년, 반 한자어 숫자 ① (일~십)	인사 표현 인사 예절	대화 인사말 소개문

● 차시 전개 과정

차시	차시 제목	성격	학습 내용	교재 쪽수	익힘책 쪽수
1	이름	필수	• 전체 단원 도입 • '이에요' • 이름 듣기, 이름 말하기	82	70
2	나라 이름 1	필수	• 나라 이름 • '에서 왔어요' • 자기소개(이름, 나라) 읽기 • 자기소개(이름, 나라) 쓰기	84	72
3	나라 이름 2	필수	• 나라 이름 • 대화(이름, 나라) 듣기 • 대화 연습(역할극)	86	74
4	숫자 1	필수	• 숫자 1(일~십) • 학년, 반 • 자기소개 읽기(이름, 나라, 학년, 반)	88	76
5	우리 반	필수	• '입니다' • '은' • 자기소개(격식체) 듣기 • 자기소개 연습(격식체, 역할극)	90	78
6	자기소개하기	필수	• 자기소개하기 • 자기소개 글 쓰기	92	-
7	연극하기	선택	• 손가락 인형 만들기 • 대본 또박또박 읽기 • 연극하기(손가락 인형)	94	-
8	이야기 읽기	선택	• 등장인물 소개 글 읽기 • 큰 소리로 읽기 • 소개 글 쓰기(나, 친구)	96	-
9	놀이하기	선택	• 동요 듣고 부르기 • 말판 놀이 하기	98	-
10	생각 넓히기	선택	• 인사 표현과 예절 • 한국과 세계 여러 나라	100	-

1차시 이름

· 주요 학습 내용

> **문법 및 표현**
> 이에요
>
> **준비물**
> 듣기 자료, 〈부록〉 등장인물 붙임 딱지

1 도입 – 5분

1) 도입 그림을 같이 보면서 '이름', '자기소개'의 개념을 도입한다. 그림 하단에 있는 질문을 자연스럽게 던지면서 단원의 주요 활동을 암시한다.

> 🔵 아비가일, 이름. (아비가일을 손으로 가리키면서)
> 🔵 이름이 뭐예요? 아비가일.
> 🔵 지금 뭐 해요? 자기소개.
> (그림 전체를 가리키며, 몸짓도 같이)

2) 도입 그림을 같이 보면서 등장인물 한 명 한 명을 가리키며 이름을 읽어 본다. 정확한 발음으로 읽을 수 있도록 지도한다. 학생들 한 명 한 명 직접 읽어 보도록 한다.

> 🔵 아비가일, 저밍, 촘푸, 요우타, 리암, 아이다, 하미, 빈센트.

> **익힘책** 70쪽 1번
>
> 학생들에게 등장인물의 이름을 하나하나 읽어 보게 한다. ①번 아비가일을 예시로 보여 주면서 다른 인물의 이름도 따라 써 보게 한다.

2 제시, 설명 – 10분

1) 차시의 핵심 대화를 도입한다. 💿 **50**

> 🔵 선생님이 아비가일 이름 몰라요.
> (몸짓으로 모른다는 것을 전달) 어떻게 해요?
> 들어 보세요. (손으로 귀를 가리키며 들으라는 몸짓)
> 🔵 이름이 뭐예요? 아비가일이에요. (듣기 자료의 대화를 선생님이 다시 반복함)

2) '이에요'를 도입한다. 도입 그림에 있는 등장인물을 하나하나 가리키면서 이름에 '이에요'를 붙여서 말한다. 학생들도 따라 하도록 유도한다.

> 🔵 아비가일이에요. 저밍이에요. 촘푸예요. 요우타예요. 리암이에요. 아이다예요. 하미예요. 빈센트예요.

3 연습 – 15분

1) 문법 연습을 하게 한다.

· 2-1)에 나오는 아이들의 이름을 읽어 보게 한다. ①번을 시범으로 같이 해 본다.

> 🔵 아비가일이에요. 맞아요? (손으로 ○ 모양), 리암이에요. 맞아요? 아니요. (손으로 × 모양)

1 이름

1. 들어 봅시다. 💿 50

이름이 뭐예요?

아비가일이에요.

저밍

2. 연습해 봅시다.

1) 들어 보세요. 골라 보세요. 💿 51

① ② ③ ④

| ☑ 아비가일이에요. | ☐ 리암이에요. | ☐ 요우타예요. | ☐ 아이다예요. |
| ☐ 리암이에요. | ☐ 저밍이에요. | ☐ 하미예요. | ☐ 요우타예요. |

82 • 의사소통 한국어 1

82

· 💿 **51**을 들으면서 직접 해 보게 한다. 정답 확인은 ①과 같은 방법으로 한다.

· 정답 확인 후에 '이에요/예요'의 교체를 확인하여 준다. 해당 문법 형식에 악센트를 준다.

> 🔵 아비가일**이에요**, 저밍**이에요**, 하미**예요**, 아이다**예요**.
> 🔵 아비가일**예요**. 아니에요.(몸짓) 아비가일이에요. 요우타**이에요**. 아니에요.(몸짓) 요우타**예요**.

> **익힘책** 70쪽 2번
>
> 학생들에게 ①번 아비가일을 가리키며 "이름이 뭐예요?"라고 묻고 "아비가일이에요."라고 대답하게 한다. 나머지도 "이름이 뭐예요?라고 묻고 '이에요'를 이용하여 대답하게 한다. ①번 아비가일을 예시로 보여 주면서 다른 인물의 이름도 따라 써 보게 한다.

🔊 이에요

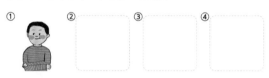

2) 들어 보세요. 붙여 보세요. 🔊 52 붙임 딱지

① ② ③ ④

3. 대답해 봅시다.

이름이 뭐예요?

선생님 나

83

문법 지식

이다

· 대상의 부류나 속성을 지정하여 문장의 서술어가 되게 하는 조사. 명사에 붙어 주어가 지시하는 대상의 부류나 속성을 지정하는 뜻임을 나타낸다. 명사가 문장의 서술어가 되게 할 때 사용한다.

	조건	형태	예시
①	받침 ○	이에요	아비가일이에요, 리암이에요
②	받침 ×	예요	요우타예요, 하미예요

2) 2-2) 듣기 자료를 들어 보게 한다.

· 듣기 전: ①의 저밍을 가리키면서 이름을 묻고 대답하게 한다. 〈부록〉에 있는 등장인물 그림 붙임 딱지를 보면서 이름을 묻고 대답하게 한다.

· 듣기: 🔊 52를 들으면서 등장인물의 그림 붙임 딱지를 차례로 붙이게 한다.

· 듣기 후: ①~④의 아이들을 하나씩 짚어 가면서 다음

과 같은 형식으로 묻고 대답한다. 학생들이 '이에요', '예요'를 정확하게 할 수 있도록 지도한다.

🔵선 이름이 뭐예요?

🟢학 저밍이에요, 빈센트예요….

익힘책 71쪽 3번

학생들에게 ①번 저밍을 가리키며 "이름이 뭐예요?"라고 묻고 "저밍이에요."라고 대답하게 한다. 나머지도 "이름이 뭐예요?"라고 묻고 '이에요'를 이용하여 대답하게 한다. ①번 저밍을 예시로 보여 주면서 ②번 빈센트의 이름을 써 보게 한다. ③번부터는 '이름이 뭐예요?'와 이름을 다 같이 써 보게 한다.

4 적용 - 5분

1) 반 학생들 한 명 한 명에게 일대일로 이름을 묻고 대답하게 한다. 학생들끼리도 해 보게 한다.

익힘책 71쪽 4번

적용 활동을 마친 학생들에게 자리에 앉게 한 다음 차분하게 직접 써 보게 한다. 학생들이 이름을 바르게 썼는지 확인하고 마지막 음절에 받침이 있는지에 따라 '이에요', '예요'를 바르게 썼는지 확인해 준다.

5 정리 - 3분

1) 등장인물들의 이름을 다 같이 읽어 본다.

2) 등장인물들의 이름을 학생들에게 물어본다.

3) '이에요/예요'의 교체를 다시 한번 짚어 준다.

2차시 나라 이름 1

· 주요 학습 내용

> **어휘**
> 중국, 베트남, 일본, 필리핀, 키르기스스탄, 캄보디아
>
> **문법 및 표현**
> 에서 왔어요
>
> **준비물**
> 듣기 자료, 세계 지도, 국기 이미지, 나라 이름 카드, A4 종이, 색연필

1 도입 – 5분

1) 학습 주제를 도입한다. 세계 지도를 같이 보면서 '나라'의 개념을 도입한다. 학생들이 알고 있는 나라 이름을 말하게 유도해서 배경지식이 얼마나 있는지 확인해 본다.

　🔵 나라예요. (손으로 여러 나라를 짚으며)

　🔵 나라 이름. 한국, 중국….

2 제시, 설명 – 10분

1) 단어를 제시한다.

· 국기 여섯 장을 차례로 보여 주면서 나라 이름을 들려준다. 학생들에게 따라 하게 하고 익숙해지면 국기 이미지를 보고 나라 이름을 스스로 말할 수 있게 한다.

· 나라 이름이 쓰여 있는 카드를 보여 주면서 같이 읽어 보고 국기 이미지와 맞추어 보게 한다.

> ※ 유의점
> – 초급 학습자들에게 단어를 도입할 때에는 그림 자료 등을 이용하여 의미(개념)를 먼저 이해할 수 있도록 한 다음 발음을 들려주면서 그 단어의 의미와 소리(음성 형식)의 결합을 기억하게 한다. 그다음에 단어 카드를 제시하여 음성 형식과 문자 형식의 관계를 확인하게 한다.
> – 단어 카드를 먼저 보여 주면 아직 한글 읽기에 익숙하지 않은 초급 학습자들에게 부담이 된다. 또한 단어를 문자 그대로 읽다가 잘못된 발음으로 기억할 수 있으므로 먼저 발음을 기억하게 한 다음 문자를 보여 주는 것이 효과적이다.

　`익힘책` **72쪽 1번**

> 학생들이 국기와 국가 이름을 다 익혔는지 줄을 그어 연결하면서 확인한다.
> 줄을 맞게 그었는지 확인하고 잘 그었으면 ①번 베트남처럼 국가명을 써 보게 한다.

3 연습 – 15분

1) 단어를 연습하게 한다.

· 지도에서 나라 위치 확인하는 연습을 한다. 💿 53

· 듣기 전에 지도에서 ①~⑥의 위치를 확인한다. 예시로 되

2 나라 이름 1

1. 읽어 봅시다.

① 중국　② 베트남　③ 일본
④ 필리핀　⑤ 키르기스스탄　⑥ 캄보디아

2. 들어 봅시다. 따라 해 봅시다.

　1) 나라 이름을 들어 보세요. 연결해 보세요. 💿 53

　2) 어느 나라에서 왔어요? 💿 54

> 키르기스스탄
> 중국에서 왔어요.
> 일본
> 캄보디아
> 중국
> 필리핀에서 왔어요.
> 베트남
> 필리핀

84

어 있는 ①을 짚어 주며 듣기 활동의 방법을 알려 준다.

　🔵 ①번 베트남이에요. (연결하라는 몸짓)

· 들으면서 연결하게 하고 다 하면 친구하고 비교해 보게 한다. 끝나면 다 같이 정답을 확인한다.

2) 문법을 도입하고 제시한다.

· 아래와 같이 '에서 왔어요' 문법을 도입한다. 💿 54

· 지도에서 저밍과 아비가일을 가리키면서 이름을 확인하고 어느 나라에서 왔는지에 관심을 유도한다.

　🔵 친구 이름이 뭐예요? 저밍이에요. 중국에서 왔어요. 어느 나라에서 왔어요? 네, 중국에서 왔어요.

· 아비가일이 어느 나라에서 왔는지 물어본다.

> **문법 지식**
>
> **에서 왔어요**
> · 국적이나 출신을 말할 때 사용하는 표현.
> · '에서 왔어요' 앞에 나라나 도시 이름 등이 결합한다.
> 　예 중국에서 왔어요, 필리핀에서 왔어요, 하노이에서 왔어요.

중국, 베트남, 일본,
필리핀, 키르기스스탄,
캄보디아

에서 왔어요

3. 해 봅시다.

1) 읽어 보세요. 질문에 답해 보세요. ●55

안녕하세요?
저밍이에요.
중국에서 왔어요.

 ● 어느 나라에서 왔어요?

☐ 키르기스스탄　　☐ 중국　　☐ 베트남

2) 얼굴을 그려 보세요. 써 보세요.

안녕하세요?
_____ 이에요/예요.
_____ 에서 왔어요.

나

1. 저는 아비가일이에요 • 85

85

───────────────────────

익힘책 72쪽 2번

학생들에게 ①번 아비가일을 가리키며 "이름이 뭐예요?"
라고 묻는다. "아비가일이에요."라고 대답하면 "어디에서
왔어요?"라고 질문하고 "필리핀에서 왔어요."라고 대답하
게 한다. 나머지도 같은 방법으로 대답하게 한다.
①번 아비가일을 예시로 보여 주면서 다른 인물의 답도 따
라 써 보게 한다.

───────────────────────

3) 3-1)을 읽어 보게 한다.

· 읽기 전: 그림의 저밍을 가리키면서 이름을 묻고 대답
하게 한다. 그림을 보면서 저밍이 친구들 앞에서 인사
하고 자기소개를 하고 있는 상황임을 인지하게 한다.
📣 이름이 뭐예요? 저밍이 '안녕하세요?' 해요. 인사해요.

· 읽기: 저밍이 어느 나라에서 왔는지 질문한다. 학생들
이 중국 국기 그림을 보면서 '중국'이라고 말하면 맞
는지 한번 읽어 보자고 한다. 학생들이 읽기 글을 읽고
중국이라는 단어를 찾아내면 칭찬해 준다.

📣 저밍이 어느 나라에서 왔어요? 중국이요? 맞아요, 틀려요,
몰라요. 읽어요.

· 읽기 후: 읽기 지문을 다 같이 소리 내어 읽어 본다. 억
양, 몸짓, 발음을 지도한다.

───────────────────────

익힘책 73쪽 3번

학생들에게 저밍의 자기소개 글을 함께 소리 내어 읽어 보
게 한다. 발음에 유의하게 한다. 다 읽은 후 써 보게 한다.

───────────────────────

4　적용 - 7분

1) 3-2) 활동을 한다. A4 종이를 나누어 주고 학생들에게
자기 얼굴을 그려 보게 한 다음에 저밍의 글처럼 자기
소개 글을 써 보게 한다.

2) 저밍처럼 자기소개하는 연습을 해 본다. ●55를 들려
주고 따라 해 보게 한다. 모둠별로 자리에서 자기소개
를 하게 한다.

───────────────────────

익힘책 73쪽 4번

적용 활동을 마친 학생들에게 자리에 앉게 한 다음 차분하
게 직접 써 보게 한다. 먼저 ①번 요우타의 자기소개 글을
읽어 보게 하고 따라 써 보게 한다. 그다음에 적용 활동을
바탕으로 자신의 이름과 국적을 다시 쓰고 자기소개 글을
직접 써 보도록 한다.

───────────────────────

5　정리 - 3분

1) 국기 이미지를 보며 나라 이름을 말해 보게 한다.

2) 저밍과 아비가일이 어느 나라에서 왔는지 말해 보게
한다.

3차시 나라 이름 2

· 주요 학습 내용

> **어휘**
> 몽골, 인도네시아, 태국, 케냐, 독일, 미국
>
> **준비물**
> 듣기 자료, 국기 이미지, 세계 지도, 나라 이름 카드, 역할극 카드

1 도입 – 5분

1) 도입 그림을 같이 보면서 상황 및 단원의 주요 활동을 암시한다.

  🔵 가게예요.

    아줌마예요.

  🔵 이름이 뭐예요?

    리암이에요.

    어느 나라에서 왔어요?

    미국에서 왔어요.

2) 💿 56의 대화를 듣고 따라 말해 보게 한다.

2 제시, 설명 – 10분

1) 단어를 제시한다.

· 1-2)의 해당 나라의 대표적인 상징물을 나타내는 이미지 여섯 장을 차례로 보여 주면서 나라 이름을 물어본다. 학생들이 말하면 발음을 확인하여 준다. 학생들이 잘 모르면 지도를 함께 보면서 도움을 주고 나라 이름을 알려 준다.
학생들에게 따라 하게 하고 익숙해지면 이미지를 보고 나라 이름을 스스로 말할 수 있게 연습하도록 한다.

· 나라 이름 카드를 보여 주면서 같이 읽어 보고 이미지와 맞추어 보게 한다.

· 💿 57을 듣고 1-2) 그림에 나온 단어를 보면서 크게 읽어 보게 한다.

· 2차시에서 학습한 나라 이름 6개와 이번 차시에 학습한 6개를 함께 준비하여 읽어 본다.

> **익힘책** 74쪽 1번
>
> 학생들에게 나라 이름을 하나하나 읽어 보게 한다. ①번 독일을 예시로 보여 주면서 다른 나라의 이름도 따라 써 보게 한다.

3 연습 – 15분

1) 문장을 연습하게 한다.

· 앞에서 제시한 나라 이름과 '에서 왔어요'를 결합하여 말하는 연습을 한다.

  🔵 몽골에서 왔어요, 독일에서 왔어요….

3 나라 이름 2

1. 들어 봅시다.

1) 들어 보세요. 💿 56

어느 나라에서 왔어요? / 미국에서 왔어요.

2) 들어 보세요. 따라 해 보세요. 💿 57

⑤ 독일   ① 몽골
③ 태국   ⑥ 미국
④ 케냐   ② 인도네시아

2. 연습해 봅시다.

1) 들어 보세요. 연결해 보세요. 💿 58

① 자르갈이에요.   •   • 태국에서 왔어요.

② 촘푸예요.   •   • 몽골에서 왔어요.

86 • 의사소통 한국어 1

86

· 💿 58을 들으면서 연결해 보게 한다. 정답 확인은 다음과 같이 한다.

  🔵 이름이 뭐예요? (자르갈이에요.)

    어느 나라에서 왔어요? (몽골에서 왔어요.)

> **익힘책** 74쪽 2번
>
> 학생들에게 ①번 빈센트를 가리키며 "이름이 뭐예요?"라고 묻는다. "빈센트예요."라고 대답하면 "어디에서 왔어요?"라고 질문하고 "케냐에서 왔어요."라고 대답하게 한다. 나머지도 같은 방법으로 대답하게 한다.
> ①번 빈센트를 예시로 보여 주면서 다른 인물의 답도 따라 써 보게 한다.

2) 2-2) 듣기 자료를 들어 보게 한다.

· 듣기 전: ①과 ②의 장소와 등장인물들을 확인한다. 아이들의 나라 이름도 확인한다.

  🔵 동네예요.

    아저씨예요.

몽골, 인도네시아, 태국, 케냐, 독일, 미국

2) 들어 보세요. 골라 보세요. 🔵 59

① 가 [✓]

나 [ ]

② 가 [ ]

나 [ ]

3. 아저씨하고 촘푸의 대화를 해 봅시다.

안녕하세요?

안녕하세요?

이름이 뭐예요?

어느 나라에서 왔어요?

1. 저는 아비가일이에요 • 87

87

이름이 뭐예요?

(자르갈을 가리키며) 어느 나라에서 왔어요?

· 듣기: 🔵 59를 들으면서 누구의 대화인지 찾아보게 한다. 학생들이 어떻게 하는 것인지 모를 수 있으므로 ①을 먼저 다 같이 해 보고 나서 ②를 한다.

🔵 자르갈이에요?

하미예요?

들어 보세요.

(듣고 나서) 누구예요?

네, 자르갈이에요.

· 듣기 후: 학생들을 두 명씩 짝을 지어 주고 ①의 나, ②의 가의 대화를 해 보게 한다.

익힘책 75쪽 3번

학생들에게 ①번 자르갈을 가리키며 "이름이 뭐예요?"라고 묻고 "자르갈이에요."라고 대답하게 한다. "어느 나라에서 왔어요?"라고 묻고 "몽골에서 왔어요."라고 대답하게 한다. ①번 자르갈을 예시로 보여 주면서 ②번과 ③번의 대화를

찾아 연결해 보게 한다. 이름과 국적을 써 보게 한다.

4 적용 - 7분

1) 3번 역할극 활동을 해 보게 한다.

· 3번을 응용하여 역할극을 하게 한다. A4 종이를 반으로 접어서 앞면에는 동네 사람, 뒷면에는 등장인물을 써서 학생에게 한 장씩 나누어 준다. 한 번은 동네 사람, 한 번은 아이로 역할을 서로 바꾸어 가며 대화해 보게 한다. 반 전체 활동으로 서로 짝을 바꾸어 가면서 한다.

※ 역할극 카드 예

동네 아저씨	하미, 베트남
종이 앞면	종이 뒷면

익힘책 75쪽 4번

적용 활동을 마친 학생들에게 자리에 앉게 한 다음 차분하게 직접 써 보게 한다. 한 학생을 불러서 대화의 시범을 보여 주고 각자 자신의 답을 써 보게 한다.

5 정리 - 5분

1) 적용 단계에서 한 역할극을 반 친구들 앞에서 발표해 보게 함으로써 이번 차시 수업을 마무리한다. 역할극을 수행한 학생들을 칭찬해 주고 억양, 몸짓, 발음 등에 대하여 피드백을 해 준다.

4차시 **숫자 1**

· **주요 학습 내용**

> 어휘
> 숫자 1(한자어 숫자 1~10), 학년, 반
>
> 준비물
> 듣기 자료, 주사위 2개, 숫자 카드(1~10)

1 **도입 - 5분**

1) 교재에 수록된 학교 사진을 함께 보면서 배경을 도입하고, 숫자를 가리키면서 학습 주제를 도입한다.

> 선 학교예요. (손으로 교실 창문에 있는 숫자를 짚으며)
>
> 일, 이⋯ 숫자예요.

2 **제시, 설명 - 15분**

1) 단어를 제시한다. (숫자 1)

· 숫자 카드를 차례로 보여 주면서 발음을 들려준다. 학생들에게 따라 하게 하고 익숙해지면 숫자 카드를 보고 스스로 말할 수 있게 한다. 발음에 유의하도록 한다.

· 선생님의 발음을 듣고 숫자를 알아맞히게 한다. 학생들에게 숫자 카드를 나누어 준 다음 선생님이 말하는 숫자를 들어 보게 한다.

· 선생님의 발음을 듣고 숫자를 써 보게 한다. 받아쓰기처럼 학생들이 공책에 써 보게 한다. 다 쓴 다음에는 학생들에게 자기가 쓴 것을 큰 소리로 읽어 보게 하면서 답을 맞힌다. 이때 발음이 정확하지 않은 것이 있으면 고쳐 준다.

· 1번을 해 보게 한다.

> ※ 유의점
> – 초급 학습자들은 숫자 발음을 정확하게 듣기 힘들다. 특히 '일, 이'의 구별, '삼, 사'의 구별이 쉽지 않으므로 반복하여 들려주고 구별할 수 있도록 한다.
> – '칠', '팔'의 받침 발음도 반복하여 연습하도록 한다.
> – '십'의 'ㅅ' 발음을 [s]로 하는 경우, [ʃ]로 하도록 지도한다.

익힘책 76쪽 1번

> 학생들에게 숫자를 하나하나 읽어 보게 한다. 발음을 확인하고 두 개 가운데 하나를 선택해 보게 한다. 정답을 확인한 후 ①번 '일'을 예시로 보여 주면서 다른 숫자도 따라 써 보게 한다.

2) 단어를 제시한다. (학년, 반)

· 학생 한 명 한 명을 가리키며 그 학생의 학년을 말해 준다.

> 선 일 학년이에요.
>
> 이 학년이에요.

· 학생 한 명을 가리키며 그 학생의 학년을 물어본다.

> 선 몇 학년이에요?
>
> (이 학년이에요.) 이 학년이에요?

· 마찬가지 방법으로 '반'을 제시한다.

어휘 지식	
학년 [항년]	학습 수준에 따라 일 년 단위로 구분한 학교 교육의 단계. 예 이 학년 삼 반. 몇 학년이야?
반	학교에서 한 학년을 교실 단위로 나눈 집단. 예 이 학년 일 반. 같은 반.

> ※ 유의점
> – 학년, 반을 발음할 때 음운 규칙에 유의하도록 지도한다.
> – 학년[항년], 육 학년[유캉년], 육 반[육빤].

· 교재의 학교 사진을 함께 본다. 학급 창문에 있는 학년, 반을 손으로 가리키며 함께 읽는다.

> 선 일 학년 이 반, 이 학년 일 반, 사 학년 일 반, 육 학년 일 반⋯.

2) 들어 보세요. 골라 보세요. 🎧 61

① □ 1학년 2반 ☑ 2학년 2반   ② □ 2학년 1반 □ 4학년 3반

3. 읽어 봅시다. 질문에 답해 봅시다. 🎧 62

2-2

자르갈이에요.
몽골에서 왔어요.
2학년 2반이에요.

● 몇 학년 몇 반이에요?
□ 1학년 1반 □ 2학년 1반 □ 2학년 2반

1. 저는 아비가일이에요 • 89

89

익힘책 76쪽 2번

학생들에게 학년과 반을 하나하나 읽어 보게 한다. 발음을 확인하고 ①번 '일 학년 이 반'을 예시로 보여 주면서 다른 번호도 따라 써 보게 한다.

③ 연습 – 15분

1) 학년, 반을 연습하게 한다.

· 🎧60을 듣고 해당 학년-반에 동그라미를 그리도록 한다. 정답을 확인할 때에는 학생들이 하나씩 읽도록 해서 확인한다. 발음이 잘못된 경우 수정해 준다.

· 🎧61을 듣기 전에 ①과 ②에 나와 있는 선택지를 먼저 읽어 본다. 그리고 나서 대화에 등장하는 사람을 함께 확인해 준다.

🔵 몇 학년 몇 반이에요? (이 학년 이 반이에요.)
    몇 학년 몇 반이에요? (이 학년 일 반이에요.)

🔵 교장 선생님이에요.

아비가일이에요.
아비가일이 몇 학년 몇 반이에요?
몰라요.
들어 보세요.

2) 3번을 읽어 보게 한다.

· 읽기 전: 그림의 자르갈을 가리키면서 이름을 묻고 대답하게 한다. 그림을 보면서 자르갈이 자기소개를 하고 있는 상황임을 인지하게 한다.

🔵 이름이 뭐예요?
    자르갈이 자기소개해요.

· 읽기: 자르갈이 몇 학년 몇 반인지 질문한다. 학생들이 그림을 보면서 '이 학년 이 반'이라고 말하면 맞는지 한 번 읽어 보자고 한다. 학생들이 읽기 글을 읽고 답을 찾아내면 칭찬해 준다.

· 읽기 후: 🎧62를 통해 읽기 지문을 들어 보고 다 같이 소리 내어 읽어 본다. 억양, 몸짓, 발음을 지도한다.

익힘책 77쪽 3번

학생들에게 자르갈을 가리키며 "이름이 뭐예요?", "어디에서 왔어요?", "몇 학년 몇 반이에요?"를 물어보며 대답하게 한다. 대답한 내용을 직접 써 보게 한다.

④ 적용, 정리 – 5분

1) 학년과 반을 실제로 읽어 본다. 교실 밖으로 나가서 복도를 다니면서 다른 교실 문 앞에 붙어 있는 학년-반을 읽어 본다.

🔵 몇 학년 몇 반이에요? (이 학년 삼 반이에요.)

익힘책 77쪽 4번

적용 활동을 마친 학생들에게 자리에 앉게 한 다음 차분하게 직접 써 보게 한다.

· 주요 학습 내용

> 문법 및 표현
> 입니다, 은
>
> 준비물
> 듣기 자료

1 도입 – 5분

1) 1-1) 도입 그림을 같이 보면서 이번 차시의 상황은 이전과는 달리 공식적인 상황이며, 그때는 언어적 표현과 태도가 달라진다는 것을 알려 준다. 🔊63을 같이 들으면서 같은 자기소개이지만 앞에서 나왔던 표현 방식과는 다르다는 것을 확인하게 한다.

> 🔵 하미예요.
> 자기소개해요.
> 같이 들어 보세요.
> 🔵 어때요? 저는 하미입니다, 2학년 1반입니다… 달라요.
> 하미예요, 2학년 1반이에요.
> 아니에요.
> (발표하는 자리를 가리키면서) 여기에서 말해요.
> 달라요.

2 제시, 설명 – 10분

1) '입니다'를 도입하고 제시한다.

2) 1-2)의 요우타와 아비가일이 앞에 나가서 자기소개를 하는 그림을 보면서 어떻게 말할지 같이 추측해 보게 유도한다. 학생들이 말하면 확인해 보자고 한다. 듣기 자료를 들으면서 요우타가 한 말, 아비가일이 한 말을 각각 골라 보게 한다. ① 요우타는 먼저 '요우타입니다'를 같이 듣고 교재에서 '요우타입니다'를 가리키면서 과제 해결 방법을 알게 한다. 그다음 '2학년 2반입니다'를 듣고 골라 보게 한다. 학생들이 방법을 익히면 ②를 들으면서 직접 해 보게 한다.

> 🔵 요우타예요, 아비가일이에요.
> (칠판과 교탁 사이를 가리키면서)
> 여기에서 자기소개해요.
> 어떻게 말해요? 들어 보세요. 요우타 먼저 들어 보세요.

3) 정답을 확인하면서 '요우타입니다', '아비가일입니다'와 같이 '이다' 앞에 결합하는 명사의 받침 유무와 관계없이 '입니다'가 결합함을 알려 준다.

---

5 우리 반

1. 들어 봅시다.

1) 들어 보세요. 🔊 63

> 저는 하미입니다.
> 2학년 1반입니다.

2) 들어 보세요. 연결해 보세요. 🔊 64

> 요우타입니다.
> 2학년 2반입니다.
> ①
>
> 아비가일입니다.
> 2학년 1반입니다.
> ②

2. 연습해 봅시다.

1) 들어 보세요. 골라 보세요. 🔊 65

①

- [✓] 저는 하미입니다.
- [ ] 저는 아비가일입니다.

②

- [ ] 저는 리암입니다.
- [ ] 저는 저밍입니다.

90

문법 지식

입니다

· '이다'에 평서형 종결 어미 '-ㅂ니다'가 결합한 형식으로, 상대방을 가장 높이는 최고 높임의 뜻을 가진다. 격식적인 상황에서 말하는 사람이 듣는 사람에게 현재의 사실이나 상황 등에 대해 정중하게 설명할 때 사용한다.

· 명사와 결합하며, 맨 끝 음절의 받침 유무에 관계없이 '입니다'가 결합한다.

> 📕 아비가일입니다, 요우타입니다, 2학년 1반입니다.

익힘책 78쪽 1번

학생들에게 세 아이들 모두 발표 상황(즉, 공식적인 상황)이라는 것을 그림으로 말해 준다. 그때는 ①번 예시처럼 '저는 하미입니다.'와 같이 말해야 함을 다시 확인한다. 나머지 번호도 같은 방법으로 골라 보게 한다.

입니다, 은

2) 들어 보세요. 누구예요? 🎧 66

① ② ③

3. 리암하고 빈센트가 자기소개를 합니다. 해 봅시다.

저는 리암입니다.
……

저는 빈센트입니다.
……

1. 저는 아비가일이에요 • 91

문법 지식

은
· 문장에서 주제임을 나타내거나 대조 및 강조의 뜻을 나타내는 조사.
· 명사와 결합하며, 맨 끝 음절에 받침이 있으면 '은', 없으면 '는'이 결합한다.

	조건	형태	예시
①	받침 ○	은	선생님은, 학생은
②	받침 ×	는	나는, 저는

익힘책 78쪽 2번

학생들에게 왼쪽 말 상자에 있는 말을 읽어 보게 한다. 발표할 때에는 오른쪽 말 상자처럼 말해야 한다고 알려 주고 직접 써 보게 한다.

2) 2-2) 듣기 자료를 들어 보게 한다.
· 듣기 전: ①, ②, ③의 등장인물을 확인한다. 등장인물이 들고 있는 종이를 보면서 자기소개를 어떻게 할 것 같은지 먼저 같이 말해 보게 한다. ①을 시범으로 다 같이 해 보고 ②, ③번을 모둠별로 해 보게 한다.
  🔵 리암이에요.
  자기소개를 어떻게 해요? 같이 말해요.
  저는 리암입니다.
  나래초등학교 2학년 1반입니다.
  미국에서 왔어요.
· 듣기: 🎧 66을 들으면서 누구의 자기소개인지 찾아보게 한다.
· 듣기 후: 학생들에게 요우타와 빈센트가 자기소개를 어떻게 했는지 말해 보게 한다.

익힘책 79쪽 3번

학생들에게 ①번 리암을 가리키며 읽어 보게 한다. 나머지 인물도 자기소개할 때 하는 말을 연결하고 써 보게 한다.

4 적용, 정리 – 10분

1) 3번 활동을 해 보게 한다. 두 명씩 짝을 지어 한 사람은 리암, 한 사람은 빈센트의 자기소개를 해 보게 한다. 다 하면 역할을 바꾸어 하도록 한다.

2) 적용 단계에서 한 활동을 교실 앞으로 나와서 해 보게 함으로써 이번 차시 수업을 마무리한다. 수행한 학생들을 칭찬해 주고 억양, 몸짓, 공손한 태도 등에 대하여 피드백을 해 준다.

익힘책 79쪽 4번

적용 활동을 마친 학생들에게 자리에 앉게 한 다음 차분하게 직접 써 보게 한다.

---

3 연습 – 15분

1) 문법을 연습하게 한다.
· '은'을 도입, 제시한다. '은'은 단독보다는 '저는'의 형식으로 도입하며, 그림과 같이 자신을 가리키면서 그 의미를 제시한다.
  🔵 (손으로 자신을 가리키며) 저는 ○○○입니다. 저는 선생님입니다.
· 🎧 65를 들으면서 골라 보게 한다. ①번을 하기 전에 그림에 있는 사람이 누구인지 묻고 그 사람이 뭐라고 말할지 추측하게 한다. ②번도 같은 방법으로 한다.
  🔵 이름이 뭐예요? (하미예요.)
  (교탁을 가리키며) 여기에서 자기소개해요.
  어떻게 말해요? 들어 보세요.

6차시 자기소개하기

· 주요 학습 내용

> **주요 활동**
> 1. 자기소개하기(발표)
> 2. 자기소개 글 쓰기
>   누구를 소개하는지 듣고 알아맞히기
>
> **준비물**
> 메모지

① 도입 - 5분

1) 6차시는 그동안 학습한 내용을 모두 이용해서 직접 자기소개를 해 보는 시간이라고 소개한다. 두 가지 방법으로 자기소개를 해 볼 예정인데, 첫 번째는 말하기로, 두 번째는 쓰기로 할 것임을 알려 준다. 그동안 1~5차시에서 학습한 내용이 무엇인지 간단히 짚어 준다.

② 활동 1 - 15분

1) 준비하게 한다.

· 앞에 나와서 자기소개를 하기 위한 첫 번째 준비로, 먼저 내용을 구상하게 한다. 1-1)에 나와 있는 질문을 다같이 읽어 보고 나서 두 명씩 짝을 지어서 질문하고 대답해 보게 한다.

· 앞에서 대답한 내용을 이용하여 자기소개의 내용을 구성하고 각자 연습하게 한다. 자기소개 내용의 처음과 마지막에 들어가야 하는 표현을 알려 준다. '안녕하세요?', '만나서 반갑습니다', '잘 부탁드립니다'. 이들 표현을 포함하여 자기소개를 준비하게 한다. 태도, 몸짓, 표정, 억양 등을 함께 지도한다.

2) 과제를 수행하게 한다.

· 한 사람씩 앞으로 나와서 격식 있게 자기소개를 하도록 한다. 씩씩하고 자신 있는 태도로 교탁 가운데에 서게 안내한다.

· 듣는 학생들에게는 경청하도록 하고, 앞에 나온 학생이 자기소개를 마치면 환영과 격려의 뜻을 담아 박수를 치도록 안내한다.

3) 정리한다.

· 학생들을 칭찬하고 피드백을 해 준다.

③ 활동 2 - 15분

1) 준비하게 한다.

· 자기소개 글을 쓸 준비를 한다. 2-1) 내용을 담은 메모지를 준비하여 학생들 각자 자신의 이름, 학교, 학년, 반, 나라 등에 대해 메모해 보게 한다.

---

6 자기소개하기

1. 말해 봅시다.

1) 질문해 보세요. 대답해 보세요.

> 1. 이름이 뭐예요?
> 2. 어느 초등학교예요?
> 3. 몇 학년 몇 반이에요?
> 4. 어느 나라에서 왔어요?

2) 연습해 보세요.

안녕하세요?

저는…….

만나서 반갑습니다.

잘 부탁드립니다.

3) 자기소개를 해 보세요.

4) 들어 보세요. 박수 치세요.

2) 과제를 수행하게 한다.

· 앞에서 메모한 내용을 이용하여 자기소개 글을 써 보게 한다. '저는 …입니다'의 형식으로 격식 있게 쓰도록 안내한다.

· 다 쓴 학생의 글을 선생님이 받아서 전체 학생들에게 읽어 준다. 글에서 이름은 밝히지 않고 '○○○(땡땡땡)'이라고 한다. 선생님이 읽어 주는 글이 누구의 것인지 알아맞혀 보게 한다.

> **신** 누구예요? 들어 보세요. 저는 ○○○(땡땡땡)입니다. 저는…. 이 사람은 누구예요?

3) 정리한다.

· 학생들을 모두 칭찬해 주고 자기소개 글에서 주의할 점, 틀리기 쉬운 점을 정리하여 피드백을 해 준다.

2. 써 봅시다.

1) 메모해 보세요.

| 이름 | 학교, 학년, 반 |
| 나라 | ? |

나

2) 써 보세요.

저는 _____ 입니다.

3) 들으세요.

저는 ○○○ 입니다.
......
이 사람은 누구예요?

촘푸입니다.

1. 저는 아비가일이에요 • 93

93

4 정리 – 5분

1) 오늘 활동 내용, 오류, 주의점을 다시 짚어 준다.

2) 1~5차시에서 학습한 내용을 다시 한번 간단히 짚어 주면서 필수 차시 학습을 마무리한다.

7차시 연극하기

- **학습 목표**
- 활동: 손가락 인형극 하기(동물초등학교 자기소개)

1 전 활동 - 10분

1) 등장인물을 확인하고 역할을 선택하게 한다.
- 1번에서 등장인물인 사자, 토끼, 개, 곰을 도입한다.
- 2번에서 이야기의 배경을 확인한다.
  '동물초등학교'를 같이 읽어 보고 사자, 토끼, 개, 곰의 대사도 읽어 본다.
  '러시아'는 새 어휘이므로 의미를 짚어 준다.
- 4명을 한 모둠으로 구성하고, 각 모둠에서 각자 원하는 등장인물을 선택하게 한다.

2) 역할 대사를 연습하게 한다.
- 선택한 등장인물의 대사를 각자 여러 번 연습하여 거의 외울 수 있게 준비한다.
- 등장인물에 맞는 목소리, 태도, 발음, 억양, 몸짓 등도 지도한다.

2 본 활동 - 25분

1) 대본을 연습하게 한다.
- 3-1) 대본을 함께 읽으며 연습한다.
- 🔊67을 들어 보고 속도와 억양, 발음 등을 확인한다.
- 🔊67을 들으면서 같이 읽어 보는 연습을 한다.
- 안 보고 말하는 연습을 한다.

2) 손가락 인형극을 해 본다.
- 〈부록〉에 있는 손가락 인형을 준비하여 각자 손에 끼우도록 한다.
- 대사를 하면서 손가락 인형극을 해 본다.
- 모둠별로 인형극을 해 보게 한다.

3 후 활동 - 5분

1) 연극을 성공적으로 한 학생들에게 칭찬과 격려를 해 주고 피드백을 해 준다.

2) 학생들이 인형극을 하는 장면을 동영상으로 촬영하여 다시 보는 것도 좋다.

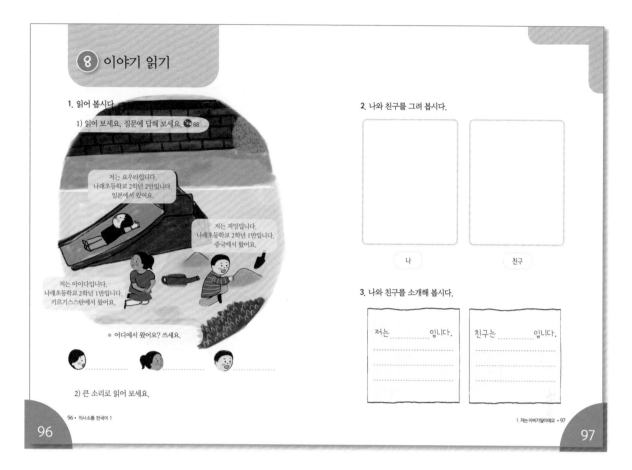

8차시 이야기 읽기

· **학습 목표**
· 활동: 등장인물의 자기소개를 읽고 나와 친구 소개하는 글 쓰기

1 전 활동 – 10분

1) 그림을 보면서 장소가 어디인지 질문하고 등장인물들의 이름이 무엇인지 대답하게 한다. 저밍, 아이다, 요우타의 이름도 똑같이 질문하고 대답하게 한다.

> **선** 여기가 어디예요?
>
> (놀이터예요.)
>
> (저밍을 가리키며) 이름이 뭐예요?
>
> (저밍이에요.)

· 친구들이 만나서 무슨 이야기를 하고 있는지 먼저 들어 보자고 하고, 🎧 68을 발음, 억양 등에 주의하며 듣게 한다.

2 본 활동 – 15분

1) 그림의 요우타를 가리키면서 요우타가 몇 학년 몇 반인지 질문한다. 또 어디에서 왔는지 질문한다. 학생들이 '일본'이라고 말하면 맞는지 한 번 읽어 보자고 한다. 아이다, 저밍도 똑같이 어디에서 왔는지 찾아보게 한다.

> **선** 요우타가 몇 학년 몇 반이에요?
>
> (2학년 2반이에요.)
>
> 어디에서 왔어요?
>
> (일본에서 왔어요.)

2) 읽기 지문을 다 같이 소리 내어 읽어 보게 한다. 억양, 몸짓, 발음을 지도한다.

3 후 활동 – 15분

1) 나와 친구를 소개해 보도록 한다.

· A4 종이를 반으로 접어 왼쪽에는 나를 그리고 오른쪽에는 친구를 그리게 한다. 그림을 보면서 나와 친구를 소개해 보게 한다.

· 학생들 몇 명의 발표를 듣고 칭찬해 주며 피드백을 해 준다.

2) 오늘 활동 내용, 오류, 주의점을 다시 짚어 주며 정리한다.

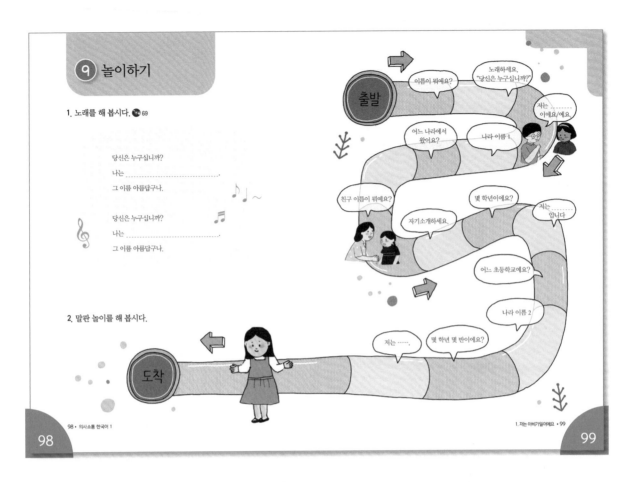

9차시 놀이하기

▪ **학습 목표**
▪ 활동 1: '당신은 누구십니까?' 노래하기
▪ 활동 2: 말판 놀이 하기(단원 복습)

1 전 활동 – 10분

1) 학생들에게 '이름이 무엇입니까?'라고 물어보고 '이름
   이 ○○입니다'로 대답하게 하며 도입한다. 학생이 이
   름을 말하면 '그 이름 예뻐요, 아름다워요.'라고 대답하
   며 단어를 자연스럽게 제시한다. 오늘 들을 노래에서
   는 '이름이 무엇입니까'라는 질문을 '당신은 누구십니
   까'라고 물어본다는 것을 미리 소개해 준다. '아름다워
   요'도 '아름답구나'라고 말할 수 있음을 알려 준다.

2 본 활동 – 25분

1) 노래를 듣고 불러 본다.
   · 🎵69를 통해 노래를 들어 보게 한다.
   · '나는~' 이후에 자기 이름을 넣어서 불러 보게 한 후
     짝이랑 불러 보게 한다.
   · 다 같이 노래를 불러 보게 한다.

2) 말판 놀이를 한다.
   · 주사위를 가지고 말판 놀이 하는 방법에 대해서 교사

가 학생들에게 설명해 준다.
🔵 (주사위가 1이 나왔을 때) 한 칸 갔어요.
   질문을 읽어요.
   '이름이 뭐예요?' 그리고 그 질문에 대답하세요.
   '○○예요' 그리고 끝까지 먼저 가는 사람이 이겨요.
· 학생들이 모둠별로 앉아 말판 놀이를 할 수 있도록 한
  다. 게임을 어려워하는 학생들이 있으면 개별적으로
  지도해 준다.

3 후 활동 – 5분

1) 1~6차시에서 배운 내용을 다시 한번 간단하게 짚어 주
   고, 오늘 활동에 대한 피드백을 해 준다.

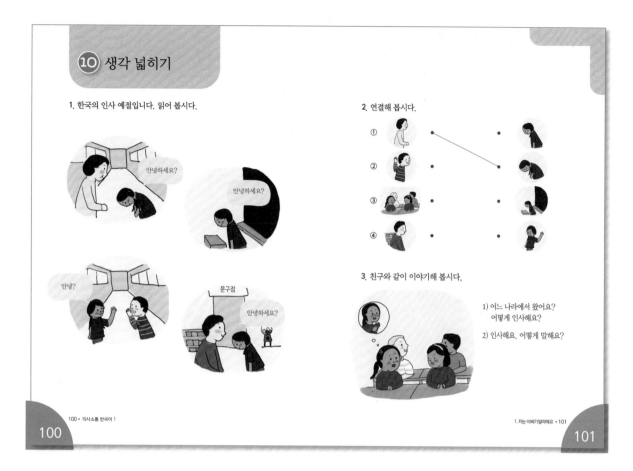

10차시 생각 넓히기

- **학습 목표**
- 활동: 한국의 인사 예절 배우기(인사말, 몸짓)

1 전 활동 – 20분

1) 1번 그림들을 보면서 아비가일이 무엇을 하고 있는 상황인지 인지하게 한다. 학생들이 인사하는 상황인 것을 인지한 후에는, 아비가일이 각각 어디에서 누구에게 인사를 하고 있는지 물어보고 대답하게 한다.

선 (아비가일을 가리키며) 이름이 뭐예요?

(아비가일이에요.)

네, 아비가일이 지금 뭐 해요?

(인사해요.)

네, 인사해요.

(첫 번째 그림을 가리키며) 어디에서 인사해요?

(학교예요.)

누구한테 인사해요?

(교장 선생님이요.)

· 네 개의 그림들이 모두 다른 장소이고 인사하는 대상이 다르다는 것을 확인하게 한다. 한국에서는 각 상황에서 모두 인사하는 방법이 다른 것을 설명해 준다. 인사할 때 몸짓, 억양, 태도가 조금씩 다른 것을 설명하고 학생들이 다 같이 따라 읽게 한다.

2 본 활동 – 15분

1) 1번 그림을 보고 학생들이 짝과 함께 읽어 보게 한다.

2) 2번의 ① 그림을 가리키며 누구인지 묻고 대답하게 한다. 학교에서 선생님을 만났을 때 어떻게 인사하면 좋은지 오른쪽 그림에서 찾아보게 한다. 학생들이 알맞은 그림을 찾았으면 어떻게 인사할지 말해 보게 한다. 학생들이 2번 활동을 이해했으면 ②~④도 똑같이 짝과 함께 해 보게 한다.

선 (①을 가리키며) 누구예요?

(선생님이에요.)

네, 맞아요. 선생님을 학교에서 만나요. 어떻게 인사해요?

(오른쪽 그림들을 가리키며) 찾아보세요.

(2번이요.)

네, 맞아요. (인사하는 몸짓을 보여 주면서)

이렇게 하면서 뭐라고 말해요?

(안녕하세요?)

네, 잘했어요.

3) 3번 활동의 질문들을 읽으면서 다른 나라에서는 어떻게 인사하는지 알아보자고 한다. 학생들이 짝과 함께 3번 질문을 읽고 대답하게 한다.

3 후 활동 – 5분

1) 오늘 배운 내용을 정리해 주고, 나라마다 인사하는 예절이 다르다는 것을 짚어 준다.

1단원 저는 아비가일이에요 • 89

2단원 • 이건 뭐예요?

● 단원의 개관

이 단원의 목표는 학생들이 학교에서 쓰는 기본적인 물건의 이름을 알고 물건의 수를 세어 볼 수 있게 하는 것이다. 학교에서 필요한 준비물을 스스로 챙기고 학교에서 여러 물건을 주고받을 때 자유롭게 말하고 쓸 수 있는 능력을 함양하게 될 것이다.

학습 목표	• 학용품의 이름을 말할 수 있다. • 물건을 셀 수 있다.						
주제	장면		기능	문법	어휘	문화	담화 유형
	일상생활	학교생활					
내 물건	집	교실	물건 이름 말하기 물건의 소유 여부 말하기 물건의 개수 말하기	뭐 누구 몇 이 아니에요	교실 물건 학용품 이것, 그것, 저것 단위 명사 고유어 숫자 1 (하나~열)	두 손으로 물건 받기	대화 메모

● 차시 전개 과정

차시	차시 제목	성격	학습 내용	교재 쪽수	익힘책 쪽수
1	교실 물건	필수	• 전체 단원 도입 • 교실 물건 익히기	104	80
2	학용품	필수	• 학용품의 이름 익히기 • 학용품의 이름을 바르게 읽고 쓰기	106	82
3	이것, 그것, 저것	필수	• 지시어(이것, 그것, 저것)의 의미 익히기 • 물건 주인이 누구인지 묻고 답하기	108	84
4	숫자 2	필수	• 하나~열까지 숫자 세는 법 익히기 • 숫자와 단위 명사를 사용하여 물건의 개수 세기	110	86
5	물건 주인	필수	• 물건 주인 찾기 • '이 아니에요'를 사용하여 대답하기	112	88
6	물건 이름 말하기	필수	• 물건 주인 말하기 • 물건 이름 찾아서 쓰기	114	-
7	보물찾기	선택	• 친구 물건 소개하기 • 숨은 물건 찾고 말하기	116	-
8	알림장 쓰기	선택	• 이야기 읽기 • 알림장 읽고 쓰기	118	-
9	내 물건 소개하기	선택	• 노래하기 • 내 물건 소개하는 글 쓰기	120	-
10	생각 넓히기	선택	• 물건을 바르게 전달하기	122	-

1차시 교실 물건

· **주요 학습 내용**

> 어휘
> 책상, 의자, 책, 공책, 창문, 칠판
>
> 문법 및 표현
> 뭐
>
> 준비물
> 듣기 자료

1 도입 – 5분

1) 단원 도입 그림을 보고 수업으로 자연스럽게 진행한다.
　🔵 여러분, 그림을 보세요.
　　책상 위에 무엇이 있어요?
　🔵 하미가 무엇을 해요?
　🟠 가방을 싸요.
　🔵 여러분 가방에는 무엇이 있어요?
　　여러분은 엄마와 같이 가방을 싸요?

2 제시, 설명 – 10분

1) 1번 그림을 보면서 하미와 선생님의 대화를 들어 보게
　한다. 💿 70
　🔵 그림을 보세요. 여기가 어디예요?
　　네, 교실이에요.
　　하미와 선생님이 무슨 이야기를 할까요?
　　들어 보세요.

2) '뭐'에 대해 간단히 설명한다.

> **문법 지식**
>
> **뭐**
> · 모르는 사실이나 사물을 가리키는 말.
> · 국적이나 출신을 말할 때 사용하는 표현.
> 　🟡 이건 뭐예요?
> 　　방금 뭐라고 했어요?
> · 준말 표현
> 　무엇 ▸ 뭐, 무엇이 ▸ 뭐가, 무엇을 ▸ 뭘
> 　이것은 ▸ 이건, 이것이 ▸ 이게, 이것을 ▸ 이걸

3) 2-1) 그림 속의 물건을 보면서 단어를 따라 하게 한다. 💿 71
　🔵 교실에 무엇이 있어요?
　　듣고 따라 해 보세요.

　※ 유의점
　– 교사는 학생들이 따라 읽을 때 교실에 있는 각각의 사물을
　　손으로 짚어 가면서 보여 주어 단어와 의미를 연결시키도록
　　한다.
　– 학생들 전체를 대상으로 따라 읽힌 후 한 명씩 개별적으로
　　따라 읽게 한다.

1 교실 물건

책상이에요.

1. 들어 봅시다.

1) 들어 보세요. 💿 70

⑤ 창문

이건 뭐예요?

① 책상

② 의자

2. 연습해 봅시다.

1) 연결해 보세요.

| 창문 | 칠판 | 책상 | 의자 |

104 · 의사소통 한국어 1

104

어휘 지식

책상 [책쌍]	책을 읽거나 글을 쓰거나 사무를 볼 때 앞에 놓고 쓰는 상. 🟡 책상 서랍. 🟡 책상을 정리하다.
의자	사람이 엉덩이와 허벅지를 대고 걸터앉는 데 쓰는 기구. 🟡 식탁 의자. 🟡 의자를 당기다.
책	글이나 그림 등을 인쇄하여 묶어 놓은 것. 🟡 책 한 권. 🟡 책을 읽다.
공책	글씨를 쓰거나 그림을 그릴 수 있도록 줄이 쳐져 있거나 빈 종이로 매어 놓은 책. 🟡 공책 한 권. 🟡 공책을 꺼내다.
창문	공기나 햇빛이 들어올 수 있도록 벽이나 지붕에 만들어 놓은 문. 🟡 창문을 닫다. 🟡 창문을 닦다.
칠판	분필로 글씨를 쓰는 짙은 초록색이나 검정색의 판. 🟡 칠판 글씨. 🟡 칠판을 닦다.

2) 들어 보세요.
   따라 해 보세요. 🎧 71

③ 책   ④ 공책

2) 들어 보세요. 골라 보세요. 🎧 72

① ☑ 의자예요.   ② ☐ 책이에요.   ③ ☐ 칠판이에요.
  ☐ 책이에요.   ☐ 책상이에요.   ☐ 공책이에요.

3. 친구와 같이 이야기해 봅시다.

이건 뭐예요?   공책이에요.

2. 이건 뭐예요? • 105

105

책상, 의자, 책,
공책, 창문, 칠판

뭐

의자예요.
정답은 '의자예요'입니다.
여기에 표시하세요.
다음을 들어 보세요.

·····································

익힘책 80쪽 2번

학생들에게 문장을 따라 읽힌 후 써 보게 한다.

·····································

익힘책 81쪽 3번

학생들에게 왼쪽 그림의 물건 이름을 말해 보게 한다. 학생들에게 오른쪽 문장을 같이 읽어 보게 한다. ①번을 예로 들어 선을 긋고 따라 써 보게 한다. 나머지 문제도 같은 방식으로 풀어 보게 한다.

·····································

4 적용 – 10분

1) 3번 활동을 통해 배운 내용을 활용하게 한다.
· 학생들에게 책상 위에 책과 공책을 꺼내 놓게 한다.
  선 3번을 같이 해 봅시다.
     여러분 책이 있어요? 공책이 있어요?
     책상에 놓으세요.

· 교실과 책상에 있는 물건을 가리키면서 한 사람이 "이건 뭐예요?"라고 물으면 다른 사람은 "이건 ○○이에요/예요."로 대답하게 한다. 순서를 바꾸어 질문하고 대답하게 한다.
  선 한 사람이 질문해요. "이건 뭐예요?"
     그럼 다른 친구가 대답해요. "이건 공책이에요."
     다음에는 바꿔서 질문해요. "이건 뭐예요?"
     다른 친구가 대답해요. "이건 책상이에요."
     잘할 수 있어요?

  ※ 유의점: 학생들이 교사의 말을 다 알아듣지 못할 수 있으므로 학생들이 말하는 순서를 손으로 가리키면서 천천히 설명한다.

·····································

익힘책 81쪽 4번

왼쪽 그림을 보면서 교사가 "이건 뭐예요?"로 묻고 학생들은 "○○이에요/예요."로 대답하게 한다. ①번을 예로 들어 대답을 같이 써 보게 한 후 나머지 문제도 풀어 보게 한다.

·····································

5 정리 – 5분

1) 배운 내용을 간단히 정리하고 다음 수업을 안내한다.
  선 오늘 배운 것을 확인해 봅시다.
     (책상, 의자, 책, 공책, 창문, 칠판을 각각 가리키며)
     이건 뭐예요?
     잘했어요.
     다음 시간에는 또 다른 물건의 이름을 공부합시다.

·····································

익힘책 80쪽 1번

학생들에게 어휘를 따라 읽힌 후 써 보게 한다.

·····································

3 연습 – 10분

1) 2-1) 문제를 보게 한 후 문제를 같이 풀어 본다.
  선 그림을 보세요.
     뭐예요? 말해 보세요.
     첫 번째 그림은 칠판이에요.
     칠판 글자가 어디에 있어요?
     그림과 글자를 연결해 보세요.
     다른 그림도 글자와 연결해 보세요.

2) 2-2) 문제를 보게 한 후 듣고 답을 찾아보게 한다.
   ①번은 같이 한다. 🎧 72
  선 잘 들어 보세요. 고르세요.
     뭐라고 해요? 이건 뭐예요?

· 주요 학습 내용

> **어휘**
> 필통, 연필, 지우개, 스케치북, 크레파스, 가방
>
> **준비물**
> 듣기 자료, 필요할 경우 필통, 연필, 지우개, 스케치북 등을 실물로 준비할 수도 있다.

1 도입 – 5분

1) 지난 시간에 배운 단어를 간단히 복습하고 오늘 다룰 내용을 알려 준다.
   - 🔴 지난 시간에 무엇을 배웠어요?
     (책상, 의자, 책, 공책, 창문, 칠판을 각각 가리키며)
     이건 뭐예요?
   - 🔴 잘했어요.
     오늘은 다른 물건의 이름을 더 배워 봅시다.

2 제시, 설명 – 10분

1) 1번을 읽어 보게 한다. 💿 73
   · 글자를 보고 한 번 읽어 보게 하고, 잘 읽지 못하는 경우 교사의 말을 듣고 다시 따라 하게 한다. 정확한 발음으로 들려주기 원할 경우 듣기 자료를 듣고 따라 하게 할 수도 있다.
   - 🔴 1번을 보세요. 같이 읽어 봅시다.
     필통, 연필, 지우개, 스케치북, 크레파스, 가방.
     다시 듣고 따라 해 보세요.
     필통, 연필, 지우개….

   ※ 유의점: 교사가 실물을 가지고 와서 실제로 보여 주면서 알려 줄 수도 있다.

2) 학생들 전체를 대상으로 따라 읽힌 후 한 명씩 개별적으로 따라 읽게 한다.

어휘 지식	
필통	연필, 지우개 등을 넣어서 가지고 다니는 주머니나 상자. 🔵 책상 위에 필통이 있어요. 필통에 연필을 넣어요.
연필	가늘고 긴 검은색 심을 나무 막대 속에 넣어 글씨를 쓰거나 그림을 그릴 때 쓰는 도구. 🔵 연필 한 자루 주세요. 연필을 깎아요.
지우개	연필로 쓴 것을 지우는, 고무로 만든 물건. 🔵 지우개로 지워요. 지우개가 닳아요.
스케치북	그림을 그릴 수 있는 하얀 도화지를 여러 장 묶어 놓은 책. 🔵 스케치북을 펼쳐요. 스케치북에 그림을 그려요.

2 학용품

1. 읽어 봅시다. 💿 73

① 필통 ② 연필 ③ 지우개

④ 스케치북 ⑤ 크레파스 ⑥ 가방

2. 다 같이 연습해 봅시다.

1) 무엇이 없어요? 써 보세요.

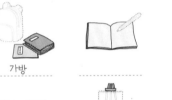

가방

크레파스	크레용과 파스텔의 특징을 따서 만든 막대 모양의 색칠 도구. 🔵 크레파스로 그림을 그려요. 크레파스로 색칠해요.
가방	물건을 넣어 손에 들거나 어깨에 멜 수 있게 만든 것. 🔵 가방이 커요. 가방을 메고 학교에 가요.

익힘책 82쪽 1번

학생들에게 어휘를 따라 읽힌 후 써 보게 한다.

익힘책 82쪽 2번

교사가 단어를 읽어 주고 학생들이 답을 쓰게 한다. ①번을 예로 들어 답을 같이 써 보게 한 후 나머지도 듣고 쓰게 한다. 교사는 천천히 두 번씩 들려준다.

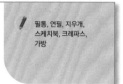
필통, 연필, 지우개,
스케치북, 크레파스,
가방

2) 들어 보세요. 골라 보세요. 🔊 74

① ☐ ☑ ② ☐ ☐

③ ☐ ☐ ④ ☐ ☐

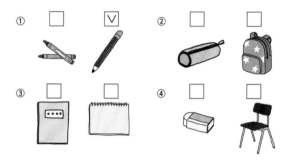

3. 그림을 보세요. 해 봅시다.

1) 잘못된 것을 찾아보세요. 붙여 보세요. 붙임 딱지

2) 바르게 말하세요.

이건 필통이에요.

---

3 연습 – 10분

1) 2번 문제를 같이 풀어 본다.

· 2-1) 그림에서 무엇이 없는지를 보고 적어 보게 한다.
· 먼저 그림을 보고 비어 있는 그림의 이름을 말해 보게 한 후 단어를 적게 한다.

    🔲 1번 그림을 보세요.
    책이 있어요. 뭐가 없어요?
    네, 가방이 없지요?
    '가방' 이렇게 적어요.
    다른 것도 해 보세요.

· 정답을 확인한다.

2) 2-2)에서 물건의 이름을 듣고 맞는 물건을 고르게 한다. 🔊 74

· 우선 학용품 각각의 이름을 말해 보게 한 후 듣기 자료를 들려준다.

    🔲 그림을 보세요.

이건 뭐예요?
이름을 말해 보세요.

🔲 이제 들어 보세요.
맞는 것을 골라 보세요.
1번을 같이 해 봅시다.

· 나머지도 듣고 골라 보게 한 후 정답을 확인한다.

··

익힘책 83쪽 3번

학생들에게 왼쪽 그림의 어휘가 무엇인지 묻고 대답하게 한다. ①번을 예로 들어 답을 같이 써 보게 한 후 나머지도 쓰게 한다.

··

익힘책 83쪽 4번

책상에 무엇이 있는지 묻고 학생들이 자유롭게 대답하게 한다. 처음 문장을 같이 읽으면서 써 보게 한 후 나머지도 차례로 쓰게 한다. 학생들이 좋아하는 물건을 찾아서 먼저 쓰라고 해도 좋다.

··

4 적용 – 10분

1) 3번 활동을 통해 배운 내용을 활용하게 한다.

    활동 방법

    책상에 놓인 물건의 이름을 확인한 후 잘못 적힌 이름을 바르게 고치는 활동이다. 이 활동을 통해서 학생들은 주의력을 기르고 학습한 단어를 정확하게 쓰고 말할 수 있게 된다.

2) 3-1)의 활동 방법을 설명하고 연습하게 한다.

    🔲 3번을 같이 해 봅시다.
    그림에 무엇이 있어요?
    말해 보세요.

    🔲 그림과 이름이 달라요.
    '연필' 아니에요. ✕, '필통' 이렇게 쓰세요.

    🔲 다른 것도 같이 해 봅시다.

    ※ 유의점: 교사는 돌아다니면서 활동을 바르게 이해하고 하고 있는지를 확인하고 학생들을 도와준다.

3) 3-1)에서 바르게 바꾼 내용으로 3-2)와 같이 말해 보게 한다.

    🔲 바르게 적었어요?
    옆 친구에게 말해 보세요.

5 정리 – 3분

1) 배운 내용을 간단히 확인한다.

    🔲 오늘 배운 것을 확인해 봅시다.
    (필통, 연필, 지우개, 스케치북, 색종이, 풀, 가위, 가방을 각각 가리키며) 이건 뭐예요?

    🔲 잘했어요.
    이번 시간에 배운 것을 잘 외워 보세요.

· 주요 학습 내용

어휘
이것, 그것, 저것

문법 및 표현
누구

준비물
듣기 자료, 견출지(학용품에 이름을 써서 붙일 용도), 학생들의 물건을 담을 큰 박스

1 도입 – 5분

1) 지난 시간에 배운 단어를 간단히 복습한다.

🔵 지난 시간에 무엇을 배웠어요?
(필통, 연필, 지우개, 스케치북, 크레파스, 가방을 각각 가리키며) 이건 뭐예요?

🔵 잘했어요. 이번 시간에는 이것, 그것, 저것을 배워 봅시다. (교사가 직접 자신의 앞, 학생의 앞, 저 멀리 있는 물건을 가리키며 말한다.)

2 제시, 설명 – 10분

1) 1-1)의 대화를 들어 보게 한 후, 들은 내용을 간단히 확인한다. 🔘 75

🔵 여러분, 요우타와 지민이의 이야기를 들어 보세요.

🔵 (듣기 자료를 들은 후) 이것은 누구 공책이에요?

🟠 그것은 성우 공책이에요.

· '누구'에 대해 간단히 설명한다.

🔵 '누구'는 사람을 모를 때 써요. (교사 책을 가리키며) 이건 누구 책이에요? 아, 이건 제 책이에요. (앞의 학생 가방을 가리키며) 이건 누구 가방이에요?

문법 지식

누구

· 모르는 사람을 가리키는 말.
  📙 누구세요?

· 정해지지 않은 어떤 사람을 가리키는 말.
  📙 이건 누구 거예요?

---

2) 1-2)를 듣고 따라 하게 한다. 🔘 76

· 이것, 그것, 저것을 따라 하게 하면서 교사는 손으로 앞에 있는 물건과 학생들 쪽에 있는 물건, 그리고 멀리 있는 물건을 가리킨다.

· 다음으로 1-2)의 그림을 사용하여 이것, 그것, 저것을 설명한다.

🔵 앞에 있어요. '이것'이에요, 친구 앞에 있어요.
   '그것'이에요. 멀리 있어요. '저것'이에요.
   교과서를 보세요.
   이것은 뭐예요? 책상이에요.

3 이것, 그것, 저것

1. 들어 봅시다.

   1) 들어 보세요. 🔘 75

   그것은 성우 공책이에요.

   이것은 누구 공책이에요?

   2) 들어 보세요. 따라 해 보세요. 🔘 76

    ① 이것
    ② 그것
    ③ 저것

2. 듣고 연습해 봅시다.

   1) 들어 보세요. 대답해 보세요. 🔘 77

   이것은 누구 필통이에요?
   그것은 리암 필통이에요.

    ①
    ②
    ③
    ⑤
    ⑥

108 • 의사소통 한국어 1

그것은 뭐예요? 의자예요.
저것은 뭐예요? 창문이에요.

어휘 지식

이것	말하는 사람에게 가까이 있거나 말하는 사람이 생각하고 있는 것을 가리키는 말.
그것	듣는 사람에게 가까이 있거나 듣는 사람이 생각하고 있는 것을 가리키는 말.
저것	말하는 사람과 듣는 사람으로부터 멀리 있는 것을 가리키는 말.

---

3) 교실에 있는 물건으로 '이것, 그것, 저것'을 더 연습한다.

🔵 (교탁의 물건을 가리키며) 이것은 뭐예요?
   (학생 책상 위의 물건을 가리키며) 그것은 뭐예요?
   (창문, 칠판 등 멀리 있는 것을 가리키며) 저것은 뭐예요?

· ·

익힘책 84쪽 1번

학생들에게 어휘를 따라 읽힌 후 써 보게 한다.

· ·

2) 들어 보세요. 골라 보세요. 💿78

   ① ☑ ☐   ② ☐ ☐

   ③ ☐ ☐   ④ ☐ ☐

3. 쓰고 말해 봅시다.

1) 이름을 써서 붙이세요.   2) 말해 보세요.

이것은 누구 연필이에요?

그것은 리암 연필이에요.

2. 이건 뭐예요? • 109

109

익힘책 84쪽 2번

왼쪽 그림에서 지시하는 것이 무엇인지 같이 말해 본다. ①번을 예로 들어 줄을 긋고 써 보게 한 후 나머지 문제도 풀어 보게 한다.

③ 연습 - 10분

1) 2-1) 문제를 같이 풀어 본다.

· 그림을 보고 누구 물건인지 이름을 읽어 보게 한다.
💿77
🔴 그림을 보세요. 누구 물건이에요? 읽어 보세요.

· ①번 문제를 보면서 교사가 묻고 학생이 대답하게 한다.
🔴 이것은 누구 필통이에요?
🟡 그것은 리암 필통이에요.

※ 유의점: '이것'으로 질문할 때는 '그것'으로 대답한다는 것을 알려 준다.

· 나머지 질문을 듣고 그림을 보면서 '그것은 ○○이에요/예요.'로 대답하게 한다.
· 정답을 확인한다.

2) 2-2)를 듣고 맞는 것을 고르게 한다. 💿78

· 그림을 보면서 각 물건의 이름과 주인을 말해 보게 한다.
🔴 그림을 보세요. 이건 뭐예요? 누구 거예요?

· ①번 문제를 같이 풀어 보고 정답을 확인한 후 나머지 문제도 동일하게 듣고 답을 고르게 한다.
🔴 ①번 문제를 들어 보세요. 정답이 뭐예요?
다음 문제도 듣고 답을 찾아봅시다.

※ 유의점: '그것'으로 질문할 때는 '이것'으로 대답하고, '저것'으로 질문할 때는 '저것'으로 대답한다는 것을 알려 준다.

익힘책 85쪽 3번

①번의 대화를 따라 하게 한 후 답을 같이 써 본다. 나머지도 같은 방식으로 답을 적게 한다.

익힘책 85쪽 4번

책상에 무엇이 있는지 말하게 한다. ①번의 대화를 따라 한 후 답을 써 보게 하고 나머지도 같은 방식으로 대답을 적어 보게 한다.

④ 적용 - 10분

1) 학생들이 자신의 물건에 이름을 써서 붙이고 이 물건을 통에 담은 후 누구 것인지를 묻고 답하는 활동을 진행한다.

· 견출지(또는 빈 붙임 딱지)를 나누어 주고 학생들이 이름을 써서 자신의 물건에 붙이게 한다.
🔴 여기에 이름을 쓰세요.
여러분의 물건에 이름표를 붙이세요.

· 이름표를 붙인 물건을 큰 박스에 담게 한다.
🔴 여러분의 물건을 여기에 넣으세요.

· 학생들이 박스에서 물건을 하나씩 꺼내서 "이것은 누구 연필이에요?"라고 묻고 다른 학생들은 물건에 적힌 이름표를 보고 "그것은 ○○ 연필이에요."와 같이 대답한다.
🔴 물건을 꺼내세요. 말하세요.
"이것은 누구 연필이에요?"
이름표를 보고 대답해 보세요.
"그것은 리암 연필이에요."

⑤ 정리 - 5분

1) 배운 내용을 간단히 확인한다.
🔴 이번 시간에는 '이것, 그것, 저것'을 배웠어요.
또 누구 연필이에요?
누구 책이에요?
주인을 물어보는 것을 배웠어요.
여러분 물건에 모두 이름표를 써서 붙이세요.
그리고 이름표를 보고 주인을 찾아 주세요.

2) 다음 시간에 배울 내용을 알려 준다.
🔴 다음 시간에는 하나, 둘, 셋, 넷… 물건을 세는 방법을 배울 거예요.

2단원 이건 뭐예요? • 97

· **주요 학습 내용**

> **어휘**
> 숫자 1(하나~열), 명, 자루, 개, 권, 준비물
>
> **문법 및 표현**
> 몇
>
> **준비물**
> 듣기 자료, 숫자 세기를 위한 연필, 지우개, 책 여러 권도 필요에 따라 준비

1 도입 – 5분

1) 지난 시간에 배운 내용을 간단히 복습한다.
- 🔵 지난 시간에 무엇을 배웠어요?
  이것은 뭐예요?
  그것은 뭐예요?
  저것은 뭐예요?
- 🔵 이것은 누구 책상이에요?
  그것은 누구 필통이에요?
  저것은 누구 가방이에요?

익힘책 86쪽 1번

숫자를 같이 읽은 후 써 보게 한다.

2) 이번 시간에 배울 내용을 간단히 알려 준다.
- 🔵 (연필 다섯 자루를 보여 주며) 이것은 뭐예요?
  네, 연필이에요.
  하나, 둘, 셋, 넷, 다섯, 연필 다섯 자루예요.
  이번 시간에는 물건을 하나, 둘, 셋… 세는 방법을 배워요.

2 제시, 설명 – 10분

1) 1번의 숫자를 읽어 보게 한다. 🔊 79
- · 글자를 보고 한 번 읽어 보게 하고, 잘 읽지 못하는 경우 교사의 말을 듣고 다시 따라 하게 한다. 정확한 발음으로 들려주기 원할 경우 듣기 자료를 듣고 따라 하게 할 수도 있다.
- 🔵 그림을 보세요. 같이 읽어 봅시다.
  하나, 둘, 셋, 넷… 열.
- 🔵 다시 듣고 따라 해 보세요.
  하나, 둘, 셋, 넷… 열.
- ※ 유의점: 학생들 전체를 대상으로 따라 읽힌 후 한 명씩 개별적으로 따라 읽게 한다.

> **추가 방법**
> 교실에 있는 물건들을 같이 세어 본다.

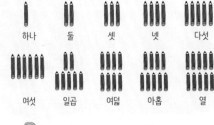

④ **숫자 2**

1. 읽어 봅시다. 🔊 79

2. 그림을 보고 연습해 봅시다.

1) 들어 보세요. 색칠해 보세요. 🔊 80

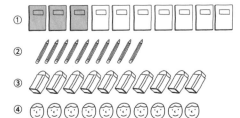

2) 2번의 단위 명사를 가르친다.
- · 사람, 긴 물건, 길지 않은 물건, 책일 경우 각각 명, 자루, 개, 권으로 말한다는 것을 알려 준다.
- 🔵 사람은 이렇게 세요. 한 명, 두 명, 세 명….
  같이 세어 볼까요?
- 🔵 연필과 같이 긴 물건을 셀 때는 이렇게 해요.
  한 자루, 두 자루, 세 자루, 네 자루, 다섯 자루….
  같이 해 볼까요?
- 🔵 필통, 지우개, 가방과 같이 길지 않은 물건을 셀 때는 이렇게 해요. 한 개, 두 개, 세 개, 네 개, 다섯 개….
  같이 해 볼까요?
- 🔵 책, 공책을 셀 때는 이렇게 해요.
  한 권, 두 권, 세 권, 네 권, 다섯 권….
  같이 해 볼까요?

익힘책 86쪽 2번

교재의 그림이 무엇인지 같이 말해 보게 한다. 단위 명사 '개'와 쓸 수 있는 단어를 모두 찾게 한다. 다른 단위 명사와 어울리는 단어와 이와 같은 방법으로 찾아서 연결하게 한다.

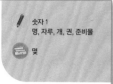

숫자 1
명, 자루, 개, 권, 준비물

몇

2) 그림을 보세요. 써 보세요.

①   열 자루   ②

③   ④

⑤   ⑥

3. 알림장을 보세요. 읽어 봅시다.

1) 읽어 보세요.

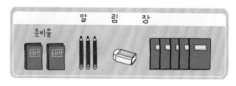

2) 내일 준비물이 뭐예요? 알림장을 써 보세요.

어휘 지식

명	사람의 수를 세는 단위.
자루	길쭉하게 생긴 필기도구나 연장, 무기 등을 세는 단위.
개	낱으로 떨어진 물건을 세는 단위.
권	책이나 공책을 세는 단위.
준비물	미리 마련하여 갖추어 놓는 물건.

3 연습 – 10분

1) 2-1) 문제를 같이 풀어 본다. 🔘 80

· 2-1) 첫 번째 보기 문제를 듣고 같이 문제를 풀어 보면
서 연습 방법을 설명한다.
🔲 그림을 보고 연습해 봅시다.
①번을 보세요. 뭐예요? 몇 권이에요?
①번을 들어 보세요. 세 권이에요. 세 권 색칠해요.

· 나머지 문제도 동일하게 풀어 보게 한다.
🔲 ②번을 들어 봅시다.

· 듣기 지문에 '몇'이 나오므로 '몇'을 간단히 설명한다.

문법 지식

몇
· 잘 모르는 수를 물을 때 쓰는 말.
  예 몇 명이 와요?
  몇 살이에요?

2) 2-2) 문제를 같이 풀어 보면서 연습한다. 첫 번째 그림
을 보면서 연습 방법을 설명한다.
🔲 그림을 보세요. 뭐예요?
네, 연필이에요. 연필이 몇 자루예요?
네, 열 자루예요. 그러면 '열 자루' 이렇게 써요.
다음 그림도 같이 해 봅시다.
②번은 뭐예요? 네, 공책이에요. 몇 권이에요?
네, 다섯 권이에요. 그러면 어떻게 써요?
네, '다섯 권' 쓰세요.

· ·

익힘책 87쪽 3번

①번 문제를 같이 풀어 본 후 나머지 문제도 풀게 한다.

· ·

익힘책 87쪽 4번

그림을 보고 몇 개(자루, 권, 명)인지 말해 보게 한 후 질문과
답을 적게 한다.

· ·

4 적용 – 10분

1) 3번 활동을 통해 배운 내용을 활용하게 한다.

· 3-1)의 그림을 보고 내일 준비물이 무엇인지 읽어 보
게 한다.
🔲 그림을 보세요. 알림장이에요.
준비물, 내일 학교에 가지고 갈 물건이에요.
준비물이 뭐예요?
같이 읽어 봅시다.

· 3-1)을 보고 내용을 그대로 아래 알림장에 써 보게 한다.
🔲 그림을 보세요.
준비물을 알림장에 적어 보세요.

※ 유의점: 학생들이 잘 적는지 다니면서 확인한다.

5 정리 – 5분

1) 배운 내용을 간단히 확인한다.
🔲 오늘 배운 것을 확인해 봅시다.
(여러 가지 물건을 손에 들면서) 몇 개예요?
몇 권이에요?
몇 자루예요?
🔲 잘했어요.
이번 시간에 배운 것을 잘 외워 보세요.

5차시 물건 주인

- **주요 학습 내용**

> **어휘**
> 아니요, 제
> **문법 및 표현**
> 이 아니에요
> **준비물**
> 듣기 자료

1 도입 – 5분

1) 지난 시간에 배운 내용을 간단히 복습한다.

   🔵 지난 시간에 무엇을 배웠어요?

   (여러 가지 물건을 손에 들면서) 몇 개예요?

   몇 권이에요? 몇 자루예요?

   🔵 잘했어요.

   이번 시간에는 물건의 주인이 누구인지 묻고 대답하는 것을 배울 거예요.

2) 그림을 보고 이번 차시에 배울 내용을 유추하게 한다.

   🔵 그림을 보세요.

   선생님이 무엇을 들고 있어요?

   저 통 안에는 무엇이 들어 있을까요?

   여러분은 물건에 이름을 잘 써요?

   여러분은 잃어버린 물건이 있어요?

   무엇을 잃어버렸어요?

2 제시, 설명 – 10분

1) 1번을 들어 보게 한 후 간단히 내용을 확인하는 질문을 한다. 🔘81

   🔵 그림을 보세요. 이야기를 들어 보세요.

   🔵 이것은 성우 연필이에요?

   그럼 누구 연필이에요?

   🔵 다시 듣고 따라 하세요.

2) '아니요, 제, 이 아니에요' 등 주요 어휘와 문법을 설명한다.

어휘 지식	
아니요	윗사람이 묻는 말에 대하여 부정하며 대답할 때 쓰는 말. **예** 가: 이건 리암 가방이에요? 　　나: 아니요, 저밍 가방이에요. 　　가: 비가 와요? 　　나: 아니요, 안 와요. [반대말] 네
제	말하는 사람이 자신을 낮추어 가리키는 말인 '저'에 '의'가 붙은 '저의'가 줄어든 말. **예** 제 책. 　　이것은 제 가방이에요. [참고] 제가, 제 (책), 저는, 저를, 저에게

---

5 물건 주인

1. 들어 봅시다. 🔘81

2. 연습해 봅시다.

   1) 들어 보세요. 따라 해 보세요. 🔘82

112 • 의사소통 한국어 1

112

> **문법 지식**
>
> **이 아니에요**
> · '이/가'는 보격 조사로 '아니다, 되다' 앞에서만 쓰인다.
>
> | | 조건 | 형태 | 예시 |
> |---|---|---|---|
> | ① | 받침 ○ | 이 아니에요 | 책상이 아니에요. |
> | ② | 받침 × | 가 아니에요 | 의자가 아니에요. |
>
> · 여기서는 '이/가'에 초점을 두지 말고 '이/가 아니에요' 전체를 하나의 표현으로 가르친다.
> · '이것은 제 책이에요', '저것은 제 책이 아니에요'와 같이 '이에요'의 반대 표현으로 '이/가 아니에요'를 사용함을 알려 준다.

....

익힘책 88쪽 1번

①번의 질문을 같이 읽은 후 답을 적어 보게 한다. 다른 문제도 교사가 질문을 하면 학생들이 대답하면서 '네/아니요'를 적어 보게 한다.

....

✏️ 아니요, 제

🧽 이 아니에요

2) 써 보세요.

①
크레파스

이건 크레파스가 아니에요.
  연필이에요.

②
지우개

③
창문

④
의자

3. 읽고 써 봅시다.

1) 읽어 보세요. 💿83

저는 하미예요.
저는 1학년이 아니에요.
2학년이에요.
이것은 제 가방이 아니에요.
저밍 가방이에요.

2) 써 보세요.

저는ㅡㅡㅡㅡ.
저는ㅡㅡ이/가 아니에요.
ㅡㅡㅡ이에요/예요.
이것은ㅡ이/가 아니에요.
ㅡㅡㅡ이에요/예요.

2. 이건 뭐예요? • 113

113

익힘책 88쪽 2번

①번을 따라 써 보게 한다. 다른 문장도 써 보게 하되 '이/가'를 바르게 선택해서 쓸 수 있도록 지도한다.

3 연습 – 10분

1) 2-1)을 통해 '이 아니에요'를 연습한다. 그림을 보고 이것이 무엇인지 이야기한 후 따라 하게 한다.

신 그림을 보세요.
   이것은 뭐예요?
   분실물 함이에요.
   여러분이 잃어버린 물건이 여기에 있어요.
   무엇이 있어요?
   네, 연필, 지우개, 크레파스, 필통, 공책이 있어요.
   이것은 여러분 거예요?
   아니요, 여러분 물건이 아니에요.
   이 표현을 연습해 봅시다.
   듣고 따라 해 보세요. 💿82

2) 2-2) 그림을 보고 '이/가 아니에요'를 사용해서 문장을 써 보게 한다. 먼저 ①번 그림을 보면서 쓰는 방법을 알려 준 후 나머지도 써 보게 한다.

신 ①번을 보세요.
   이건 뭐예요?
   연필이에요.
   맞아요. 크레파스가 아니에요, 연필이에요.
   그래서 이렇게 써요.
   '이건 크레파스가 아니에요. 연필이에요.'
   '공책'은 끝에 받침이 있어요.
   '이 아니에요'를 쓰세요.
   '의자'는 끝에 받침이 없어요.
   '가 아니에요'를 쓰세요.
   그럼 ②번부터 해 보세요.

신 잘했어요? 정답을 확인해 봅시다.

익힘책 89쪽 3번

①번의 그림을 보면서 교사가 오른쪽 문장으로 질문을 하면 대답을 해 보게 한다. 다음 문제도 교사가 질문하고 학생은 대답하면서 써 보게 한다.

익힘책 89쪽 4번

예시문을 같이 읽고 따라 한 후 공책의 이름을 참고로 하여 같은 방식으로 자신의 이야기를 써 보게 한다.

4 적용 – 10분

1) 3번 활동을 통해 배운 내용을 활용하게 한다.

· 3-1)을 읽어 보게 한다. 💿83
교사가 한 문장씩 읽고 따라 하게 하거나, 듣기 자료를 듣고 따라 하게 할 수도 있고, 잘하는 학생들의 경우 직접 읽어 보게 할 수도 있다.

· 몇 가지 질문을 통해 내용을 같이 확인해 본다.
신 하미는 몇 학년이에요?
신 이것은 하미 가방이에요?
신 이것은 누구 가방이에요?

· 물건을 하나씩 들고 1)과 같은 글을 써 보게 한다.

※ 유의점: 교사는 학생들이 쓰는 모습을 보면서 잘못된 부분은 지적해 준다. 활동 후 쓴 내용을 읽게 할 수도 있다.

5 정리 – 5분

1) 배운 내용을 간단히 확인한다.
신 오늘 배운 것을 확인해 봅시다.
신 (연필을 들고) 이건 지우개예요?
   (지우개를 들고) 이건 필통이에요?
   (필통을 들고) 이건 가방이에요?
신 잘했어요. 여러분도 물건을 잃어버리지 마세요.

6차시 물건 이름 말하기

· **주요 학습 내용**

> **주요 활동**
> 1. 물건 주인에 대해서 이야기하기
> 2. 교실 물건 찾아 쓰기
>
> **준비물**
> 다양한 학용품

1 도입 – 5분

1) 지난 시간에 배운 내용을 간단히 복습한다.

　선 지난 시간에 배운 것을 확인해 봅시다.

　　(연필을 들고) 이건 지우개예요?

　학 아니요, 지우개가 아니에요. 연필이에요.

　선 (필통을 들고) 이건 영미 필통이에요?

　학 아니요, 영미 필통이 아니에요. 선생님 필통이에요.

　선 (앞에 앉은 학생 가방을 들고) 이건 ○○ 가방이에요?

　학 아니요, ○○ 가방이 아니에요. △△ 가방이에요.

　선 잘했어요.

2) 이번 시간에 배울 내용을 간단히 설명한다.

　선 이번 시간에는 지금까지 배운 낱말을 복습하고 배운 것을
　　사용해서 이야기해 보겠어요.

2 활동 1 – 15분

1) 그림을 보고 1-1) 대화를 읽어 보면서 활동을 이해시
킨다. 🎧 84

　선 그림을 보세요.

　　책상 위에 무엇이 있어요?

　　대화를 읽어 보세요.

　선 이건 누구 연필이에요?

　　하미 연필이에요.

　　이렇게 물건을 보고 이야기하는 활동이에요.

2) 1-2) 활동을 진행한다.

· 자기 물건을 책상 위에 올려놓게 한다.

　선 네 명씩 모둠을 지어 보세요.

　　학용품을 책상 위에 올려놓으세요.

　　※ 유의점: 물건을 꺼낼 때는 가급적 누가 어떤 물건을 내놓는
　　　지 모르게 눈을 감고 하는 것이 좋다.

· 학생들이 돌아가면서 다음과 같이 연습하게 한다.

　학1 "이건 누구 ○○(물건)이에요/예요?"

　학2 "△△(친구 이름) ○○(물건)이에요/예요."

　학3 "이건 □□(이름) ○○(물건)이에요/예요?"

　학4 "네, □□(친구 이름) ○○(물건)이에요/예요."

　　"아니요. □□(친구 이름) ○○(물건)이 아니에요.

　　◇◇(친구 이름) ○○(물건)이에요."

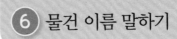

1. 이야기해 봅시다.

　1) 읽어 보세요. 🎧 84

　2) 여러분 책상에는 무슨 물건이 있어요? 말해 보세요.

3) 활동을 정리하고 소감을 이야기한다. 활동이 끝난 후
누구 물건을 잘 맞혔는지, 무엇이 재미있었는지 이야기
하게 한다.

　선 누구 물건을 맞혔어요?

　　누구 물건을 틀렸어요?

　　뭐가 재미있었어요?

3 활동 2 – 15분

1) 아래 글자판에서 교실에 있는 물건을 찾아서 표시하게
한다.

　선 아래를 보세요.

　　무슨 글자가 있어요?

　　교실 물건이 있어요.

　　찾아서 동그라미하세요.

　　※ 유의점: 학생들이 잘 찾지 못하면 첫 글자를 알려 주거나 방
　　　향을 알려 주거나 해서 잘 찾을 수 있도록 도와준다.

2. 교실에 무엇이 있어요? 찾아봅시다.

1) 찾으세요. ○표 하세요.

공	장	지	우	개	이
책	상	스	케	치	북
고	크	레	파	스	키
의	다	소	연	필	오
자	송	책	종	칠	통
강	아	콩	라	판	도

2) 찾은 낱말을 써 보세요.

①   공책   ⑥ _____

② _____   ⑦ _____

③ _____   ⑧ _____

④ _____   ⑨ _____

⑤ _____

추가 활동 방법

· 개인, 짝 활동, 모둠 활동으로 진행할 수도 있다.
· 빨리 찾은 학생이나 모둠에게는 시상을 하는 등 게임 형식으로 진행할 수도 있다.

2) 2-1)에서 찾은 글자를 아래에 적게 한다.

  🔲 많이 찾았어요? 여러분이 찾은 글자를 아래에 적어 보세요.

4 정리 – 5분

1) 배운 내용을 간단히 확인한 후 수업을 마무리한다.

  🔲 오늘은 여러 가지 물건을 찾고 말해 봤어요.
     집에서도 여러 가지 물건의 이름을 묻고 말해 보세요.

● 메모

7 보물찾기

1. 친구 물건을 소개해 봅시다.

1) 친구에게 물어보세요. 대답해 보세요.

1. 이건 뭐예요?
2. 누구 거예요?
3. 몇 개예요?(몇 자루예요? 몇 권이에요?)

2) 써 보세요.

지우개	성우	1 2 3
		한 개

3) 친구 물건을 소개해 보세요.

이건 성우 지우개예요.
한 개예요.

이건 _____ 이에요/예요.
_____ 개예요.(자루예요, 권이에요.)

2. 보물찾기를 해 봅시다.

찾았다!

이건 아비가일
필통이에요.

7차시 보물찾기

· 학습 목표
- 활동 1: 친구 물건 소개하기
- 활동 2: 물건 찾아 소개하기

1 활동 1 - 20분

1) 친구에게 물건에 대해서 물어보고 대답하게 한다.
  · 학생들이 마음에 드는 학용품을 몇 개씩 가지고 돌아다니면서 다른 친구를 만난다. 만나서 친구의 물건이 무엇인지, 누구의 것인지, 몇 개인지를 물어보게 한다.
  ※ 유의점: 모둠 활동 혹은 전체 활동으로 진행한다.

2) 친구들에게 물은 내용을 도표에 정리한다. 간단하게 물건의 이름과 개수를 적게 한다.

3) 친구 물건을 소개한다.
  · 마음에 드는 물건을 친구와 교환하게 하고 그 친구의 물건을 들고 나와서 소개하게 한다.(제자리에서 일어나 발표할 수도 있다.) 발표가 끝난 후 물건을 친구에게 다시 돌려주도록 한다.

2 활동 2 - 20분

1) 이름을 적어서 물건에 붙인다.
  · 간단한 활동 소개를 한 후 학생들에게 견출지를 나누어 주고 자신의 물건을 3개씩 꺼내서 이름표를 붙이게 한다. 학생들이 물건을 앞에 내고 잠시 복도에 나가 있는 사이에 선생님은 물건을 여기저기에 숨긴다.

2) 숨긴 물건을 찾는다.
  · 학생들이 들어와서 교실에 숨긴 물건을 찾는다. 찾은 사람은 "찾았다!"를 외치고 앞으로 가지고 와서 선생님께 "이건 ○○(친구 이름) ○○(물건 이름)이에요/예요."라고 말한다. 선생님은 바르게 말한 학생에게 간단한 상품을 준다.

3) 활동을 정리한다.
  · 선생님에게서 상품을 가장 많이 받은 학생이 누구인지 확인하고 박수를 쳐 준다. 활동이 끝나면 물건에 붙인 이름표를 보고 물건을 주인에게 돌려주게 한다.

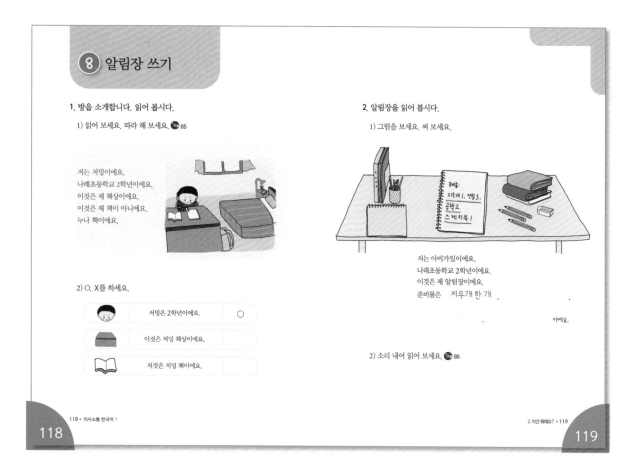

8차시 알림장 쓰기

· **학습 목표**
· 활동 1: 이야기 읽기
· 활동 2: 알림장 읽고 쓰기

1 활동 1 – 20분

1) 1-1) 그림을 보면서 이야기하게 한다.

   신 그림을 보세요. 여기가 어디예요?
   방에 무엇이 있어요?
   저밍의 이야기를 읽어 봅시다.

2) 1-1) 이야기를 읽어 보게 한다. 🎧85

· 교사가 읽고 따라 하게 하거나 듣기 자료를 듣고 따라
  하게 할 수도 있다. 잘하는 학생들은 직접 소리 내어
  읽어 보게 한다.

3) 읽은 내용을 간단하게 확인한다.

2 활동 2 – 20분

1) 2-1) 그림을 보면서 이야기하게 한다.

   신 그림을 보세요. 책상이에요.
   책상 위에 뭐가 있어요?
   네, 책이 있어요. 연필도 있어요. 지우개도 있어요.

그리고 알림장도 있어요.
알림장에 준비물이 있어요.
준비물을 읽어 보세요.

2) 아래 이야기를 읽으면서 알림장의 내용을 빈칸에 적어
   보게 한다.

   신 아래 이야기를 읽어 보세요.
   준비물을 아래에 적어 보세요.
   지우개는 몇 개예요?
   네, 한 개예요. '지우개 한 개' 이렇게 적으세요.

3) 2-1) 아비가일의 이야기를 소리 내어 읽어 보게 한다.

> **추가 활동**
>
> · 알림장을 읽고 쓰는 활동을 했으므로 반대로 교사가 말하
>   는 것을 듣고 알림장을 적는 연습을 할 수 있다.
> · "공책 한 권, 연필 다섯 자루, 지우개 한 개" 등과 같이 말
>   하면 학생이 공책에 적는 활동을 추가로 할 수 있다.

1. 노래해 봅시다.

1) 들어 보세요. 따라 해 보세요. 🎵87

이것은 이것은 뭐예요?
이것은 이것은 책이에요.

저것은 저것은 공책이에요?
저것은 공책이 아니에요.

이것은 누-구 가방이에요?
이것은 내 가방이-에요.

2) 가사를 바꿔 불러 보세요.

2. 내 물건을 소개해 봅시다.

1) 여러분 책상에 무엇이 있어요? 그려 보세요.

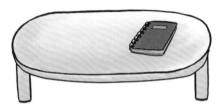

2) 그림을 보세요. 아래와 같이 써 보세요.

이것은 책상이에요.
이것은 책이에요. ⋯⋯⋯⋯⋯
이것은 연필이에요. ⋯⋯⋯⋯⋯
연필은 두 자루예요. ⋯⋯⋯⋯⋯
이것은 공책이에요. ⋯⋯⋯⋯⋯
공책은 두 권이에요. ⋯⋯⋯⋯⋯

9차시 내 물건 소개하기

• **학습 목표**
• 활동 1: 노래하기
• 활동 2: 자기 물건 소개하기

1 활동 1 – 20분

1) 그림을 보고 내용을 추측한 후 노래 가사를 읽어 본다.
   🟦 그림을 보세요.
   이건 뭐예요?
   네, 오늘 배울 노래는 '이것은 뭐예요?'예요.
   원래 있는 노래가 아니에요.
   선생님들이 만든 노래예요.
   읽어 보세요.

2) 노래를 듣고 따라하게 한다. 🎵87
   • '똑같아요'를 개사한 노래이다. 듣기 자료가 제공되지 않는 경우 교사가 직접 노래를 불러 주고 따라 하게 한다.
   🟦 노래를 들어 보세요. 따라 불러 보세요.

3) 두 사람이 짝을 지어 노래 가사를 바꾸어 불러 보게 한다.
   • 물건을 가리키면서 질문하고 대답하는 방식으로 노래를 부르게 한다.
   🟨 이것은 이것은 뭐예요?

   🟦 이것은 이것은 ○○이에요/예요.
   🟨 저것은 저것은 ○○이에요/예요?
   🟦 저것은 ○○이/가 아니에요.
   🟨 이것은 누-구 ○○이에요/예요?
   🟦 이것은 △△(친구 이름) ○○이에요/예요.

4) 짝 활동이 끝나면 몇 팀을 일으켜서 노래를 불러 보게 한다.

2 활동 2 – 20분

1) 활동 방법을 설명하고 교재의 책상에 학생들 자신의 책상에 있는 것을 그려 넣게 한다.

2) 위에서 그린 책상을 묘사하는 글을 쓰게 한다.

3) 학생들이 쓴 글을 옆 친구와 바꿔서 읽어 보게 한다. 자신의 글이나 친구의 글을 발표하게 할 수도 있다.

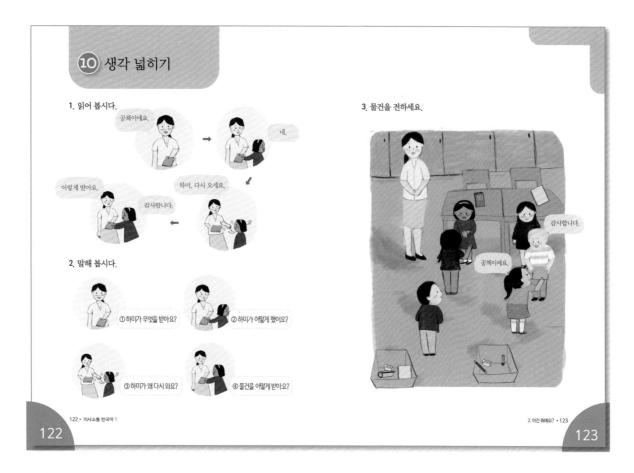

10차시 생각 넓히기

- **학습 목표**
- 활동: 두 손으로 물건을 받고 전하기

1 전 활동 – 10분

1) 1번 선생님과 하미의 대화를 같이 읽어 본다.
   - 신 그림을 보세요.
     선생님과 하미가 있어요.
     무엇을 해요?
     같이 읽어 봅시다.

2) 다음에는 역할을 정한 후 각각의 역할에 맞는 행동과 함께 대화를 다시 읽어 본다.
   - 신 두 사람이 가위바위보를 하세요.
     이긴 사람은 선생님, 진 사람은 하미예요.
     다시 읽어 보세요.
   - ※ 유의점: 학생들이 일어나서 연극처럼 역할을 하도록 유도한다.

2 본 활동 – 15분

1) 2번의 장면을 보면서 내용을 확인하게 한다.
   - 신 2번을 보세요.
     대답해 보세요.

2) 학생들은 어떤 태도를 갖고 있는지 묻고 이야기하게 한다.
   - 신 선생님이 책을 줘요.
     아버지가 선물을 줘요.
     여러분은 어떻게 받아요?
     왜 그렇게 받아요?

3 후 활동 – 15분

1) 학생들끼리 예의를 갖추어 물건을 주고받는 연습을 하게 한다.
   ① 학생들을 두 팀(혹은 서너 팀)으로 나누고 팀별로 줄을 세운다.
   ② 선생님이 준비한 물건을 각각의 줄 앞에 두고 줄의 맨 끝에는 물건을 담을 바구니를 준비한다.
   ③ 선생님이 신호를 보내면 앞에 있는 학생이 뒤 학생에게 "공책이에요/책이에요"와 같이 이야기를 하고 뒤의 학생은 "감사합니다"라고 말하며 두 손으로 받는다.
   ④ 마지막 물건까지 모두 뒤로 전달한 후 팀원이 모두 "끝"이라고 외친다.
   ⑤ 잘한 팀을 골라서 시상한다.
     (빨리 한 팀, 태도가 좋은 팀을 각각 뽑아 시상할 수도 있다.)

3단원 • 음악실은 어디에 있어요?

단원의 개관

이 단원의 목표는 학교에서 교실의 이름을 알고 위치를 묻고 찾을 수 있게 하는 것이다. 또한 학교와 교실에서 행해지는 다양한 활동을 설명할 수 있게 한다. 이로써 학생들이 학교 시설을 바로 찾아가고 자유롭게 활용할 수 있는 능력을 키우는 것을 목표로 한다.

학습 목표	• 위치를 묻고 대답할 수 있다. • 동작을 표현할 수 있다.						
주제	장면		기능	문법	어휘	문화	담화 유형
	일상생활	학교생활					
우리 학교	집 앞	교실, 복도	위치 말하기 존재 여부 말하기 동작 표현하기 교내 시설 찾기	이/가 있어요/없어요 에 있어요 어디 도 -어요	장소 명사 ① 위치 표현 동사 ①	복도에서 주의할 일	대화 간단한 설명문

● 차시 전개 과정

차시	차시 제목	성격	학습 내용	교재 쪽수	익힘책 쪽수
1	있어요, 없어요	필수	• 전체 단원 도입 • 물건의 존재 여부 듣고 말하기	126	90
2	위치	필수	• 위치 표현 익히기 • 물건이 있는 장소에 대해 바르게 읽고 쓰기	128	92
3	교실 이름	필수	• 교실 이름 익히기 • 교실이 어디에 있는지 묻고 답하기	130	94
4	교실 위치	필수	• 교실과 집의 층수 익히기 • 교실과 집의 위치에 대해 설명하는 글을 읽고 쓰기	132	96
5	동작을 나타내는 말 1	필수	• 동작을 나타내는 말 익히기 • '-어요'를 사용해서 대답하기	134	98
6	학교 건물 소개하기	필수	• 물건 위치 말하기 • 학교 건물 소개하기	136	-
7	위치 찾기	선택	• 교실 이름 찾기 • 위치 말하고 듣기	138	-
8	일기 읽기	선택	• 일기 읽기 • 일기 읽고 쓰기	140	-
9	놀이하기	선택	• 노래하기 • 듣고 따라 하기 • 손가락 접기	142	-
10	생각 넓히기	선택	• 복도에서의 예절 익히기	144	-

1차시 있어요, 없어요

· 주요 학습 내용

> 문법 및 표현
> 이 있어요/없어요
>
> 준비물
> 듣기 자료

1 도입 - 5분

1) 단원 도입 그림을 보고 수업으로 자연스럽게 진행한다.
   - 선 여러분, 그림을 보세요.
   - 선 여기가 어디예요?
   - 선 학교에 무슨 교실이 있어요?
   - 선 음악실은 어디에 있어요?

2 제시, 설명 - 10분

1) 1번 그림을 보면서 요우타와 지민이의 대화를 들어 보게 한다. 📀88
   - 선 그림을 보세요. 들어 보세요.

2) '있어요/없어요'의 의미를 설명하고 받침이 있는 명사 뒤에는 '이 있어요', 받침이 없는 명사 뒤에는 '가 있어요'를 사용한다는 것을 알려 준다.
   - 선 (책을 들고 앞으로 보여 주며) 책이 있어요.
     (책을 등 뒤로 숨기며) 책이 없어요.
     (다시 앞으로 보여 주며) 있어요.
     (다시 뒤로 숨기며) 없어요.

   - ※ 유의점: 앞의 동작을 반복하며 학생들이 '있어요, 없어요'를 빨리 말해 보게 한다.

> **문법 지식**
>
> **이 있어요/없어요**
> · '있다', '없다'에는 소유와 존재의 두 가지 의미가 담겨 있다.
>   예 교실에 책상이 있어요. (존재)
>   저는 예쁜 가방이 있어요. (소유)
> ※ 본 수업에서는 소유의 의미와 존재의 의미 두 가지 중 어느 것으로 설명해도 문제가 없지만, 학생들이 질문할 경우에는 차이를 설명해 준다.
>
> | | 조건 | 형태 | 예시 |
> |---|---|---|---|
> | ① | 받침 ○ | 이 있어요 | 책상이 있어요. |
> | ② | 받침 × | 가 있어요 | 의자가 있어요. |

- 선 이제 여러분이 말해 보세요.
  (교사가 연필을 든다.)
- 학 연필이 있어요.

---

1 있어요, 없어요

1. 들어 봅시다. 📀88

2. 무엇이 있어요? 연습해 봅시다.

   1) 위 그림을 보세요. 들으세요. 대답하세요. 📀89

   ① 필통 ② 크레파스 ③ 책 ④ 스케치북

- 선 (연필을 등 뒤로 숨긴다.)
- 학 연필이 없어요.
- 선 (교사가 지우개를 들며) 말해 보세요.
- 학 지우개가 있어요.
- 선 (지우개를 등 뒤로 숨긴다.)
- 학 지우개가 없어요.

······································

익힘책 90쪽 1번

그림을 보면서 책상에 무엇이 있는지 말해 보게 한 후 교사가 ①번 '책상'을 말하면 학생들이 '있어요'라고 대답하면서 표시하게 한다. 나머지 문제도 같은 방식으로 진행한다.

······································

익힘책 90쪽 2번

①번을 같이 해 본 후 나머지 문제도 같은 방식으로 풀게 한다. '이/가'를 바르게 고를 수 있도록 지도한다.

······································

이 있어요/없어요

2) 들어 보세요. 골라 보세요. 🔊 90

① ☑ 네, 있어요. ☐ 아니요, 없어요.
② ☐ 네, 있어요. ☐ 아니요, 없어요.
③ ☐ 네, 있어요. ☐ 아니요, 없어요.
④ ☐ 네, 있어요. ☐ 아니요, 없어요.

3. 물건을 골라 봅시다.

1) 붙여 보세요. 붙임 딱지

2) 친구와 이야기하세요.

① 책상이 있어요?
② 네, 있어요.
④ 아니요, 없어요.
③ 가방이 있어요?

3. 음악실은 어디에 있어요? • 127

127

---

3) 2-2) 문제를 같이 풀어 본다. 🔊 90

· 그림을 보게 한 후 ①번 문제를 같이 풀어 본다.
  선 한 번 더 연습해 봅시다.
     이번에는 가방을 보세요. 무엇이 있어요?
  선 네, 맞아요. 들은 물건이 있어요? 없어요?
     표시해 보세요.

· ①번은 교사와 학생이 같이 하고 나머지는 학생들이
  해 보게 한 후 정답을 확인한다.
  선 정답을 확인해 볼까요?

· ·

익힘책 91쪽 3번

교사가 ①번의 질문을 하고 학생이 대답을 해 보게 한다.
질문과 대답을 모두 적는 문제이므로 학생들이 직접 말해
보면서 적게 한다.

· ·

익힘책 91쪽 4번

가방에 무엇이 있는지 같이 말해 보게 한다. 가방에 있는
것과 없는 것을 적어 보게 한다.

· ·

4 적용 – 10분

1) 3번 활동을 통해 배운 내용을 활용하게 한다. 빙고 게
   임 형식으로 진행한다.

   ※ 유의점: 짝 활동이나 모둠 활동으로 진행할 수 있다.

· 붙임 딱지에 있는 열 개의 물건 이름을 같이 읽어 보게
  한 후 마음에 드는 것을 다섯 개 골라서 빈칸에 붙이게
  한다.
  선 붙임 딱지를 보세요.
     무엇이 있어요?
     읽어 보세요.
  선 다섯 개 고르세요.
     붙이세요.

· 빙고 게임을 한다. 자기에게 있는 물건이 상대방에게
  있는지를 물으면서 지운다. 상대방도 그 물건이 있으
  면 같이 지운다.
  선 친구에게 물어보세요.
     "책이 있어요?" 그리고 지우세요.
     대답하세요.
     "네, 있어요." 그럼 같이 지우세요.
     바꿔서 질문하세요.
  선 다섯 개를 다 지운 사람이 "빙고"라고 말하세요.

5 정리 – 5분

1) 배운 내용을 간단히 정리하고 다음 수업을 안내한다.
   선 오늘 배운 것을 확인해 봅시다.
   선 (교실에 있는 물건들을 보면서) ○○이/가 있어요?
   선 잘했어요.
      다음 시간에는 '위, 아래…' 위치를 공부해요.

---

3 연습 – 10분

1) 2-1) 문제를 보게 한 후 ①번 문제를 같이 풀어 본
   다. 🔊 89
   선 위 그림을 보세요.
      지민이 책상 위에 뭐가 있어요? 없어요? 말하세요.
      ①번을 같이 들어 봅시다.
      "필통이 있어요?" 물어요.
      대답하세요.
      "네, 있어요.", "필통이 있어요."

2) ②번도 같이 해 본다.

· ②번부터는 듣기 자료를 듣고 학생들이 '네, 있어요',
  '아니요, 없어요'로 대답하게 하거나 교사가 아래를 보
  면서 질문하고 대답하게 할 수도 있다.

· 연습이 끝난 후에는 각각을 '필통이 있어요, 크레파스
  가 있어요, 책이 없어요, 스케치북이 있어요'와 같이
  '이/가'를 붙여 가면서 한 번 더 연습시킨다.

2차시 위치

· 주요 학습 내용

> **어휘**
> 앞, 뒤, 위, 아래, 옆, 안, 밖
>
> **문법 및 표현**
> 에 있어요
>
> **준비물**
> 듣기 자료

1 도입 – 5분

1) 지난 시간에 배운 내용을 간단히 복습하고 오늘 배울 내용을 알려 준다.

- 🔵 지난 시간에 무엇을 배웠어요?
- 🔵 (교실에 있는 물건들을 보면서) ○○이/가 있어요?
- 🔵 잘했어요. 오늘은 (손가락으로 위치를 가리키며) 위, 아래, 앞, 뒤, 옆이 어디에 있는지를 배울 거예요.

2 제시, 설명 – 10분

1) 1번을 읽어 보게 한다. 🎧 91

· 글자를 보고 한 번 읽어 보게 하고, 잘 읽지 못하는 경우 교사의 말을 듣고 다시 따라 하게 한다. 정확한 발음으로 들려주기 원할 경우 듣기 자료를 듣고 따라 하게 할 수도 있다.

- 🔵 1번을 보세요. 같이 읽어 봅시다.
  앞, 뒤, 위, 아래, 옆, 안, 밖.
- 🔵 다시 듣고 따라 해 보세요.

2) 각 단어에 대한 설명을 동작과 함께 간단히 알려 준다.

- 🔵 (손을 앞으로 내밀며) 앞이에요. 앞.
- 🔵 (손을 등 뒤로 보내며) 뒤예요. 뒤.
  따라 하세요. 앞, 뒤.
- 🔵 (손을 위로 뻗으며) 위.
- 🔵 (손을 아래로 내리며) 아래.
- 🔵 (두 손을 양쪽으로 뻗으며) 옆이에요.
- 🔵 (가방을 열어 안을 가리키며) 안이에요.
- 🔵 (가방 밖을 가리키며) 밖이에요. 밖.

3) 교사가 위의 행동을 반복하면 학생들이 단어를 말하게 한다.

- 🔵 선생님을 보세요. 말하세요.

어휘 지식	
앞	향하고 있는 쪽이나 곳. 🔵 칠판 앞에 칠판 지우개가 있어요. [반대말] 뒤
뒤	향하고 있는 방향의 반대쪽. 🔵 뒤를 보세요. [반대말] 앞

---

2 위치

1. 읽어 봅시다. 🎧 91

① 앞　② 뒤　③ 위　④ 아래　⑤ 옆　⑥ 안　⑦ 밖

2. 잘 듣고 연습해 봅시다.

1) 들으세요. 써 보세요. 🎧 92

① 필통이 책상 [아래] 에 있어요.
② 가방이 리암 [　　] 에 있어요.
③ 공책이 가방 [　　] 에 있어요.
④ 하미가 리암 [　　] 에 있어요.

128

위	1. 어떤 기준보다 더 높은 쪽. 또는 중간보다 더 높은 쪽. 🔵 위를 보세요. 2. 어떤 것의 겉면이나 평평한 표면. 🔵 책상 위에 놓으세요. [반대말] 아래
아래	일정한 기준보다 낮은 위치. 🔵 아래를 보세요. [반대말] 위
옆	1. 무엇의 왼쪽이나 오른쪽의 면. 2. 무엇의 근처나 가까운 위치. 🔵 필통 옆에 지우개가 있어요.
안	어떤 물체나 공간의 둘레에서 가운데로 향한 쪽. 또는 그러한 부분. 🔵 가방 안에 있어요. [반대말] 밖
밖	1. 선이나 경계를 넘어선 쪽. 🔵 밖에 비가 와요. 2. 겉 쪽이나 겉 부분. 🔵 가방 밖이 더러워요. [반대말] 안

✏️ 앞, 뒤, 위, 아래, 옆, 안, 밖

📖 에 있어요

2) 들어 보세요. V표를 하세요. 💿 93

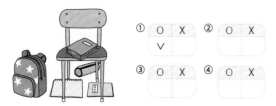

① O X ② O X
        V
③ O X ④ O X

3. 이야기해 봅시다.

1) 여러분 앞뒤에는 누가 있어요? 쓰세요.

나

2) 말해 보세요.

😊 내 **앞**에는 _____ 이/가 있어요.

😊 내 **뒤**에는 _____ .

😊 내 **옆**에는 _____ .

😊 내 **옆**에는 _____ .

3. 음악실은 어디에 있어요? • 129

129

. . . .

익힘책 92쪽 1번

교사가 몸을 통해 위치를 다시 한번 확인시킨 후 문제를 풀게 한다.

. . . .

3 연습 - 10분

1) 2-1) 문제를 같이 풀어 본다. 💿 92

· 문장을 듣고 빈칸에 맞는 단어를 적는 연습이다.
· ①번 문제를 같이 풀어 보고 나머지는 학생들이 직접 해 보게 한다.

🔵 듣고 맞는 글자를 적어 보세요.
   빈칸에 앞, 뒤, 위, 아래를 쓰세요.
🔵 ①번을 같이 해 볼까요?
🔵 나머지도 들어 보세요.

※ 유의점: 1번 문제의 그림 내용과 같으므로 그림을 보면서 답을 하게 할 수도 있다.

· 듣기가 끝난 후 문장을 다시 한번 읽어 보게 한다.

┌─────────────────────────────────┐
│ **문법 지식**
│
│ **에 있어요**
│ · 사람이나 물건이 존재하는 장소를 나타내는 표현.
│   예 책이 책상 위에 있어요.
│   하미가 화장실에 있어요.
└─────────────────────────────────┘

2) 2-2) 문제를 같이 풀어 본다. 💿 93

🔵 그림을 보세요. 들으세요. 맞으면 O, 틀리면 X 하세요.

· ①번은 같이 하고 나머지 문제는 학생들이 직접 하게 한다.

. . . .

익힘책 92쪽 2번

교사의 말을 듣고 써 보게 한다. ①번을 같이 해 본 후 나머지도 듣고 적어 보게 한다. 천천히 두 번 읽어 준다.

. . . .

익힘책 93쪽 3번

그림을 보면서 위치를 말해 보게 한다. ①번을 같이 한 후 나머지도 풀어 보게 한다.

. . . .

익힘책 93쪽 4번

왼쪽 그림을 보면서 교사가 각 물건의 위치를 묻고 학생이 대답하게 한다. 대답한 내용을 정리해서 적어 보게 한다.

. . . .

4 적용 - 10분

1) 3-1)의 활동 방법을 설명하고 연습하게 한다.

🔵 3번을 해 봅시다.
   여러분 앞에 누가 있어요?
   뒤에 누가 있어요?
   옆에 누가 있어요?
   쓰세요.

2) 3-1)에서 적은 것을 참고로 해서 3-2)의 활동을 하게 한다. 짝 활동으로 하거나 전체 활동으로 한 명씩 일어서서 발표하게 할 수도 있다.

🔵 다 적었어요?
   그럼 말해 보세요.
   여러분 앞에는 누가 있어요?
   뒤에는 누가 있어요?

5 정리 - 5분

1) 배운 내용을 간단히 확인한다.

🔵 오늘 배운 것을 확인해 봅시다.
   (교사가 책을 들고 책상 위, 아래, 옆, 뒤에 두면서 질문한다.)
   책이 어디에 있어요?
🔵 잘했어요.
   이번 시간에 배운 것을 잘 외워 보세요.

3차시 교실 이름

· 주요 학습 내용

> **어휘**
> 교실, 교무실, 화장실, 음악실, 미술실, 보건실
>
> **문법 및 표현**
> 어디
>
> **준비물**
> 듣기 자료

1 도입 – 5분

1) 지난 시간에 배운 내용을 간단히 복습하고 오늘 배울 내용을 알려 준다.

> 🔵 지난 시간에 무엇을 배웠어요?
>
> (교사가 연필을 들고 책상의 위, 아래, 옆, 뒤, 가방 안, 밖에 두면서 질문한다.) 연필이 어디에 있어요?
>
> 🔵 잘했어요. 이번 시간에는 교실 이름을 배울 거예요.

2 제시, 설명 – 10분

1) 1-1) 그림을 보면서 저밍과 선생님의 대화를 들어 보게 한다. 💿 94

> 🔵 그림을 보세요. 들어 보세요.

· 들은 내용을 간단히 확인한다.

> 🔵 저밍이 어디를 찾아요?
>
> (손을 눈 위에 대고 멀리 보는 듯한 행동을 취하며)
> 화장실은 어디에 있어요?

> **문법 지식**
>
> **어디**
> · 모르는 곳을 가리키는 말.
> 🔵 어디 가세요?
> 지하철역은 어디에 있어요?
>
> ※ '어디'는 집중적으로 설명하지 말고 교사의 행동을 통해서 자연스럽게 의미를 파악힐 수 있게 한다.

2) 1-2) 그림을 보면서 교실 관련 단어를 따라 해 보게 한다. 💿 95

· 각각의 교실을 따라 읽게 한 후 의미를 간단히 설명하고 확인한다.

> 🔵 교실, 학생이 공부해요.
>
> 교무실, 선생님들이 일해요. 화장실, 소변이 마려워요.
>
> 음악실, 노래해요. 미술실, 그림을 그려요.
>
> 보건실, 약을 받아요, 쉬어요.
>
> 🔵 여러분은 쉬는 시간에 어디에 가요?

---

3 교실 이름

1. 들어 봅시다.

1) 들어 보세요. 💿 94

> 화장실이 어디에 있어요?
>
> 보건실 옆에 있어요.

2) 들어 보세요. 따라 해 보세요. 💿 95

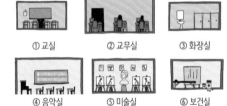

① 교실　② 교무실　③ 화장실
④ 음악실　⑤ 미술실　⑥ 보건실

2. 연습해 봅시다.

1) 어디에 갈까요? 연결해 보세요.

음악실　미술실　보건실　화장실

어휘 지식

교실	유치원, 초등학교, 중학교, 고등학교에서 교사가 학생들을 가르치는 방. 🔵 일 학년 교실. 교실에서 공부해요.
교무실	교사들이 수업 준비를 하거나 그 밖의 학교 일을 보는 사무실. 🔵 선생님은 교무실에 계세요. 교무실에 갔다 올게요.
화장실	대변과 소변을 몸 밖으로 내보낼 수 있게 시설을 만들어 놓은 곳. 🔵 화장실은 어디에 있어요? 배가 아파서 화장실에 가요.
음악실	음악(목소리나 악기로 박자와 가락이 있게 소리 내어 생각이나 감정을 표현하는 예술)을 배우거나 연습하는 교실. 🔵 음악 수업은 음악실에서 해요. 음악실에 악기가 많아요.
미술실	미술(그림이나 조각처럼 눈으로 볼 수 있는 아름다움을 표현한 예술)을 배우거나 연습하는 교실. 🔵 미술실에서 미술 수업을 해요. 스케치북을 가지고 미술실에 가요.

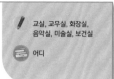

교실, 교무실, 화장실,
음악실, 미술실, 보건실

어디

2) 들어 보세요. 써 보세요. 📀 96

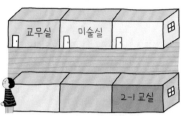

3. 친구와 같이 해 봅시다.

1) 우리 교실 옆에 무엇이 있어요? 써 보세요.

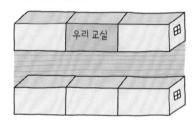

2) 이야기해 보세요.

 화장실이 어디에 있어요?

 우리 교실 옆에 있어요.

3. 음악실은 어디에 있어요? • 131

131

보건실	학교나 회사에서 몸이 아플 때 잠시 쉬거나 간단한 처방을 받을 수 있는 장소. 예 보건실에서 조금 쉬어요. 　　배가 아프면 보건실에 가세요.

익힘책 94쪽 1번

오른쪽 어휘를 따라 읽어 보게 한 후 ①번을 같이 풀면서 정답을 확인한다. 나머지 문제도 같은 방식으로 풀게 한다.

익힘책 94쪽 2번

어휘를 소리 내어 읽으면서 써 보게 한다.

3 연습 - 10분

1) 2-1) 문제를 같이 풀어 본다.

· 그림을 보고 손에 무엇을 가지고 있는지 말해 보게 한다.
　　선 그림을 보세요. 무엇을 가지고 있어요?
　　학 피리를 가지고 있어요.

· 맞는 그림을 연결하게 한다. 첫 번째 문제는 같이 풀어 본다.
　　선 그림을 보세요.
　　　　연결해 보세요.
　　　　피리를 가지고 있어요.
　　　　음악실에 가요.

2) 2-2) 문제를 같이 풀어 본다.

· 내용을 들으면서 교실의 이름을 쓰게 한다. 📀 96
· 첫 번째 문제는 같이 하고 나머지는 학생들이 직접 하게 한다.
　　선 그림을 보세요. 저밍과 선생님이 말해요.
　　선 저밍이 물어요. 미술실이 어디에 있어요?
　　　　선생님이 대답해요.
　　　　미술실은 교무실 옆에 있어요.
　　　　그럼 '미술실'을 쓰세요.
　　　　다음 질문도 듣고 답을 써 보세요.

익힘책 95쪽 3번

①번 그림을 보면서 교사가 오른쪽 문장으로 질문을 하면 학생들이 대답을 하게 한다. 다음 문제도 교사가 질문하고 학생은 대답하면서 써 보게 한다.

익힘책 95쪽 4번

그림을 보면서 교실 이름을 읽어 보게 한다. ①번을 읽고 대답하게 한 후 나머지 문제도 같은 방식으로 써 보게 한다.

4 적용 - 10분

1) 교실의 옆과 앞에 무슨 교실이 있는지를 관찰하고 적어 보는 활동이다. 이후에 짝 활동으로 교실의 위치를 묻고 대답하게 한다.

· 3-1)의 활동 방법을 설명하고 연습하게 한다.
　　선 우리 교실 옆에 무슨 교실이 있어요?
　　　　우리 교실 앞에 무엇이 있어요?
　　　　보세요. 써 보세요.

　　※ 유의점: 학생들을 데리고 복도로 나가서 교실 주변을 관찰하게 한 후에 쓰게 할 수도 있다.

· 3-1)에서 적은 것을 참고로 해서 3-2)의 활동을 하게 한다.
　　선 다 적었어요? 그럼 두 사람이 말해 보세요.
　　　　한 사람이 묻고 다른 사람이 대답해 보세요.

5 정리 - 5분

1) 배운 내용을 간단히 확인한다.
　　선 오늘 배운 것을 확인해 봅시다.
　　　　학교에 무슨 교실이 있어요?
　　　　화장실은 어디에 있어요?
　　선 잘했어요. 이번 시간에 배운 것을 잘 기억하세요.

3단원 음악실은 어디에 있어요? • 115

4차시 교실 위치

• 주요 학습 내용

> 어휘
> 층
>
> 문법 및 표현
> 도
>
> 준비물
> 듣기 자료

① 도입 – 5분

1) 지난 시간에 배운 내용을 간단히 복습하고 오늘 배울 내용을 알려 준다.

  선 지난 시간에 무엇을 배웠어요?

  신 화장실이 어디에 있어요?
  교무실은 어디에 있어요?
  우리 교실 옆에 무엇이 있어요?

  신 잘했어요.
  (손으로 층을 표시하면서)
  오늘은 1층, 2층, 3층을 배울 거예요.

② 제시, 설명 – 10분

1) 1번 그림을 보면서 대화를 읽어 보게 한다. 🎧 97

  • 학교 그림을 보면서 교실 이름을 찾아보고 몇 층인지 확인하게 한다. 새롭게 나온 단어인 급식실과 과학실의 의미도 알려 준다.

  신 그림을 보세요. 학교예요.
  무슨 교실이 있어요?

  신 (칠판에 건물 그림을 그리며)1층, 2층, 3층이에요.
  1층에 무슨 교실이 있어요?
  2층에 무슨 교실이 있어요?
  3층에 무슨 교실이 있어요?
  여러분 집은 몇 층에 있어요?

  #### 어휘 지식

층	건물의 같은 높이에 있는 부분을 아래에서 위로 차례를 매겨 세는 단위. **예** 우리 집은 2층이에요. 우리 교실은 1층에 있어요.

  • 대화를 읽어 보게 한다. 들으면서 따라 하게 할 수도 있다.

  신 아저씨와 아이다의 대화를 읽어 봅시다.

  ┈┈┈┈┈┈┈┈┈┈┈┈┈┈┈┈┈┈┈┈┈┈┈┈┈┈

  익힘책 96쪽 1번

  왼쪽의 학교 그림으로 '층'에 대해 말하기 연습을 한다. 교사가 무작위로 교실 이름을 말하면 학생들이 몇 층인지 말하게 한다. ①번을 같이 푼 후 나머지도 같은 방식으로 적게 한다.

  ┈┈┈┈┈┈┈┈┈┈┈┈┈┈┈┈┈┈┈┈┈┈┈┈┈┈

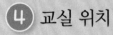

1. 읽어 봅시다. 🎧 97

① 교무실은 어디에 있어요?
③ 보건실은 어디에 있어요?
② 교무실은 1층에 있어요.
④ 보건실도 1층에 있어요.

2. 연습해 봅시다.

  1) 들어 보세요. 써 보세요. 🎧 98

  우리 학교예요.
  교무실은 1층에 있어요. 보건실 도 1층에 있어요.
  1학년 1반 교실은 2층에 있어요. 미술실 ◯ 2층에 있어요.
  2학년 1반 교실 ◯ 3층에 있어요. 음악실 ◯ 3층에 있어요.

  2) 읽어 보세요.

2) 읽은 대화 내용을 확인한 후 '도'의 의미를 설명한다.

  신 교무실은 어디에 있어요?

  신 미술실은 어디에 있어요?

  신 음악실은 어디에 있어요?

  신 '도'는 같을 때 써요.
  교무실은 2층에 있어요.
  과학실도 2층에 있어요.
  저는 연필이 있어요.
  공책도 있어요.
  이렇게 말해요.

문법 지식

도

• 이미 있는 어떤 것에 다른 것을 더하거나 포함함을 나타내는 조사.

  예 저는 연필이 있어요. 지우개도 있어요.
  저는 야구를 좋아해요. 축구도 좋아해요.

3. 해 봅시다.

1) 이야기해 보세요.

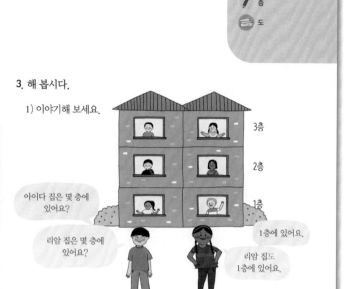

아이다 집은 몇 층에 있어요?

리암 집은 몇 층에 있어요?

3층

2층

1층

1층에 있어요.

리암 집도 1층에 있어요.

2) 써 보세요.

아이다 집은 _____1_____ 층에 있어요.

리암 집도 _____ 층에 있어요.

요우타 집은 _____ 에 _____.

하미 집도 _____ 에 _____.

저밍 집 _____.

지민이 집 _____.

익힘책 96쪽 2번

교사가 말하는 것을 듣고 학생들은 그림에 교실을 적는 문제이다.
🔴 음악실은 3층에 있어요. 미술실도 3층에 있어요. 우리 교실은 2층에 있어요. 화장실도 2층에 있어요. 보건실은 1층에 있어요. 교무실도 1층에 있어요.

---

3 연습 - 10분

1) 2-1) 문제를 같이 풀어 보면서 교실의 이름을 확인하고 '도'의 사용을 연습시킨다.

· 교실 이야기를 듣고 빈칸에 맞는 글자를 써 보게 한다. 첫 번째 문장은 교사와 학생이 함께 하고 다음은 학생들이 듣고 써 보게 한다. 🎧98
🔴 선생님 이야기를 듣고 써 보세요.
우리 학교예요.
교무실은 1층에 있어요.
보건실도 1층에 있어요.

'도'를 쓰세요.
🔴 다음은 이야기를 들어 보세요.
빈칸에 써 보세요.

· '은'과 '도'의 차이를 간단히 설명한다.
🔴 교무실은 1층에 있어요.
처음에는 '은'을 써요.
보건실도 1층에 있어요.
같은 것이 있을 때 두 번째는 '도'를 써요.

2) 2-1)에서 듣고 쓴 내용을 다시 읽어 보게 한다.

· 학생들이 같이 읽거나 한 문장씩 돌아가면서 읽게 할 수도 있다.

익힘책 97쪽 3번

①번을 같이 풀어 본 후 나머지도 같은 방식으로 답을 적게 한다.

4 적용 - 10분

1) 3-1)의 집 모양을 보고 아이들의 집이 몇 층에 있는지를 묻고 대답하는 활동을 하게 한다.

· 그림의 아이들 얼굴과 이름을 연결시켜야 하므로 먼저 아이들의 이름을 확인한다.
🔴 그림을 보세요. 친구들이 집에 있어요. 누구예요?
🟢 네, 저밍, 지민, 요우타, 하미, 아이다, 리암이에요.

· 짝 활동으로 친구 집을 묻고 대답하게 한다.
🔴 자, 그럼 이 친구들이 몇 층에 있어요?
두 사람씩 묻고 대답하세요.

※ 유의점: 교사는 돌아다니며 학생들이 제대로 활동을 하는지 확인한다.

2) 3-1)을 바탕으로 아래에 써 보게 한다. 마지막으로 학생들의 집이 몇 층에 있는지도 적어 보게 한다.

익힘책 97쪽 4번

문제에 있는 교실이 우리 학교에서 어디에 있는지 말해 보게 한 후 문장으로 써 보게 한다.

5 정리 - 5분

1) 배운 내용을 간단히 확인한다.
🔴 오늘 배운 것을 확인해 봅시다.
(건물을 간단히 그려서 층을 다시 확인시키며) 말해 보세요.
1층, 2층….
🔴 잘했어요. 이번 시간에 배운 것을 잘 기억하세요.

5차시 동작을 나타내는 말 1

· 주요 학습 내용

> **어휘**
> 자다, 숙제하다, 이야기하다, 청소하다, 놀다
>
> **문법 및 표현**
> -어요
>
> **준비물**
> 듣기 자료, 낱말 카드(앞면에 '자다, 숙제하다, 이야기하다, 청소하다, 놀다'가 적혀 있고 뒷면에는 각각 '자요, 숙제해요, 이야기해요, 청소해요, 놀아요'가 적혀 있는 단어 카드 5장을 만들어서 준비)

1 도입 - 5분

1) 지난 시간에 배운 내용을 간단히 복습하고 오늘 배울 내용을 알려 준다.

(선) 지난 시간에 무엇을 배웠어요?

(선) (손으로 1층, 2층, 3층 올라가면서) 몇 층이에요? 말해 보세요.

(선) 잘했어요. 이번 시간에는 교실에서 하는 동작을 배워요.

2 제시, 설명 - 10분

1) 1번 그림을 보면서 각 활동에 해당하는 낱말을 듣고 말해 보게 한다. 💿 99

(선) 그림을 보세요. 들어 보세요.

2) 단어의 의미를 간단히 설명한다.

(선) '자다'는 밤에 집에서 자는 거예요.
(교사가 두 손을 모아 자는 듯한 행동을 보여 준다.)
'숙제하다'는 집에서 공부하는 거예요.
(손으로 공책에 쓰는 행동을 보여 준다.)
'이야기하다'는 친구와 말하는 거예요.
(두 손을 벌려서 서로 말하는 행동을 한다.)
'청소하다'는 교실을 깨끗하게 하는 거예요.
(손으로 빗자루로 쓰는 모습을 보여 준다.)
'놀다'는, 여러분 친구와 잘 놀고 있지요?

> **어휘 지식**
>
> | | |
> |---|---|
> | 자다 | 눈을 감고 몸과 정신의 활동을 멈추고 한동안 쉬는 상태가 되다.
예 저는 10시에 자요.
[반대말] 일어나다, [높임말] 주무시다 |
> | 숙제하다 | 학생들에게 복습이나 예습을 위하여 수업 후에 하도록 내주는 과제를 하다.
예 오늘은 숙제가 많아요. |
> | 이야기하다 | 1. 어떠한 사실이나 상태, 현상, 경험, 생각 등에 관해 누군가에게 말을 하다.(-에게 이야기하다)
예 나한테 이야기해 줘.
2. 다른 사람과 말을 주고받다.(-와/과 이야기하다)
예 쉬는 시간에는 친구들과 이야기해요. |

⑤ 동작을 나타내는 말 1

① 자다

1. 들어 봅시다. 💿 99

2. 연습해 봅시다.

1) 들어 보세요. 붙여 보세요. 💿 100 붙임 딱지

2) 그림을 보세요. 고르세요.

☑ 저밍은 자요.
☐ 저밍은 이야기해요.

아비가일은 숙

아비가일은 늘

☐ 지민이는 숙제해요.
☐ 지민이는 청소해요.

성우는 숙제해
성우는 놀아

134 · 의사소통 한국어 1

134

> | | |
> |---|---|
> | 청소하다 | 더럽고 지저분한 것을 깨끗하게 치우다.
예 교실을 깨끗하게 청소해요.
[비슷한 말] 치우다, 정리하다 |
> | 놀다 | 놀이 등을 하면서 재미있고 즐겁게 지내다.
예 놀이터에서 놀아요.
[어미 변화] 놉시다, 노니까, 노세요 |

익힘책 98쪽 1번

위의 어휘를 한 번씩 같이 읽어 본 후 그림에 맞는 어휘를 골라서 적게 한다.

3 연습 - 10분

1) 2-1) 문장을 듣고 단어를 '-어요' 형태로 바꾸는 연습을 하게 한다.

· 듣기 자료를 들으면서 1번 그림의 단어에 해당하는 붙임 딱지를 붙인다. 💿 100

(선) 들으세요. 붙임 딱지를 붙이세요.

자다, 숙제하다,
이야기하다, 청소하다, 놀다

-어요

④ 청소하다

③ 이야기하다

② 숙제하다

⑤ 놀다

3. 친구들과 같이 해 봅시다.

1) 반 친구들이 무엇을 해요? 써 보세요.

이름	-아요/어요/여요

2) 이야기해 보세요.

 유미는 이야기해요.

리사는 숙제해요.

· '-어요/아요/여요'의 사용 방법을 간단히 설명한다.

📢 '자요, 놀아요'는 '-아요'를 써요.
'숙제해요, 이야기해요, 청소해요'는 '-해요'를 써요.

※ 유의점: 해당 단원에서는 '-어요'가 직접 노출되지는 않으
므로 학생들이 질문을 하면 아래를 참고하여 알려 준다.

문법 지식

-어요

· 두루높임으로 어떤 사실을 서술하거나 질문, 명령, 권유함을
나타내는 종결 어미.

	조건	형태	예시
①	ㅏ, ㅗ	아요	사요, 앉아요, 놀아요, 좋아요
②	ㅏ, ㅗ 이외	어요	읽어요, 서요, 지내요, 가르쳐요
③	-하다	여요	공부하여요, 청소하여요, 이야기하여요

※ '-하여요'는 구어적인 상황에서는 축약형인 '-해요' 꼴로
더 많이 쓴다.
📝 공부해요, 청소해요, 이야기해요.

---

2) 2-2) 그림을 보고 그림에 맞는 문장을 고르게 한다.

📢 첫 번째 그림을 보세요.
저밍이 뭐 해요?
네, 저밍이 자요.
맞는 것을 고르세요.
다음 것도 찾아보세요.

┈┈┈┈┈┈┈┈┈┈┈┈┈┈┈┈┈┈┈┈┈┈┈┈┈

익힘책 98쪽 2번

①번을 같이 풀어 본 후 나머지도 같은 방식으로 답을 적게
한다.

┈┈┈┈┈┈┈┈┈┈┈┈┈┈┈┈┈┈┈┈┈┈┈┈┈

익힘책 99쪽 3번

①번을 같이 풀어 본 후 나머지도 같은 방식으로 답을 적게
한다.

┈┈┈┈┈┈┈┈┈┈┈┈┈┈┈┈┈┈┈┈┈┈┈┈┈

익힘책 99쪽 4번

왼쪽 글에서 잘못된 부분을 찾아서 고치게 한 후 오른쪽 문
장을 한 번씩 다시 읽어 보게 한다.

┈┈┈┈┈┈┈┈┈┈┈┈┈┈┈┈┈┈┈┈┈┈┈┈┈

4 적용 – 10분

1) 모둠 활동으로 주위 친구들이 무엇을 하는지를 '-어
요'를 사용하여 쓰고 말하는 활동이다.

· 모둠에서 친구들을 보면서 무엇을 하는지를 3-1)에 적
게 한다. 학생들이 자발적으로 행동하지 못하면 해당
단원에 제시된 동사에 해당하는 단어에 맞게 행동하도
록 학생들에게 힌트를 준다.

📢 모둠 친구들 이름을 쓰세요.
친구들이 무엇을 해요?
옆에 쓰세요.

· 3-1)을 보면서 모둠 친구들이 무엇을 하는지 이야기해
보게 한다.

📢 친구들이 무엇을 해요?
말해 보세요.

5 정리 – 5분

1) 배운 내용을 간단히 확인한다.

📢 오늘 배운 것을 확인해 봅시다.
(교사가 '자다, 숙제하다, 이야기하다, 청소하다, 놀다'에 해당
하는 행동을 하며) 선생님이 뭐 해요?

📢 잘했어요.
이번 시간에 배운 것을 잘 기억하세요.

6차시 학교 건물 소개하기

· 주요 학습 내용

> 주요 활동
> 1. 물건의 위치를 쓰고 말하기
> 2. 학교 교실의 위치를 쓰기
>
> 준비물
> 다양한 학용품

1 도입 – 5분

1) 지난 시간에 배운 내용을 간단히 복습한다.

> 🔵 지난 시간에 무엇을 배웠어요?
>
> (교사가 '자다, 숙제하다, 이야기하다, 청소하다, 놀다'에 해당하는 행동을 하며) 선생님이 뭐 해요?
>
> 네, 잘했어요.

2) 이번 시간에 배울 내용을 간단히 설명한다.

> 🔵 이번 시간에는 지금까지 배운 낱말을 복습하고 배운 것을 사용해서 이야기해 보겠어요.

2 활동 1 – 15분

1) 1-1) 활동을 하게 한다.

· 모둠 활동으로, 친구들의 책상 위에 무엇이 있는지, 책상 아래에 무엇이 있는지를 적게 한다.

> 🔵 친구들의 책상을 보세요.
>
> 책상 위에 무엇이 있어요?
>
> 책상 아래에 무엇이 있어요?
>
> 보고 쓰세요.

> ※ 유의점: 학생들의 책상 위나 아래에 물건이 없을 경우 학생들에게 책상 위와 아래에 물건을 좀 더 올려놓게 한 후 활동을 진행한다. 교사는 학생들 사이를 다니면서 활동이 잘 이루어지는지 관찰하고 제대로 이루어지도록 돕는다.

2) 1-2) 활동을 진행한다.

· 1-1)에 쓴 것을 바탕으로 하나씩 돌아가면서 이야기하게 한다.

> 🔵 다 썼어요?
>
> 그럼 친구 책상 위에 무엇이 있어요?
>
> 친구 책상 아래에 무엇이 있어요?
>
> 한 명씩 말해 보세요.

> ※ 유의점: 모둠별로 말하게 하거나 전체 학생들이 하나씩 말하게 할 수도 있다.

3 활동 2 – 15분

1) 학교 구조를 살펴보고 무엇이 있는지 그려 보게 한다.

· 학교에 무엇이 있는지 물어본다.

> 🔵 우리 학교에 무엇이 있어요?

---

6 학교 건물 소개하기

1. 이야기해 봅시다.

1) 친구 책상에 무엇이 있어요? 써 보세요.

누구?	어디?	무엇?
	책상 위	책, 공책
	책상 아래	
	책상 위	
	책상 아래	
	책상 위	
	책상 아래	

2) 말해 보세요.

> 성우 책상 위에 책이 있어요. 공책도 있어요.

> 리암 책상 아래에 가방이 있어요.

> 🔵 1층에 무엇이 있어요?
>
> 2층에 무엇이 있어요?
>
> 3층에 무엇이 있어요?
>
> 그려 보세요.

> ※ 유의점: 그림에 빈칸이 작으니 각 교실의 특징을 그려 보게 하거나 교실 이름을 쓰고 간단하게 특징이 되는 물건을 그려 넣게 한다.

2) 2-1) 그림을 바탕으로 2-2)에 학교에 대한 설명을 써 보게 한다.

> 🔵 우리 학교에 무엇이 있어요?
>
> 어디에 있어요?
>
> 써 보세요.

> ※ 유의점: 학생들이 쓴 이야기를 보면서 잘못된 부분을 고쳐 주고, 친구들 앞에서 발표하게 할 수도 있다.

2. 써 봅시다.

1) 우리 학교에 무엇이 있어요? 그려 보세요.

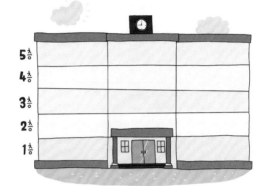

2) 써 보세요.

우리 학교예요.

우리 학교에 _____, _____, _____, _____이/가 있어요.

_____은/는 _____에 있어요.

_____은/는 _____에 있어요.

_____

_____

137

4 정리 – 5분

1) 배운 내용을 간단히 확인한 후 수업을 마무리한다.

🟦 오늘은 물건이 어디에 있어요?
교실이 어디에 있어요?
쓰고 말해 봤어요.
우리 학교에서 1층, 2층, 3층에 가 보세요.
무슨 교실이 있어요? 찾아보세요.

● 메모

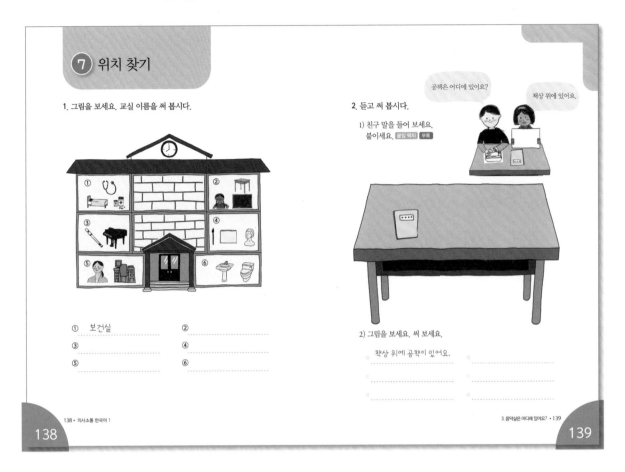

138 **139**

7차시 위치 찾기

- **학습 목표**
- 활동 1: 교실 이름 찾기
- 활동 2: 물건의 위치 찾기

1 활동 1 - 20분

1) 1번 그림을 보고 각 교실에 무엇이 있는지 말해 보게 한다.

   ※ 유의점: 학생들이 알고 있는 단어가 있으면 말하게 하고, 필요 이상으로 어려운 단어는 말하도록 유도하지 않는다.

2) 그림에 해당하는 교실 이름을 말한 후 적게 한다.

   · ①번을 같이 해 본다.
   · 다음 활동도 같은 방식으로 진행하게 한다.

3) 각 교실에서 무엇을 하는지 말해 보게 한다.

   선 여러분은 미술실에 가요? 미술실에서 뭐 해요?
   여러분은 음악실에 가요? 음악실에서 뭐 해요?

2 활동 2 - 20분

1) 두 사람이 가위바위보를 한다.

   · 이긴 사람이 그림을 보고 이야기하는 역할(A활동)을 할 것인지, 붙임 딱지를 붙이는 역할(B활동)을 할 것인지

를 정한다.

2) 역할이 정해지면 활동을 한다.

   · 서로 정한 대로 한 사람은 〈부록〉의 그림을 보면서 물건의 위치를 말하고 한 사람은 붙임 딱지를 자신의 책에 붙인다.

   ※ A활동 예시: 공책 앞에 지우개가 있어요. 공책 옆에 연필이 있어요. 연필 뒤에 필통이 있어요. 책상 옆에 의자가 있어요. 책상 아래에 가방이 있어요.

   · 활동이 끝나면 〈부록〉의 그림을 보여 주면서 붙인 것과 그림이 같은지 확인한다.

3) 활동을 바꾸어 실시한다.

   · A활동을 한 학생은 B활동을, B활동을 한 학생은 A활동을 진행한다. 이번에는 〈부록〉의 그림을 보지 않고 학생이 지우개, 연필, 필통, 가방, 의자의 위치를 생각나는 대로 말하고 상대방은 말한 대로 붙임 딱지를 붙인다. 활동이 끝난 후 말한 대로 붙임 딱지가 붙었는지 확인한다.

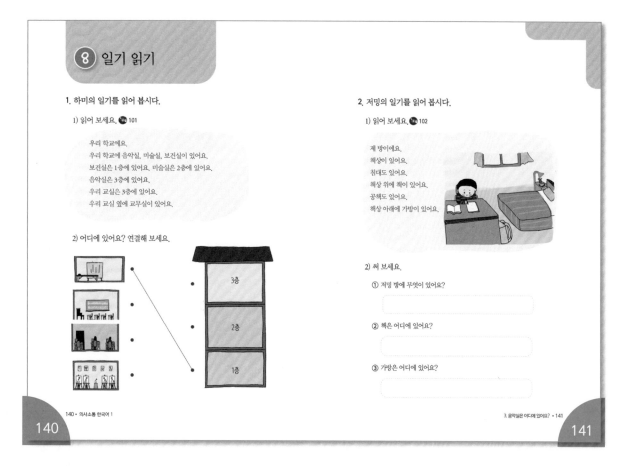

140

141

8차시 일기 읽기

- **학습 목표**
- 활동 1: 하미의 일기 읽기
- 활동 2: 저밍의 일기 읽기

1 활동 1 – 20분

1) 1-1) 하미의 일기를 듣기 자료로 먼저 들어 보게 한다. ◉101

   [선] 하미의 일기를 들어 보세요.

2) 1-1) 본문을 읽어 보게 한다.

· 한 문장씩 따라 읽거나 한 명씩 돌아가면서 직접 읽어 보게 할 수 있다. 그리고 전체를 한 사람이 읽어 보는 연습을 할 수도 있다.

   [선] 하미의 일기를 읽어 보세요.

· 간단하게 내용을 확인한다.

   [선] 하미 학교에 무엇이 있어요?
   1층에 무엇이 있어요?
   2층에 무엇이 있어요?
   3층에 무엇이 있어요?

2 활동 2 – 20분

1) 2-1) 그림을 보면서 저밍 방에 무엇이 있는지 확인하게 한다.

   [선] 그림을 보세요. 어디예요?
   저밍 방에 무엇이 있어요?

2) 2-1) 본문을 읽어 보게 한다.

· 한 문장씩 따라 읽거나 한 명씩 돌아가면서 직접 읽어 보게 할 수 있다. 그리고 전체를 한 사람이 읽어 보는 연습을 할 수도 있다.

   [선] 저밍의 일기를 읽어 보세요.

· 간단하게 내용을 확인한다.

   [선] 저밍 방에 무엇이 있어요?
   [선] 책상 위에 무엇이 있어요?
   [선] 책상 아래에 무엇이 있어요?

3) 2-2) 문제를 풀면서 내용을 확실하게 확인해 본다.

   [선] 질문을 보세요. 답을 쓰세요.

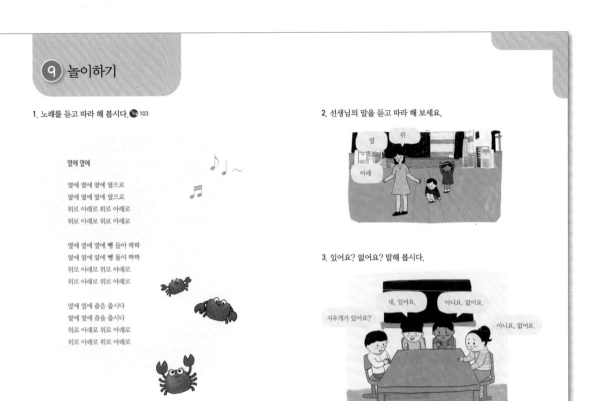

142

143

9차시 놀이하기

· **학습 목표**
· 활동 1: 노래하기
· 활동 2: 선생님 따라 하기
· 활동 3: 손 접기 게임하기

① 활동 1 – 15분

1) 제목을 같이 읽어 본다. 오늘 배울 노래를 소개하고 왜 게가 그림에 있는지 이야기해 본다.

2) 노래를 듣고 따라 하게 한다. 🎧 103

· 듣기 자료의 노래를 들려준다.
· 가사를 같이 읽어 보고 모르는 낱말은 알려 준다.
· 노래를 같이 불러 본다.
· 일어나서 같이 춤을 추면서 노래를 다시 불러 본다.

② 활동 2 – 10분

1) 앞에서 배운 '위, 아래, 앞, 뒤, 옆'을 한 번 간단히 복습한다.

※ 유의점: 앞 활동에 이어서 바로 진행할 수도 있다.

2) 교사가 앞에서 행동을 하면 학생들이 그 모습을 보고 따라 한다.

· 처음에는 교사가 '위'를 말하면서 손도 위를 가리켜 학생들이 똑같이 따라 하게 한다.

· 다음 단계에서는 교사가 '위'를 말하면서 손은 '아래'를 향한다. 이때 학생들은 말에 맞게 행동해야 한다. (손은 아래를 가리키며) "위".

※ 유의점: '나처럼 해 봐라' 노래를 하면서 따라 하게 할 수도 있다.

3) 학생들이 돌아가면서 선생님의 역할을 대신하게 하고 다른 학생들은 따라 하게 한다.

선 누가 하고 싶어요?
나와서 해 보세요.

③ 활동 3 – 15분

1) 3~5명씩 모둠을 지어 앉게 한다.

2) 한 사람씩 돌아가면서 "공책(연필, 지우개)이/가 있어요?"라고 말을 한다. 학생들은 자기가 가지고 있는 물건을 말해야 한다. 말한 물건이 있는 사람은 "있어요"라고 말하면서 물건을 보여 주고, 없는 사람은 손가락을 하나씩 접는다.

3) 손가락을 가장 일찍 다 접은 학생은 노래를 부르거나 벌칙을 수행한다.

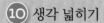

⑩ 생각 넓히기

1. 잘했어요? 잘못했어요? ○, X 해 봅시다.

싸워요. (X)

노래해요. ( )

뛰어요. ( )

걸어요. ( )

인사해요. ( )

2. 읽어 봅시다.

오른쪽으로 걸어요.

선생님께 인사해요.

조용히 이야기해요.

천천히 걸어요.

3. 여러분은 복도에서 어떻게 해요? 말해 봅시다.

4. 복도에서 이렇게 해 봅시다.

10차시 생각 넓히기

· 학습 목표
· 활동 1: 복도 예절 익히기

1 전 활동 – 10분

1) 1번 그림을 보면서 복도에서 바른 행동과 잘못된 행동을 찾아 표시한다.

> 🔲 그림을 보세요.
> 아이들이 무엇을 해요?
> 누가 잘했어요?
> 누가 잘못했어요?
> 표시해 보세요.

> ※ 유의점: 학생들이 모르는 낱말은 바르게 알려 준다.

2 본 활동 – 15분

1) 2번 그림을 보면서 바른 행동에 대해 읽고 교사가 추가 설명을 해 준다.

> 🔲 복도에서 어떻게 해야 해요?
> 오른쪽으로 걸어요.
> 앞에 사람이 와요.
> 우리는 옆으로 걸어요.
> 선생님이 오세요.

그럼 (머리를 숙이는 모습을 보여 주며) 머리를 숙여서 인사해요.
친구와 이야기해요.
(손을 입에 갖다 대며)
조용히 이야기해요.
빨리 뛰지 않아요. 천천히 걸어요.

2) 학생들이 복도에서 어떻게 하는지 질문한다.

> 🔲 여러분은 복도에서 어떻게 해요?
> 말해 보세요.

3 후 활동 – 15분

1) 학생들을 교실 밖으로 데리고 나가서 앞에서 배운 대로 행동해 보게 한다. 옆 교실에서는 수업 중일 수 있으니 절대로 떠들지 않게 주의시킨다.

> ※ 출발 전 교사와 학생은 서로 사인을 맞출 수 있다.

① 교사가 손가락으로 '1'을 표시하면 오른쪽으로 걷기
② 교사가 손가락으로 '2'를 표시하면 인사하기
③ 교사가 손가락으로 '3'을 표시하면 조용히 말하기
④ 교사가 손가락으로 '4'를 표시하면 천천히 느리게 걷기

2) 학생들 모두 복도에서 네 가지 활동을 연습해 본 후 조용히 교실로 들어오게 한다.

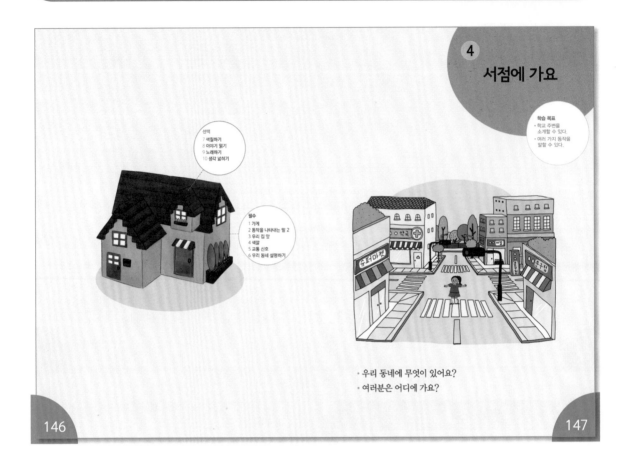

단원의 개관

이 단원의 목표는 우리 동네에 있는 가게의 이름을 알고 가게에서 무엇을 하는지를 말해 보게 하는 것이다. 그리고 교통 신호와 방향을 알고 길을 안내할 수 있는 능력도 키우는 것을 목표로 한다. 아울러 명령과 금지 표현도 익혀서 활용할 수 있게 한다.

학습 목표	• 학교 주변을 소개할 수 있다. • 여러 가지 동작을 말할 수 있다.						
주제	장면		기능	문법	어휘	문화	담화 유형
	일상생활	학교생활					
우리 동네	동네 도로	학교 주변	학교 주변 소개하기 동작 표현하기 명령하기 금지하기	에 가요/와요 을 -으세요 -지 마세요	가게 이름 동사 ② 교통 관련 어휘 색깔 어휘	교통 표지판 이용하기	대화 동시

차시	차시 제목	성격	학습 내용	교재 쪽수	익힘책 쪽수
1	가게	필수	• 전체 단원 도입 • 가게 이름 듣고 말하기	148	100
2	동작을 나타내는 말 2	필수	• 다양한 동작을 나타내는 표현 익히기 • 생일 파티에서 하는 이야기 읽기	150	102
3	우리 집 앞	필수	• 교통 시설 이름 익히기 • 명령 표현 익히기	152	104
4	색깔	필수	• 색깔 어휘 익히기 • 도로를 설명하는 글 읽기	154	106
5	교통 신호	필수	• 교통 신호의 의미 파악하기 • 금지 표현으로 말하기	156	108
6	우리 동네 설명하기	필수	• 가게에서 무엇을 사는지 말하기 • 동네 이야기를 듣고 말하기	158	-
7	색칠하기	선택	• 동시 읽고 쓰기 • 색깔 어휘 연습하기	160	-
8	이야기 읽기	선택	• 우리 동네 이야기 읽기 • 우리 동네 이야기 쓰기	162	-
9	노래하기	선택	• 노래하기 • 가게 찾기 게임	164	-
10	생각 넓히기	선택	• 교통 신호 익히기	166	-

· **주요 학습 내용**

> **어휘**
> 꽃집, 서점, 빵집, 슈퍼마켓, 약국, 문구점
>
> **문법 및 표현**
> 에 가요/와요
>
> **준비물**
> 듣기 자료

1 도입 – 5분

1) 단원 도입 그림을 보고 수업으로 자연스럽게 진행한다.

　선 여러분, 그림을 보세요.

　선 여기가 어디예요?

　선 우리 동네에 무엇이 있어요?

　선 거기에서 무엇을 해요?

2 제시, 설명 – 15분

1) 그림을 보면서 대화를 들어 보게 한다. 🎵 104

　선 그림을 보세요. 들어 보세요.

· '에 가다/오다'의 의미를 간단히 설명한다.

　선 (칠판 왼쪽 끝에 집을, 오른쪽 끝에 학교 건물을 그린다.)
　　(집 앞에 사람을 그리고 화살표를 학교 쪽으로 그으면서 말한다.) 학교에 가요.
　　(반대로 학교에서 집으로 화살표를 다시 그어 돌아오면서 말한다.) 집에 와요.
　　학교에 가요, 집에 와요. 이렇게 말해요.

문법 지식

에 가요/와요

· 어떤 장소를 향해 이동하다(가다/오다).

· 3단원에서 나온 '에'는 장소를 나타내는 조사인 반면, 4단원의 '에'는 앞말이 목적지이거나 어떤 행위의 진행 방향임을 나타내는 조사이다.

· '에 가다'는 화자에서부터 멀어지는 방향으로 움직이는 경우, '에 오다'는 화자 쪽으로 가까워지는 경우에 쓴다.

　예 회사에 가요.
　　집에 일찍 오세요.

---

2) 동네의 여러 가게 이름을 듣고 따라 하게 한다. 🎵 105

　선 들어 보세요. 따라 하세요.

· 교사가 간단히 의미를 설명한다.

　① 꽃집: 꽃이 많이 있어요. 꽃을 사요.

　② 서점: 책이 많이 있어요. 책을 사요.

　③ 빵집: 빵이 많이 있어요. 빵을 사요.

　④ 슈퍼마켓: 큰 가게예요. 물건이 아주 많아요.

　⑤ 약국: 약이 있어요. 약을 사요.

---

1 가게

1. 들어 봅시다.

　1) 들어 보세요. 🎵 104

　2) 들어 보세요. 따라 해 보세요. 🎵 105

148

---

⑥ 문구점: 연필, 공책, 지우개가 많이 있어요.

어휘 지식

꽃집	꽃이나 화초 등의 식물을 파는 가게.
서점	책을 파는 가게.
빵집	빵을 만들어 파는 가게.
슈퍼마켓	먹을거리와 생활에 필요한 물품 등을 모두 갖추어 놓고 파는 큰 가게.
약국	약사가 약을 만들거나 파는 곳.
문구점	종이, 연필, 지우개 등의 공부를 하거나 사무를 보는 데에 필요한 물건들을 파는 가게.

익힘책 100쪽 1번

아래 장소 이름을 같이 읽어 본 후 ①번과 같이 다른 문제도 풀어 보게 한다.

2. 들어 보세요. 번호를 써 봅시다. 🎧 106

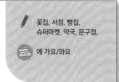

| 1 | | | |

3. 그림을 보고 말해 봅시다.

② ③
① ④

1) 아이다가 어디에 가요? 말해 보세요.

① 아이다가 슈퍼마켓에 가요.
② _____
③ _____
④ _____

2) 여러분은 어디에 가요?

4. 서점에 가요 • 149

149

익힘책 100쪽 2번

익힘책 100쪽 2번

글자를 읽으면서 따라 쓰게 한다.

3 연습 – 5분

1) 2-1) 그림을 보게 한 후 어디에 가는지 이야기해 본다.
   선 그림을 보세요.
   지민이가 어디에 가요?
   아비가일이 어디에 가요?
   저밍이 어디에 가요?
   요우타가 어디에 가요?

2) 듣고 맞는 그림에 번호를 쓰게 한 후 정답을 확인한다. 🎧 106
   선 들어 보세요.
   맞는 그림에 번호를 쓰세요.
   1번을 같이 들어 볼까요?
   선 (1번을 들은 후)
   지민이가 어디에 가요?

네, 꽃집에 가요.
1번 그림에 '1' 쓰세요.
다음도 들어 보세요.
선 정답을 확인해 볼까요?

익힘책 101쪽 3번

왼쪽 가게 이름을 같이 읽어 본 후 ①번의 내용을 교사가 묻고 학생들이 답을 쓰게 한다. 다른 문제도 같은 방식으로 풀게 한다.

익힘책 101쪽 4번

그림 속의 가게가 어디인지 확인한 후 학생들이 그림의 내용을 바탕으로 적어 보게 한다. 자신이 어디에 가는지 추가로 적게 할 수도 있다.

4 적용 – 10분

1) 3번 활동을 통해 배운 내용을 활용하게 한다.
   · 3-1) 그림을 보면서 아이다가 어디에 가는지 말해 보게 한다.
   선 아이다가 엄마 심부름을 해요.
   아이다가 어디에 가요?
   다음에 어디에 가요?
   또 어디에 가요? 말해 보세요.

   ※ 유의점: ④번의 정답은 '집에 가요'가 아니라 '집에 와요'임을 확인시킨다.

   선 가게에 가요. 집에 돌아와요.
   이때는 '와요'를 써요.

2) 학생들에게 어디에 가는지 말해 보게 한다.
   선 여러분은 어디에 가요?
   학교에 가요?
   서점에 가요?
   편의점에 가요?
   친구와 말해 보세요.

   ※ 유의점: 반 전체를 대상으로 물어보거나 짝 활동으로 진행할 수도 있다.

5 정리 – 5분

1) 배운 내용을 간단히 정리하고 다음 수업을 안내한다.
   선 오늘 배운 것을 확인해 봅시다.
   선 빵이 있어요.
   어디예요?
   연필이 있어요.
   약이 있어요.
   책이 있어요.
   학 빵집이에요. 문구점, 약국, 서점이에요.
   선 잘했어요.
   다음 시간에는 가게에서 무엇을 하는지를 배울 거예요.

2차시 동작을 나타내는 말 2

· 주요 학습 내용

어휘
사다, 먹다, 주다, 읽다, 쓰다, 마시다, 물건, 우유, 카드
문법 및 표현
을
준비물
듣기 자료

1 도입 – 5분

1) 지난 시간에 배운 내용을 간단히 복습하고 오늘 배울 내용을 알려 준다.
   - 🔴 빵이 있어요. 어디예요?
     연필이 있어요. 약이 있어요. 책이 있어요.
   - 🔵 빵집이에요. 문구점, 약국, 서점이에요.
   - 🔴 잘했어요.
     오늘은 가게에서 무엇을 하는지를 배울 거예요.

2 제시, 설명 – 10분

1) 1번 그림을 보고 무엇을 하는지 말해 보게 한다. 🎧107
   - 🔴 ①번 그림을 보세요.
     아이다가 무엇을 해요?
     네, 슈퍼마켓에서 물건을 사요.
   - · 다른 동작도 읽어 보게 한다. 🎧107
     - 🔴 다음은 무엇을 할까요?
       읽어 보세요.
   - · 간단하게 단어를 설명한다.

어휘 지식	
사다	돈을 주고 어떤 물건이나 권리 등을 자기 것으로 만들다. 🔵 공책을 사 오세요.
먹다	음식 등을 입을 통하여 배 속에 들여보내다. 🔵 밥을 먹어요.
주다	물건 등을 남에게 건네어 가지거나 쓰게 하다. 🔵 친구에게 선물을 줘요.
읽다	1. 글이나 글자를 보고 그 음대로 소리를 내어 말로 나타내다. 2. 글을 보고 뜻을 알다. 🔵 책을 읽어요.
쓰다	1. 연필이나 펜 등의 필기도구로 종이 등에 획을 그어서 일정한 글자를 적다. 2. 머릿속의 생각이나 느낌 등을 종이 등에 글로 적어 나타내다. 🔵 일기를 써요.
마시다	물 등의 액체를 목구멍으로 넘어가게 하다. 🔵 물을 마셔요.
물건	일정한 모양을 갖춘 어떤 물질. 🔵 슈퍼마켓에 물건이 많아요.

---

2 동작을 나타내는 말 2

1. 들어 봅시다. 🎧107

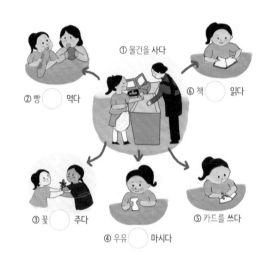

2. 그림을 보고 연습해 봅시다.

   1) ◯ 에 쓰세요.

   2) 다시 읽어 보세요.

우유	암소의 젖으로, 아이스크림, 버터, 치즈 등을 만드는 데 사용하는 흰 액체. 🔵 우유를 마셔요.
카드	특별한 날을 기념하거나 인사를 전하기 위해 그림이나 장식, 글 등을 인쇄한 종이. 🔵 카드를 써요.

∙∙

`익힘책` 102쪽 1번

오른쪽 동사를 같이 읽어 본 후 ①번 줄 긋기를 같이 해 본다. 나머지 문제도 풀어 보게 한다.

∙∙

3 연습 – 10분

1) 2-1) 빈칸에 알맞은 글자를 써 보게 한다.
   - 🔴 빈칸에 맞는 글자를 써 봅시다.
     ※ 유의점: 학생들이 기억하지 못할 경우 🎧107을 다시 들려준다.
   - · 정답을 확인한다.
   - · 언제 '을/를'을 쓰는지를 알려 준다.

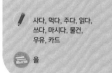

사다, 먹다, 주다, 읽다,
쓰다, 마시다, 물건,
우유, 카드

을

3. 생일 파티에서 무엇을 해요? 읽어 봅시다.

1) 읽어 보세요. 🔊 108

아비가일 생일이에요.
성우는 케이크를 먹어요.
아이다는 꽃을 줘요.
지민이는 우유를 마셔요.
리암은 카드를 써요.

2) 써 보세요.

성우는 케이크를 ....

지민이는 우유를 ....

151

신 칠판에 '책'과 '지우개'를 써 둔다.
('책'의 받침 'ㄱ'에 동그라미를 하며) 받침이 있어요.
'을'을 써요.
('지우개'의 '개' 아래에 ✕를 표시하며) 받침이 없어요.
'를'을 써요.

· 교재에 적은 것을 다시 확인한다.
신 물건, '건'에 받침이 있어요. '을'.
빵에도 받침이 있어요. '을'.
카드에는 받침이 없어요. '를'.

┌─ **문법 지식** ─────────────────────────┐

을

· 동작이 직접적으로 영향을 미치는 대상을 나타내는 조사.

	조건	형태	예시
①	받침 ○	을	책을 읽어요.
②	받침 ✕	를	지우개를 사요.

└───────────────────────────────────┘

---

2) 2-2) 1번의 그림을 보면서 ①~⑥까지 다시 읽어 보게
한다.

익힘책 102쪽 2번

명사와 조사 '을/를', 그리고 동사를 바르게 연결하게 한다.

익힘책 103쪽 3번

①번을 같이 풀어 본 후 나머지도 같은 방식으로 답을 적게
한다.

4 적용 – 10분

1) 3-1)의 활동 방법을 설명하고 연습하게 한다.

· 그림을 보고 무슨 상황인지 이야기해 본다.
신 그림을 보세요.
누가 있어요?
무엇을 해요?

· 내용을 읽어 보게 한다. 교사의 말을 따라 하거나 한
문장씩 돌아가면서 읽게 한다.
신 읽어 보세요.

※ 유의점: 학생들이 모르는 낱말은 간단하게 설명한다.

2) 3-1)의 내용을 간단히 확인해 본다.
신 성우가 무엇을 해요?
지민이가 무엇을 해요?
쓰세요.

익힘책 103쪽 4번

그림을 보면서 아이들이 무엇을 하는지 적게 하고 마지막
으로 자기가 무엇을 하는지 생각해서 적어 보게 한다.

5 정리 – 5분

1) 배운 내용을 간단히 확인한다.
신 오늘 배운 것을 확인해 봅시다. 선생님을 보고 말하세요.
(교사가 손으로 물건을 가방에 넣는 동작을 취하며) 물건을
학 사요.
신 (빵을 뜯어서 입에 넣는 동작을 하며) 빵을
학 먹어요.
신 (우유를 마시는 동작을 하며) 우유를
학 마셔요.
신 (손바닥에 쓰는 동작을 하며) 카드를
학 써요.
신 (책을 펴서 읽는 동작을 하며) 책을
학 읽어요.
신 잘했어요. 오늘 배운 것을 잘 기억하세요.

3차시 우리 집 앞

• 주요 학습 내용

> 어휘
> 육교, 지하도, 인도, 차도, 신호등, 횡단보도, 건너다
>
> 문법 및 표현
> -으세요
>
> 준비물
> 듣기 자료

1 도입 – 5분

1) 지난 시간에 배운 내용을 간단히 복습하고 오늘 배울 내용을 알려 준다.

신 지난 시간에 배운 것을 확인해 봅시다. 선생님을 보고 말하세요.

(교사가 손으로 물건을 가방에 넣는 동작을 취하며) 물건을

학 사요.

신 (빵을 뜯어서 입에 넣는 동작을 하며) 빵을

학 먹어요.

신 (우유를 마시는 동작을 하며) 우유를

학 마셔요.

신 (손바닥에 쓰는 동작을 하며) 카드를

학 써요.

신 (책을 펴서 읽는 동작을 하며) 책을

학 읽어요.

신 잘했어요. 오늘은 우리 집 앞에 있는 도로에 무엇이 있는지를 배울 거예요.

2 제시, 설명 – 10분

1) 1-1) 그림을 보면서 아저씨와 지민이의 대화를 들어 보게 한다. 💿109

신 그림을 보세요. 들어 보세요.

• 들은 내용을 간단히 확인한다.

신 아저씨가 어디에 가요?
학교에 어떻게 가요?

• 그림을 그려 '건너다'를 설명한다.

신 (칠판에 물이 흐르는 강 그림을 그리고 이편에 한 사람을 그린다. 반대편을 가리키며) 저는 저기에 가고 싶어요. 어떻게 해요?

(가운데 돌다리를 그려 넣은 후 돌 하나씩 짚으면서) 건너요.

(차가 다니는 도로를 칠판에 그린 후) 저기에 가고 싶어요.

(횡단보도를 그린 후) 횡단보도를 건너요.

2) 1-2) 도로 위의 시설에 대한 이름을 듣고 따라 하게 한다. 💿110

신 무엇을 건너요? 듣고 따라 해 보세요.

• 그림을 보면서 간단히 의미를 설명한다.

3 우리 집 앞

1. 들어 봅시다.

1) 들어 보세요. 💿 109

2) 들어 보세요. 따라 해 보세요. 💿 110

2. 연습해 봅시다. 💿 111

1) 들어 보세요. 붙이세요. 붙임 딱지

152 • 의사소통 한국어 1

152

어휘 지식

육교	도로나 철로 위를 건너갈 수 있도록 만든 다리. 예 육교를 건너요.
지하도	땅 밑을 파서 만들어 놓은 길. 예 지하도를 건너요.
인도	사람이 다니는 길. 예 인도로 다녀요.
차도	자동차가 다니는 길. 예 차도를 건너요.
신호등	도로에서 색이 있는 불빛으로 자동차나 사람의 통행을 지시하는 장치. 예 신호등을 잘 보세요.
횡단보도	사람이 건너다닐 수 있도록 차도 위에 표시를 해 놓은 길. 예 횡단보도를 건너요.
건너다	무엇을 넘거나 지나서 맞은편으로 이동하다. 예 길을 건너요.

익힘책 104쪽 1번

어휘를 같이 읽어 본 후 ①번을 같이 쓰게 하고 나머지도

육교, 지하도, 인도
차도, 신호등, 횡단보도,
건너다

-으세요

2) 들어 보세요. 번호를 쓰세요. 🔊 112

3. 그림을 보세요. 이야기해 보세요.

 서점에 어떻게 가요?
횡단보도를 건너세요.

4. 서점에 가요 • 153

153

그림에 맞는 어휘를 골라서 쓰게 한다.

3 연습 – 10분

1) 2-1) 문제를 같이 풀어 본다.
· 그림을 보고 들은 내용에 맞게 붙임 딱지를 붙이게 한다. 🔊 111
🔵 그림을 보세요. 무엇이 있어요?
잘 들어 보세요. 붙이세요.
· 정답을 확인한다.

2) 2-2) 문제를 같이 풀어 본다.
· 내용을 들으면서 맞는 그림을 골라 보게 한다.
※ 유의점: 이 활동은 '-으세요'에 대한 연습이므로 우선 듣기 활동을 한 후에 추가적으로 '-으세요'의 의미를 설명하도록 한다.
· 첫 번째는 같이 해 보고 나머지는 학생들이 직접 하게 한다.

· 정답을 확인한다.
🔵 답을 확인해 볼까요?
· '-으세요'를 간단히 설명한다.

문법 지식

-으세요
· 두루높임으로 설명, 의문, 명령, 요청의 뜻을 나타내는 종결 어미.

	조건	형태	예시
①	받침 ○	으세요	여기 앉으세요.
②	받침 ×	세요	안녕하세요.

익힘책 104쪽 2번
①번을 같이 확인한 후 다른 문제도 풀어 보게 한다. 동사의 어간에 따라 '-으세요/세요'를 다르게 쓴다는 것을 알려 준다.

익힘책 105쪽 3번
①번의 질문과 대답을 같이 확인한 후 다른 문제도 답을 적게 한다.

4 적용 – 10분

1) 그림을 보고 장소에 가는 방법을 묻고 대답하는 활동이다. 교사가 질문하고 전체가 대답하게 하거나 짝 활동으로 진행할 수 있다.
· 그림을 보면서 3번 활동 내용을 설명한다.
🔵 그림을 보세요.
길에 무엇이 있어요?
거기에 어떻게 가요?
묻고 대답하세요.

2) ①번을 같이 해 보고 ②번부터 짝 활동으로 하게 한다.
· 모든 활동이 끝나면 정답을 같이 확인해 본다.

익힘책 105쪽 4번
문구점에 가는 방법을 같이 이야기한 후 빈칸에 맞는 단어를 적어 보게 한다.

5 정리 – 5분

1) 배운 내용을 간단히 확인한다.
🔵 오늘 배운 것을 확인해 봅시다.
도로에 무엇이 있어요?
🔵 잘했어요.
이번 시간에 배운 것을 잘 기억하세요.

4차시 색깔

· **주요 학습 내용**

어휘
빨간, 노란, 파란, 하얀, 까만, 초록, 차
준비물
듣기 자료, 크레파스

1 도입 – 5분

1) 지난 시간에 배운 내용을 간단히 복습하고 오늘 배울 내용을 알려 준다.

> 🗣 지난 시간에 무엇을 배웠어요?
> 도로에 무엇이 있어요?
> 여러분은 무엇을 건너요?
> 🗣 잘했어요.
> 이번 시간에는 여러 가지 색깔을 배울 거예요.

2 제시, 설명 – 10분

1) 1번 그림을 보면서 색깔 단어를 읽어 보게 한다. 🎧113

> 🗣 그림을 보세요.
> 크레파스가 있어요.
> 무슨 색깔이에요?
> 읽어 봅시다.

· 교실에 있는 물건을 들어 보이면서 색깔을 다시 물어 본다.

> 🗣 이건 무슨 색이에요? 이건 무슨 색이에요?

> ※ 유의점: 교사의 말을 듣고 따라 하거나 듣기 자료를 듣고 따라 하게 할 수도 있다.

2) 학생들에게 좋아하는 색깔을 물어본다.

> 🗣 여러분은 무슨 색을 좋아해요?

어휘 지식	
빨간	'빨갛다'의 관형사형. 🔵 빨간색. 빨간불.
노란	'노랗다'의 관형사형. 🔵 노란색. 노란불.
파란	'파랗다'의 관형사형. 🔵 파란색. 파란불.
하얀	'하얗다'의 관형사형. 🔵 하얀색. 하얀 눈.
까만	'까맣다'의 관형사형. 🔵 까만색. 까만 머리.

4 색깔

1. 읽어 봅시다. 🎧113

빨간(색)   노란(색)   파란(색)

하얀(색)   까만(색)   초록(색)

2. 색칠해 봅시다.

하얀색 지우개   파란색 연필   노란색 필통

까만색 가방   빨간색 크레파스   초록색 칠판

154 · 의사소통 한국어 1

154

초록	파랑과 노랑의 중간색으로 풀과 같은 푸른빛을 띠는 색. 🔵 초록색. 초록 빛.
차	바퀴가 달려 있어 사람이나 짐을 실어 나르는 기관. 🔵 차도에 차가 많아요. 차를 조심하세요.

익힘책 106쪽 1번

색깔 어휘를 차례로 읽어 보게 한다. ①번 문제를 같이 풀어 본 후 다른 문제도 같은 방식으로 풀게 한다.

익힘책 106쪽 2번

색깔 어휘를 따라 써 보게 한다. 어휘를 읽으면서 써 보게 한다.

빨간, 노란, 파란, 하얀, 까만, 초록, 차

3. 이야기를 읽어 봅시다.

1) 읽어 보세요. 💿114

차도에 차가 있어요.
하얀색 차가 있어요.
까만색 차도 있어요.
차도에 신호등이 있어요.
빨간불이 있어요.
초록불도 있어요.

2) 맞는 것에 표시해 보세요.

	네	아니요
① 차도에 하얀색 차가 있어요?	V	
② 차도에 파란색 차도 있어요?		
③ 신호등에 초록색 불이 있어요?		

3 연습 – 10분

1) 2번 문제를 풀면서 색깔을 바르게 이해했는지 확인한다.

· 그림 아래의 글자를 읽어 보게 한다.
🔵 그림을 보세요. 읽어 보세요.

· 글자에 맞는 색깔로 색칠하게 한다.
🔵 크레파스나 색연필로 색칠해 보세요. 예쁘게 색칠하세요.

2) 학생들의 활동이 끝나면 정답을 확인해 준다.
🔵 정답을 확인해 볼까요?
여러분은 무슨 색깔 지우개가 좋아요?
무슨 색 연필이 좋아요?
무슨 색 필통이 좋아요?
무슨 색 가방이 좋아요?
무슨 색 크레파스가 좋아요?

익힘책 107쪽 3번

①번 문제를 같이 풀어 보게 한다. 학생들에게 의자 색깔이 무엇인지 물어보고 책에서 무엇이 잘못되었는지 말해 보게 한다. 그리고 색깔을 바꾸어서 적게 한다. 나머지 문제도 같은 방식으로 풀게 한다.

4 적용 – 10분

1) 3-1) 그림을 보면서 이야기를 읽고 이해하는 활동을 한다. 💿114

· 그림을 보고 내용을 추측하게 한 후 읽기 자료를 읽어 본다. 읽기 자료는 듣고 따라 하게 하거나 직접 읽어 보게 할 수 있다.
🔵 그림을 보세요.
무엇이 있어요?
이야기를 읽어 보세요.

2) 3-2)를 통해 간단하게 내용을 파악한다.

· 맞는 내용에 V 표시를 하게 한다.
🔵 읽은 내용을 확인해 봅시다.
차도에 하얀색 차가 있어요? '네'에 표시하세요.
차도에 파란색 차도 있어요?
신호등에 초록색 불이 있어요?

· 정답을 확인한다.

익힘책 107쪽 4번

우선 익힘책에 있는 학용품이 무슨 색인지 말해 보게 한 후 색깔을 써 보게 한다. 이어서 학생들이 가지고 있는 물건을 직접 꺼내어 색깔을 말하고 써 보게 할 수도 있다.

5 정리 – 5분

1) 배운 내용을 간단히 확인한다.
🔵 오늘 배운 것을 확인해 봅시다.
(여러 색깔 물건을 가리키며) 무슨 색이에요?
🔵 잘했어요.
이번 시간에 배운 것을 잘 기억하세요.

5차시 교통 신호

・ **주요 학습 내용**

> **어휘**
> 조심하다, 앉다
>
> **문법 및 표현**
> −지 마세요
>
> **준비물**
> 듣기 자료

1 도입 – 5분

1) 지난 시간에 배운 내용을 간단히 복습하고 오늘 배울 내용을 알려 준다.
   - 📵 지난 시간에 무엇을 배웠어요?
     (여러 색깔 물건을 가리키며) 무슨 색이에요?
   - 📵 잘했어요.
     이번 시간에는 교통 신호에 대해서 배울 거예요.

2 제시, 설명 – 10분

1) 1번 그림을 보고 해당되는 표현을 들어 보게 한다. 💿115
   - 📵 그림을 보세요. 들어 보세요.

2) 들은 내용의 의미를 설명한다.
   - ・신호등 불빛의 의미를 설명한다.
     - 📵 초록불이에요. 건너세요.
       빨간불이에요.
       (두 손으로 × 표시를 하며) 건너지 마세요.
     - 📵 차도 같아요. 초록불이에요. 가세요.
       빨간불이에요.
       (두 손으로 × 표시를 하며) 가지 마세요.
       노란불이에요. 조심하세요.
       (손으로 돌아가는 표시를 하며) 돌아가세요.

어휘 지식	
조심하다	좋지 않은 일을 겪지 않도록 말이나 행동 등에 주의를 하다. 예 차도에서 조심하세요.
앉다	윗몸을 바로 한 상태에서 엉덩이에 몸무게를 실어 다른 물건이나 바닥에 몸을 올려놓다. 예 여기 앉으세요.

   - ・'−지 마세요'의 의미를 다시 한번 확인시킨다.
     - 📵 '가세요'는 가는 것 좋아요.
       '가지 마세요'는 가는 것 안 돼요.
       (학생 한 명을 앞으로 데리고 와서 의미를 알려 준다.)
       (학생을 보며 교사가 말한다.) 가세요.
       (학생이 앞으로 가게 한다.)
       (학생을 보며 교사가 말한다.)

5 교통 신호

1. 들어 봅시다. 💿115

① 건너세요   ② 건너지 마세요

③ 가세요   ④ 가지 마세요   ⑤ 조심하세요

2. 그림을 보고 연습해 봅시다.

   1) 들어 보세요. 골라 보세요. 💿116

①   ②

③   ④

가지 마세요. (학생이 그 자리에서 멈추게 한다.)
- 📵 여러분이 저한테 말하세요.
- 📖 가세요.
- 📵 (교사가 앞으로 가는 행동을 한다.)
- 📖 가지 마세요.
- 📵 (교사가 제자리에 멈춘다.) 잘했어요.

> **문법 지식**
>
> **−지 마세요**
> ・(예의를 갖추어) 앞의 말이 나타내는 행동을 하지 못하게 함을 나타내는 표현.
> 예 교실에서 떠들지 마세요.
> 동생과 싸우지 마세요.

익힘책 108쪽 1번

학생들과 ①번을 같이 풀어 본 후 나머지도 같은 방식으로 하게 한다.

조심하다, 앉다
-지 마세요

2) 그림을 보세요. 말해 보세요.

① 앉지 마세요.

②

③

④

3. 친구의 말을 듣고 따라 해 봅시다.

가지 마세요.

익힘책 108쪽 2번

'-으세요' 형태를 '-지 마세요' 형태로 바꾸어 보게 한다.
①번을 같이 풀어 본 후 나머지도 같은 방식으로 풀게 한다.

3 연습 – 10분

1) 2-1) 그림을 보고 듣기 활동을 하게 한다. 🔊116
· 문제를 설명하고 ①번 문제를 듣고 풀어 보게 한다.
🔳 들으세요.
맞는 것을 고르세요.
첫 번째 문제는 같이 해 봐요.
들어 보세요.
'건너세요' 무엇이 맞아요?
네, 초록불에서는 건너요.
초록불에 표시하세요.
다음 문제도 풀어 보세요.
· 정답을 확인한다.

2) 2-2) 그림을 보고 그림에 해당하는 것을 말하도록 한다.
· ①번 문제를 같이 풀어 본다.
🔳 그림을 보세요.
①번에서 여자아이가 무엇을 해요?
의자에 앉아요.
그런데 의자에 물이 있어요. 어떻게 말해요?
네, "앉지 마세요." 말하세요. 그리고 쓰세요.
· 다음 문제도 풀어 보게 한다. 답을 말하거나 쓰게 할 수 있다.
🔳 다음 문제도 풀어 보세요.

문제 보충 설명
②는 떨어진 아이스크림을 먹는 그림, ③은 공원에서 손을 씻는 물을 마시려고 하는 그림, ④는 비싼 팽이(3만 원짜리)를 파는 그림이다.

· 정답을 확인한다.

익힘책 109쪽 3번

그림을 보고 '-으세요', '-지 마세요' 중 맞는 것을 적어 보게 한다. 예시 문제를 풀어 본 후 나머지도 같은 방식으로 하게 한다.

익힘책 109쪽 4번

그림의 내용이 무엇인지 이야기한 후 그림의 아이에게 어떻게 말할지 생각해 보게 한다. 예시와 같이 나머지 문제도 풀어 보게 한다.

4 적용 – 10분

1) 3번의 활동 방법을 학생들에게 설명한다.

활동 방법
· 명령과 금지의 지시어를 듣고 친구를 따라서 행동해 보는 활동이다. · '가세요/가지 마세요', '건너세요/건너지 마세요', '앉으세요/앉지 마세요', '쓰세요/쓰지 마세요', '읽으세요/읽지 마세요', '마시세요/마시지 마세요' 등 지금까지 배운 동사 쌍을 알려 주고 학생들이 이야기하면 그 말을 듣고 다른 학생이 행동하게 한다.

2) 짝 활동이나 모둠 활동, 혹은 전체 활동으로 진행한다.

5 정리 – 5분

1) 배운 내용을 간단히 확인한다.
🔳 오늘 배운 것을 확인해 봅시다.
오늘은 신호등을 보고 이용하는 방법을 배웠습니다.
집에 가는 길에 신호등을 잘 보고 가세요.
🔳 이번 시간에 배운 것을 잘 기억하세요.

- 주요 학습 내용

> 주요 활동
> 1. 가게에서 사는 물건에 대해 이야기하기
> 2. 우리 동네 이야기를 듣고 말하기

1 도입 – 5분

1) 지난 시간에 배운 내용을 간단히 복습한다.

> 🔵 지난 시간에 무엇을 배웠어요?
> 초록불이에요. 어떻게 해요?
> 빨간불이에요. 어떻게 해요.
> 노란불이에요. 어떻게 해요?
> 네, 잘했어요.

2) 이번 시간에 배울 내용을 간단히 설명한다.

> 🔵 이번 시간에는 지금까지 배운 낱말을 복습하고 배운 것을 사용해서 이야기해 보겠어요.

2 활동 1 – 15분

1) 1-1) 활동을 하게 한다.

· 각 가게를 보고 거기에서 무엇을 사는지 적게 한다. 학생들이 물건 이름을 잘 모르면 교사가 알려 준다.

> 🔵 그림을 보세요. 무슨 가게가 있어요?
> 서점에서 무엇을 사요?
> 네, 책을 사요.
> 또 동화책도 사요.
> 🔵 그럼 문구점에서는 무엇을 사요?
> 슈퍼마켓에서는 무엇을 사요?
> 빵집에서는 무엇을 사요?
> 쓰세요.

2) 1-2) 활동을 진행한다.

> **활동 방법**
>
> · 1-1)을 보고 한 학생이 "OO에 가요."를 말하면, 다른 학생은 "OO을/를 사요."로 말한다.
> · 다음은 순서를 바꾸어 앞에서 대답한 학생이 "OO에 가요."를 말하면, 다른 학생은 "OO을/를 사요."로 말한다.
> · 물건의 이름을 다양하게 말할 필요 없이 앞에서 샀던 물건을 다시 말해도 무방하다.
> · 처음에는 천천히 연습해 보고 잘하면 재미를 위해서 "시장에 가면 OO도 있고~" 게임의 박자에 맞추어 "OO에 가요"/"OO을 사요"로 노래하듯이 이어서 말하게 할 수 있다.

> 🔵 다 썼어요?
> 그럼 두 사람이 같이 말해 봅시다.
> 한 사람이 "OO에 가요"를 말하면, 다른 학생은 "OO을/

---

6 우리 동네 설명하기

1. 가게에서 무엇을 사고 싶어요? 말해 봅시다.

1) 무엇을 사요? 쓰세요.

책

2) 이야기해 보세요.

① 서점에 가요.
② 책을 사요.
④ 연필을 사요.
③ 문구점에 가요.

를 사요"로 말해 보세요.
연습해 볼까요?
서점에 가요.

🟢 책을 사요.

🔵 여러분이 먼저 하세요.

🟢 문구점에 가요.

🔵 연필을 사요.
잘했어요. 이제 여러분이 해 보세요.

3 활동 2 – 15분

1) 동네 이야기를 듣고 그림과 다른 부분에 × 표시를 하게 한다. 🔊117

> 🔵 2-1) 그림을 보세요. 우리 동네에 무엇이 있어요?
> 이야기를 들어 보세요. 이야기와 다른 곳에 × 표시를 하세요.

· 정답을 같이 확인한다.

> 🔵 무엇이 틀렸어요?

2. 우리 동네 이야기를 듣고 말해 봅시다.

1) 들은 것과 다른 곳에 X표 하세요. 🎧117

2) 그림을 보고 이야기하세요.

서점 옆에 꽃집이 있어요.
꽃집 옆에 문구점이 있어요.

4. 서점에 가요 • 159

"빨간불이에요. 건너지 마세요." 말했어요.
그림은 초록불이에요.
사람들이 건너요. 틀렸어요.
신호등과 횡단보도에 ✕ 표시 하세요.
또 무엇이 틀렸어요?
횡단보도는 서점 앞에 있어요?
아니에요. 꽃집 앞에 있어요.
횡단보도도 틀렸어요. ✕ 표시 하세요.

※ 유의점: ✕ 표시는 신호등에 한 개, 그리고 서점 앞 횡단보
도나 꽃집 앞 길 중 어디든지 해도 관계없다.

2) 2-2) 그림을 보고 설명하게 한다. 들은 내용과 관계없
이 그림에 나와 있는 내용으로 다시 말해 보게 한다.

🔲 그림을 보고 다시 이야기하세요.
우리 동네에 무엇이 있어요?

④ 정리 – 5분

1) 배운 내용을 간단히 확인한 후 수업을 마무리한다.
🔲 가게에서 무엇을 사요?
우리 동네에 무엇이 있어요?
같이 이야기해 봤어요.
오늘도 신호등을 잘 보고 조심해서 길을 건너세요.

● 메모

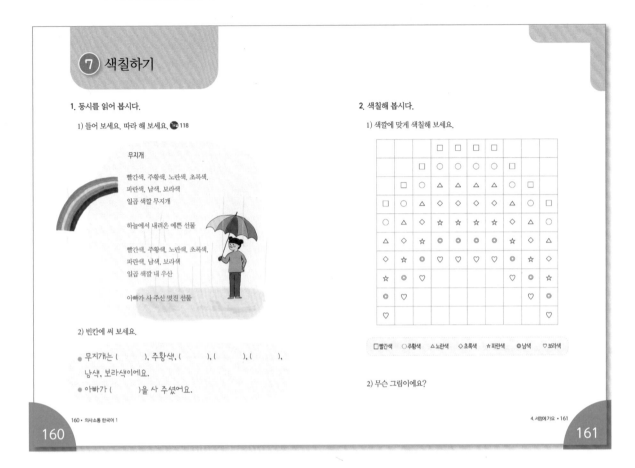

7차시 색칠하기

▪ **학습 목표**
- 활동 1: 동시 읽기
- 활동 2: 색깔 지시대로 색칠하기

① 활동 1 - 20분

1) 1-1) 그림을 보고 무엇에 대한 이야기인지 생각해 보게 한다.

   선 그림을 보세요. 뭐예요?
   네, 무지개예요. 그리고 우산이에요.
   무지개와 우산에 무슨 색깔이 있어요.
   빨간색, 노란색, 초록색, 파란색이 있지요?
   그럼 이야기를 읽어 봅시다.

2) 1-1) 동시를 읽어 보게 한 후 학생들이 모르는 단어를 설명해 준다. ◎118

   · 듣기 자료 혹은 교사의 말을 듣고 따라 하게 하거나 학생들이 직접 읽어 보게 한다.

   선 동시를 읽어 봅시다.

   · 모르는 단어에 대해 설명해 준다.

   ※ 유의점: 주황색, 남색, 보라색 등 추가된 색깔은 색종이를 보여 주며 의미를 설명한다.

   선 (색종이를 보여 주며) 주황색, 남색, 보라색이에요.
   선물은 여러분 생일에 친구가 주는 거예요.
   여러분은 선물을 받았어요?
   우산은 비가 올 때 써요. 여러분 우산은 무슨 색깔이에요?

3) 1-2)를 보며 읽은 내용을 이해했는지 확인한다.

   선 1-2)를 보세요. 빈칸에 써 보세요.

② 활동 2 - 20분

활동 방법

아래 색깔에 따라 색연필로 색칠을 한 후 완성된 그림을 보고 무슨 그림인지 맞히는 활동이다.

1) 2-1) 그림 아래에 제시된 색깔을 확인하고 학생들에게 색깔에 맞는 색연필을 준비시킨다.

   ※ 유의점: 하늘색은 앞에서 배우지 않았으므로 교사가 색종이를 가지고 색깔을 알려 준다.

2) 2-1) 모양에 맞는 색으로 빈칸에 색칠을 하게 한다.

   선 색칠해 보세요.

3) 2-1)에서 완성된 그림을 보고 2-2)의 질문에 대답하게 한다.

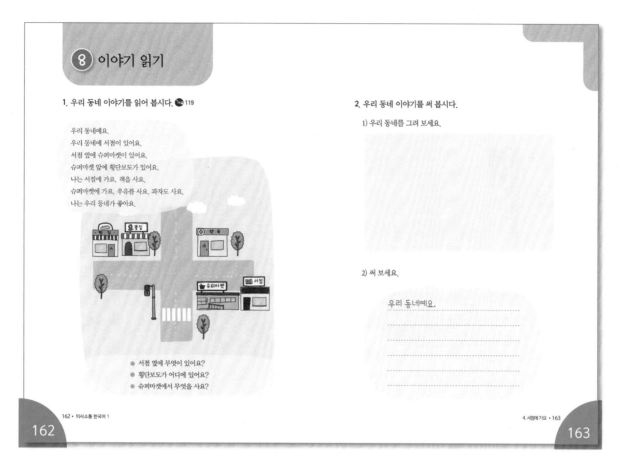

8차시 이야기 읽기

· **학습 목표**
· 활동 1: 우리 동네 이야기 읽기
· 활동 2: 우리 동네 모습 그리고 쓰기

1 활동 1 – 20분

1) 그림을 보고 무슨 이야기인지 생각해 보게 한다.
   🔵 우리 동네 그림이에요.
      우리 동네에 무엇이 있어요?

2) 1-1) 본문을 읽어 보게 한다. 🎧119
· 한 문장씩 따라 읽거나 한 명씩 돌아가면서 직접 읽어
  보게 할 수 있다. 그리고 전체를 한 사람이 읽어 보는
  연습을 할 수도 있다.
   🔵 우리 동네 이야기를 읽어 보세요.
· 모르는 단어는 간단하게 설명해 준다.
   🔵 우유, 과자를 알아요?
      과자는 맛있어요. 우유를 마시면 건강에 좋아요.

2 활동 2 – 20분

1) 우리 동네 그림을 그리기 전에 자기 동네에 무엇이 있
   는지 말해 보게 한다.

🔵 여러분 동네에 무슨 가게가 있어요?
   차도에 횡단보도가 있어요?
   신호등이 있어요?
   육교도 있어요?

2) 2-1)의 빈칸에 학생들의 동네 모습을 그리게 한다.
   🔵 여러분의 동네를 예쁘게 그려 보세요.

   ※ 유의점: 학생들이 그림을 잘 그리고 있는지 다니면서 확인
      한다.

3) 2-1)의 그림을 보면서 자신의 동네 이야기를 써 보게
   한다.
   🔵 그림을 잘 그렸어요.
      그림을 보면서 여러분 동네 이야기를 써 보세요.
· 학생들이 쓴 글을 발표하게 할 수도 있다.

9 노래하기

1. 노래해 봅시다. 🔊120

건너가는 길

건너가는 길을 건널 땐
빨간불 안 돼요.
노란불 안 돼요.
초록불이 돼야죠.

신호등이 없는 길에선
달려도 안 돼요.
뛰어도 안 돼요.
손을 들고 가야죠.

● 무슨 불에 건너요?
● 신호등이 없는 길에서는 어떻게 건너요?

2. 가게에서 무엇을 사요? 말해 봅시다.

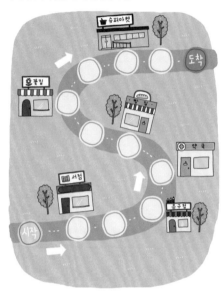

9차시 노래하기

· **학습 목표**
· 활동 1: 노래하기
· 활동 2: 가게 찾기 게임하기

1 활동 1 - 20분

1) 그림을 보면서 오늘 배울 노래가 신호등에 대한 노래임을 알려 준다.

> 🔳 이번 시간에는 노래를 배울 거예요.
> 그림을 보세요.
> 무슨 노래일까요?
> 맞아요. 신호등 노래예요.

2) 노래를 듣고 따라 하게 한다. 🔊120

· 듣기 자료의 노래를 들려준다.
· 가사를 같이 읽어 보고 모르는 낱말은 알려 준다.
· 노래를 같이 불러 본다.

3) 노래하기가 끝나면 아래 질문을 통해 가사의 내용을 확인하고 길을 건널 때 주의해야 할 점을 다시 알려 준다.

> 🔳 내용을 확인해 봅시다.
> 길을 건널 땐 무슨 불에 건너요?
> 신호등이 없는 길에서는 어떻게 건너요?

2 활동 2 - 20분

> **활동 방법**
>
> · 2~4명이 한 팀이 되어 진행한다.
> · 말은 색종이를 오려서 만들거나 작은 지우개를 올려서 준비해 둔다.
> · 가위바위보를 해서 이기는 사람이 한 칸씩 앞으로 간다. 가게에 도착하면 5초 안에 "○○에서 ○○을/를 사요."라고 말해야 한다. 말한 사람은 다음 판을 진행할 수 있지만 말하지 못한 사람은 다음 기회에 한 번 쉬어야 한다. 가장 먼저 집에 도착하는 사람이 이긴다.

1) 학생들을 모둠별로 앉힌 후 활동 방법을 설명한다. 각자 말로 쓸 수 있는 작은 물건을 책상 위에 올려놓게 한다.

2) 모둠별로 게임을 진행하게 한다.

3) 모둠별로 가장 먼저 도착한 학생들에게 간단한 선물을 주어 칭찬한다.

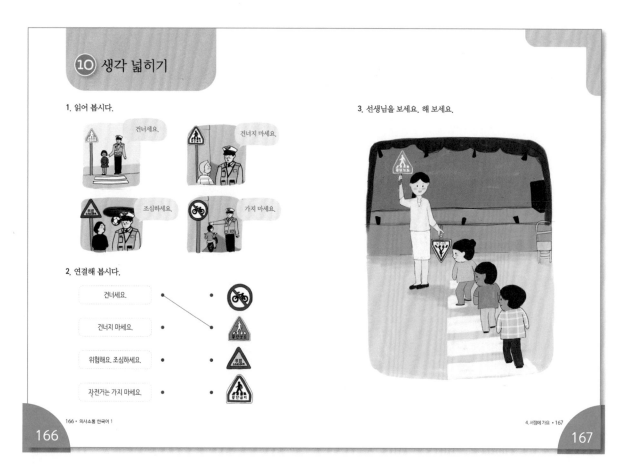

10차시 생각 넓히기

· **학습 목표**

• 활동: 교통 표지판 익히기

1 전 활동 – 10분

1) 1번 그림을 보면서 내용을 읽어 보게 한다.

2 본 활동 – 20분

1) 1번 각각의 그림을 설명하면서 교통 표지판의 의미를 설명해 준다.

   신 교통 표지판에서 파란색은 '괜찮아요. 가세요.'의 뜻이에요.
   교통 표지판에서 붉은색은 '조심해요. 가지 마세요.'의 뜻이에요.
   첫 번째 횡단보도 그림에 파란색이 있어요.
   괜찮아요. 건너세요.
   두 번째 '횡단 금지'는 '건너지 마세요.'라는 뜻이에요.
   세 번째 '위험'은 조심하라는 뜻이에요. 불은 위험해요.
   앞에 큰 구멍이 있어요. 위험해요.
   네 번째는 자전거에 빨간색이 있어요.
   '자전거는 가지 마세요.'라는 뜻이에요.

2) 2번 연결하기 문제를 풀어 보면서 교통 표지판의 의미를 다시 확인시킨다.

3 후 활동 – 10분

1) 3번 활동을 해 본다.

· 3번은 교통 표지판을 따라 행동해 보는 활동이다.

· 교실에 흰 선을 붙일 수 있다면 횡단보도 모양으로 만들어 놓고 학생들이 건너게 한다.

  ① 교사가 앞에서 횡단보도 표지판을 들고 있으면 학생들이 건너고, 횡단 금지 표지판을 들고 있으면 건너지 않는 연습을 한다.

  ② 그리고 신호등이 없는 길에서는 손을 들고 건너는 연습을 한다.

  ※ 유의점: 학생들의 나라에 따라 횡단보도가 없이 자유롭게 건너는 습관을 가진 경우도 있으므로 한국의 교통 예절을 익히도록 지도한다.

추가 활동
신호등의 빨간불, 초록불, 노란불 표지판도 같이 준비해서 연습을 추가할 수도 있다.

5단원 • 도서관에서 책을 읽어요

● 단원의 개관

이 단원의 목표는 우리 학교에 있는 시설물의 이름을 알고 거기에서 행해지는 다양한 활동을 설명할 수 있도록 하는 것이다. 그리고 방향을 명확히 이해하고 정확한 방향으로 목적지를 찾아갈 수 있도록 묻고 대답하는 것을 학습한다. 또한 반말을 학습하여 친구들과 반말로 편하게 대화할 수 있게 한다.

학습 목표	• 반말로 이야기할 수 있다. • 방향을 묻고 대답할 수 있다.						
주제	장면		기능	문법	어휘	문화	담화 유형
	일상생활	학교생활					
학교생활	집 앞, 친구 집	교실, 운동장	교실 활동 말하기 방향 표현하기 반말하기	-어 ① 이야 으로 에서 -으러 가다	동사 ③ 장소 명사 ② 학교 시설 방향 표현 (오른쪽, 왼쪽 등) 놀이 활동	한국의 전통 놀이	대화 편지 동화
	집 앞, 친구 집	교실, 놀이터					

● 차시 전개 과정

차시	차시 제목	성격	학습 내용	교재 쪽수	익힘책 쪽수
1	수업 시간	필수	• 전체 단원 도입 • 수업 시간 동작 듣고 말하기	170	110
2	학교 소개	필수	• 학교 시설 표현 익히기 • 학교를 소개하는 글 읽기	172	112
3	방향	필수	• 방향 표현 익히기 • 방향을 묻고 답하기	174	114
4	쉬는 시간	필수	• 쉬는 시간 활동 익히기 • 장소에서 하는 활동을 읽고 쓰기	176	116
5	학교에서 하는 일	필수	• 학교 시설에서 하는 활동 익히기 • 목적 표현 묻고 답하기	178	118
6	학교생활 말하기	필수	• 학교 시설 단어 듣고 찾기 • 학교에서 하는 일 이야기하기	180	-
7	편지 읽고 쓰기	선택	• 편지 읽기 • 편지 쓰기	182	-
8	동화 읽기	선택	• 동화 읽기 • 추측해서 말하기	184	-
9	숨은 글자 찾기	선택	• 노래하기 • 글자 찾기 게임	186	-
10	생각 넓히기	선택	• 한국의 전통 놀이	188	-

· 주요 학습 내용

어휘
글씨를 쓰다, 말하다, 듣다, 색종이를 접다

문법 및 표현
-어 ①

준비물
듣기 자료

1 도입 – 5분

1) 단원 도입 그림을 보면서 질문을 하여 본 단원 내용을
노출시킨다.

🔲 여러분, 그림을 보세요.

🔲 여기가 어디예요?

🔲 무슨 시간이에요?

🔲 아이들이 무엇을 해요?

2 제시, 설명 – 10분

1) 1-1) 그림을 보면서 요우타와 성우의 대화를 들어 보
게 한다. 💿 121

🔲 그림을 보세요. 들어 보세요.

· 반말 표현에 대해서 간단히 설명한다.

문법 지식

-어

· 두루낮춤으로 어떤 사실을 서술하거나 물음, 명령, 권유를
나타내는 종결 어미.

※ 명령의 '-어'는 8단원에 나오므로 본 단원에서는 서술과
물음의 의미로만 연습하도록 한다. 이때 의미에 따라 억
양이 달라진다는 것을 알려 준다.

💿 어디 가?(↗)
집에 빨리 와.(↘)

	조건	형태	예시
①	ㅏ, ㅗ	아	사, 앉아, 놀아, 좋아
②	ㅏ, ㅗ 이외	어	읽어, 서, 지내, 가르쳐
③	-하다	여	공부해, 청소해, 이야기해 ※'하여'를 줄여서 보통 '해'로 씀

2) 1-2)를 보면서 교실에서 아이들이 무엇을 하는지 듣고
따라 하게 한다. 💿 122

🔲 교실에서 아이들이 무엇을 해요?
들어 보세요. 따라 해 보세요.

3) 새로 나온 낱말을 간단히 설명한다.

---

1 수업 시간

1. 들어 봅시다.

1) 들어 보세요. 💿 121

2) 들어 보세요. 따라 해 보세요. 💿 122

170

어휘 지식

글씨를 쓰다	글자의 모양을 연필이나 펜 등으로 종이에 적다. 💬 글씨를 잘 써요. 글씨를 천천히 쓰세요.
말하다	어떤 사실이나 자신의 생각 또는 느낌을 말로 나타내다. 💬 크게 말하세요. 친구가 재미있게 말해요.
듣다	다른 사람의 말이나 소리 등에 귀를 기울이다. 💬 잘 듣고 대답하세요. 선생님 말씀을 잘 들어요.
(색종이를) 접다	(색종이를) 겹쳐지게 꺾어 모양을 만들다. 💬 종이접기. 색종이를 접어서 꽃을 만들어요.

익힘책 110쪽 1번

그림을 보고 동작이 맞으면 ○, 틀리면 ×표를 하게 한다.
①번을 같이 풀어 본 후 나머지도 같은 방식으로 풀게 한다.

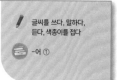
글씨를 쓰다, 말하다,
듣다, 색종이를 접다

-어 ①

2. 들어 봅시다. 연습해 봅시다.

1) 들어 보세요. 써 보세요. 🔵 123

① 읽다 ➡ 읽어　　② 말하다 ➡

③ 접다 ➡　　　　④ 가다 ➡

2) 들어 보세요. 번호를 쓰세요. 🔵 124

3. 옆 친구가 무엇을 해요? 말해 봅시다.

1) 써 보세요.

영미
책을 읽다

2) 친구와 이야기해 보세요.

영미가 뭐 해?　　책을 읽어.

5. 도서관에서 책을 읽어요 • 171

171

익힘책　110쪽 2번

동사를 반말 형태로 바꾸어 쓰게 한다. '-아/어/여'를 선택
하는 방법에 대해서 다시 한번 설명하면서 진행한다. ①번
을 같이 풀어 본 후 나머지도 같은 방식으로 풀게 한다.

3 연습 – 10분

1) 2-1)을 듣고 '-어'로 형태를 바꾸어 써 보게 한다. 🔵 123

　선 들어 보세요. 모양을 바꾸어 쓰세요.
　　①번을 같이 해 봅시다.
　　성우가 책을 읽어, '읽다'는 '읽어'로 말해요.
　　다음도 같이 해 봅시다.

2) 2-2) 그림을 보고 들은 내용과 맞는 것에 번호를 쓰게
　한다. 🔵 124

　선 들어 보세요. 맞는 그림에 번호를 쓰세요.
　　1번을 같이 들어 볼까요?

선 (1번을 들은 후) 아비가일이 지금 뭐 해요?
　네, 일기를 써요. 1번 그림에 '1' 쓰세요.
　다음도 들어 보세요.

· 정답을 확인한다.

익힘책　111쪽 3번

왼쪽 그림 속의 아이가 무엇을 하는지 같이 이야기하면서
핵심어를 확인해 본다. ①번을 같이 풀어 본 후 나머지도
같은 방식으로 풀게 한다.

익힘책　111쪽 4번

질문에 맞는 대답을 반말로 적게 한다. 우선 학생들에게 질
문을 하고 대답을 하게 한 후 그 내용을 직접 써 보게 한다.

4 적용 – 10분

1) 3번 활동을 통해 배운 내용을 활용하게 한다.

· 옆 친구가 무엇을 하는지 보면서 3-1)의 빈칸에 적게
　한다.
　선 옆 친구를 보세요. 무엇을 해요?
　　이름을 쓰세요. 동작을 쓰세요.
　　영미가 책을 읽어요. 그럼 '영미'를 쓰세요. '책을 읽다'를
　　쓰세요.

· 3-1)의 내용으로 서로 이야기하게 한다.
　선 두 사람이 같이 이야기해 보세요.
　　한 사람은 물어보세요. "영미가 뭐 해?"
　　한 사람은 대답하세요. "책을 읽어."

　※ 유의점: 짝 활동이나 모둠 활동으로 진행할 수도 있다.

5 정리 – 5분

1) 배운 내용을 간단히 정리한다.

　선 오늘 배운 것을 확인해 봅시다.
　　(몸으로 말하는 행동을 하며) 말해, 이렇게 말하세요.
　　(두 손을 귀에 갖다 대고 듣는 행동을 하며) 내가 뭐 해?
　학 들어.
　선 (연필로 쓰는 행동을 하며) 내가 뭐 해?
　학 글씨를 써.
　선 (색종이를 접는 행동을 하며) 내가 뭐 해?
　학 색종이를 접어.
　선 잘했어요. 친구들하고 반말로 얘기하세요.
　　그런데 어른들한테는 반말을 쓰면 안 돼요.
　　조심하세요.

· 주요 학습 내용

> **어휘**
> 교문, 식당, 놀이터, 도서관, 강당, 운동장
>
> **문법 및 표현**
> 이야
>
> **준비물**
> 듣기 자료

1 도입 – 5분

1) 지난 시간에 배운 내용을 간단히 복습한다.

> 선 (몸으로 말하는 행동을 하며) 말해, 이렇게 말하세요.
> (두 손을 귀에 갖다 대고 듣는 행동을 하며) 내가 뭐 해?
> 학 들어.
> 선 (연필로 쓰는 행동을 하며) 내가 뭐 해?
> 학 글씨를 써.
> 선 (색종이를 접는 행동을 하며) 내가 뭐 해?
> 학 색종이를 접어.
> 선 잘했어요.

2) 오늘 배울 내용을 알려 준다.

> 선 오늘은 우리 학교를 소개하는 방법을 배울 거예요.

2 제시, 설명 – 10분

1) 1-1) 그림을 보고 저밍과 친구가 무엇을 하는지 말해 보게 한 후 단어를 읽어 본다. 🔊125

> 선 그림을 보세요.
> 저밍과 친구가 무슨 이야기를 해요?
> 학교에 무엇이 있어요?
> 읽어 봅시다.

2) 읽은 어휘를 간단히 설명한다.

어휘 지식	
교문	학교의 문. 예 우리 학교 교문이 커요. 친구가 교문에서 기다려요.
식당	1. 건물 안에 식사를 할 수 있게 만든 방. 2. 음식을 만들어 파는 가게. 예 학교 식당에서 밥을 먹어요. 식당에 사람이 많아요.
놀이터	미끄럼틀이나 그네 등의 기구를 갖추어 두고 아이들이 놀 수 있게 만든 곳. 예 놀이터에서 놀자. 놀이터에서 미끄럼틀을 타요.

---

2 학교 소개

1. 읽어 봅시다. 🔊 125

② 식당
④ 도서관
③ 놀이터
⑥ 운동장
여기가 우리 학교야.
⑤ 강당
① 교문

2. 들어 보세요. 골라 보세요. 🔊 126

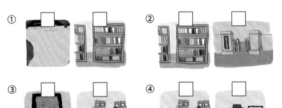

①　②
③　④

172

도서관	책과 자료 등을 많이 모아 두고 사람들이 빌려 읽거나 공부를 할 수 있게 마련한 시설. 예 도서관에서 책을 읽어요. 도서관에서 책을 빌려요.
강당	강연이나 강의, 공연 등을 할 때에 쓰는 건물이나 큰 방. 예 강당에 모이세요. 강당에서 입학식을 해요.
운동장	운동 경기, 놀이 등을 할 수 있도록 여러 가지 기구나 시설을 갖춘 넓은 마당. 예 운동장이 넓어요. 운동장에서 운동을 해요.

· ·

익힘책 112쪽 1번

그림 아래의 어휘를 같이 읽어 보게 한다. ①번을 같이 풀어 본 후 나머지도 같은 방식으로 풀게 한다.

· ·

3. 읽고 말해 봅시다.

1) 읽어 보세요. 🔊127

민수야.
여기가 우리 학교야.
우리 학교에 운동장이 있어.
운동장 옆에 놀이터가 있어.
운동장 앞에 도서관이 있어.

• 저밍이 누구에게 학교를 소개해요?
• 저밍 학교에 무엇이 있어요?

2) 여러분 학교에 무엇이 있어요?
학교를 소개해 보세요.

5. 도서관에서 책을 읽어요 • 173

173

3) 문법을 간단히 설명한다.

문법 지식

이야

• 조사 '이다'에 두루낮춤으로서 어떤 사실에 대하여 서술이
나 물음을 나타내는 종결 어미 '야'가 붙은 형태.

	조건	형태	예시
①	받침 ○	이야	이건 내 가방이야.
②	받침 ×	야	이건 내 지우개야.

익힘책 112쪽 2번

①번을 같이 풀어 본다. 명사의 끝 음절에 받침이 있고 없
고에 따라 '이야/야'를 선택하는 방식이 달라짐을 확인시
켜 준다. 그 후 명사와 조사를 연결해서 써 보도록 한다. 나
머지도 같은 방식으로 쓰게 한다.

---

3 연습 – 5분

1) 2번 그림을 보고 여기가 어디인지 말해 보게 한다.

신 그림을 보세요. 어디예요?

2) 듣기 자료를 듣고 들은 내용과 맞는 것을 골라 보게 한
다. 🔊126

신 들어 보세요. 맞는 것을 고르세요.

익힘책 113쪽 3번

①번을 같이 풀어 본다. 교사가 질문을 하면 학생들이 우
선 말로 대답을 하게 한다. 그 후 답을 적어 보게 한다. 나
머지 문제도 같은 방식으로 진행한다.

---

4 적용 – 15분

1) 3-1)을 읽고 내용을 확인한다. 🔊127

• 본문의 내용을 읽어 보게 한다. 듣기 자료를 듣고 따라
하게 하거나 한 문장씩 읽어 보게 한다.

신 저밍이 친구에게 학교를 소개해요.
읽어 봅시다.

• 질문을 통해 내용을 확인한다.

신 저밍이 누구에게 학교를 소개해요?

신 저밍 학교에 무엇이 있어요?

2) 3-2)와 같이 학생들도 간단히 학교를 소개하는 글을
써 보게 한 후 학교를 소개하도록 한다.

신 우리 학교에는 무엇이 있어요?
운동장 옆에는 무엇이 있어요?
운동장 앞에는 무엇이 있어요?
학교를 소개해 보세요.

익힘책 113쪽 4번

아이다의 이야기를 같이 읽어 본다. 내용을 간단히 확인한
후 학생들이 자기 이야기로 바꾸어 적어 보게 한다.

---

5 정리 – 5분

1) 배운 내용을 간단히 정리한다.

신 오늘 배운 것을 확인해 봅시다.
우리 학교에는 무엇이 있어요?
네, 잘했어요.
오늘 배운 것을 잘 기억하세요.

3차시 방향

· 주요 학습 내용

어휘
왼쪽, 오른쪽, 이쪽, 저쪽, 위층, 아래층

문법 및 표현
으로

준비물
듣기 자료

1 도입 - 5분

1) 지난 시간에 배운 내용을 간단히 복습하고 오늘 배울 내용을 알려 준다.

· 배운 낱말을 복습한다.

🔵 우리 학교에는 무엇이 있어요?

· 문법 '이야'를 복습한다.

🔵 (몇 가지 물건을 가리키며) 이건 뭐야?

· 오늘 배울 내용을 알려 준다.

🔵 오늘은 오른쪽, 왼쪽 등 방향을 배울 거예요.

2 제시, 설명 - 10분

1) 1-1) 그림을 보면서 아주머니와 요우타의 대화를 들어 보게 한다. 💿128

🔵 그림을 보세요. 들어 보세요.

· '으로'를 간단히 설명한다.

문법 지식

으로
· 움직임의 방향을 나타내는 조사.

	조건	형태	예시
①	받침 ○	으로	오른쪽으로 가세요.
②	받침 X	로	아래로 가요.

※ '에'는 고정된 장소를 나타내는 데 비해 '으로'는 방향을 나타낸다는 점에서 차이가 있다는 점을 강조한다. '학교에 가요.'와 '오른쪽으로 가요.'를 비교해서 설명한다.

2) 1-2) 그림을 보면서 방향을 나타내는 단어를 듣고 따라 하게 한다. 💿129

🔵 그림을 보세요. 듣고 따라 해 보세요.

· 교사가 손으로 방향을 나타내며 간단히 단어의 의미를 설명한다.

---

③ 방향

1. 들어 봅시다.

1) 들어 보세요. 💿128

2) 들어 보세요. 따라 해 보세요. 💿129

① 왼쪽 ② 오른쪽 ④ 저쪽 ⑤ 위층 ③ 이쪽 ⑥ 아래층

2. 연습해 봅시다.

1) 들어 보세요. 골라 보세요. 💿130

① ☐ 왼쪽 ☑ 오른쪽
② ☐ 이쪽 ☐ 저쪽
③ ☐ 위층 ☐ 아래층

174 • 의사소통 한국어 1

174

어휘 지식

왼쪽	사람이 북쪽을 보고 있을 때 서쪽과 같은 쪽. 📣 왼쪽으로 가세요. 왼쪽을 보세요. [반대말] 오른쪽
오른쪽	사람이 북쪽을 보고 있을 때 동쪽과 같은 쪽. 📣 오른쪽에 앉으세요. 오른쪽으로 걸어요. [반대말] 왼쪽
이쪽	말하는 사람에게 가까운 곳이나 방향을 가리키는 말. 📣 화장실은 이쪽에 있어요. 이쪽으로 오세요.
저쪽	말하는 사람과 듣는 사람으로부터 멀리 있는 곳이나 방향을 가리키는 말. 📣 운동장은 저쪽에 있어요. 저쪽으로 가세요.
위층	어떤 층보다 위에 있는 층. 📣 위층으로 올라가세요. 우리 집 위층에 친구가 살아요.
아래층	어떤 층보다 아래에 있는 층. 📣 아래층으로 내려가세요. 아래층에 화장실이 있어요.

2) 그림을 보세요. 말해 봅시다.

① 도서관이 어디에 있어요?
   오른쪽으로 가세요.

② 강당이 어디에 있어요?

③ 놀이터가 어디에 있어요?

④ 2학년 1반 교실이 어디에 있어요?

3. 물건이 어디에 있어요?
   듣고 찾아봅시다.

5. 도서관에서 책을 읽어요 • 175

175

【익힘책】 114쪽 1번

그림을 보고 방향을 찾는 문제이다. ①번을 같이 풀어 보면서 그림에 맞는 방향을 고르게 하고 이를 따라서 써 보게 한다. 나머지 문제도 같은 방식으로 풀게 한다.

· ·

【익힘책】 114쪽 2번

조사 '으로/로'를 고르는 문제이다. ①번을 같이 풀어 보면서 맞는 조사를 고르고 완전한 문장을 만들어 써 보게 한다. 나머지 문제도 같은 방식으로 풀게 한다. 앞에 오는 명사의 끝음절에 받침이 있을 때와 없는 경우 '으로/로'를 선택하는 방법에 대해 다시 한번 확인시켜 준다.

· ·

③ 연습 – 10분

1) 2-1) 문제를 같이 풀어 본다.

　· 내용을 듣고 맞는 것을 고르게 한다. 🔊130
　　【선】 들어 보세요. 요우타가 어디로 가요? 고르세요.

　· 정답을 확인한다.

2) 2-2) 그림을 보고 위치를 찾아서 바르게 말해 보게 한다.

　· 도서관과 강당, 그리고 놀이터와 2학년 1반 교실이 어디에 있는지 먼저 확인한다.
　　【선】 아주머니가 리암에게 물어요.
　　　　리암이 대답해요.
　　　　도서관이 어디에 있어요?
　　　　네, 오른쪽에 있어요.
　　　　그럼 이렇게 말하세요.
　　　　"오른쪽으로 가세요."
　　【선】 다음도 해 보세요.

· ·

【익힘책】 115쪽 3번

그림에서 문구점과 약국, 슈퍼마켓이 어느 쪽에 있는지를 먼저 확인한다. 다음으로 ①번을 같이 풀어 보면서 질문에 맞는 답을 써 보게 한다. 나머지 문제도 같은 방식으로 풀게 한다.

· ·

【익힘책】 115쪽 4번

학생들이 자신을 기준으로 오른쪽과 왼쪽, 위와 아래에 무엇이 있는지를 확인하는 문제이다. ①번을 같이 풀어 본후 나머지 문제도 학생들이 자신의 이야기로 쓰도록 지도한다.

· ·

④ 적용 – 10분

1) 모둠 활동으로 방향을 말하고 듣는 연습을 하는 활동이다. 물건을 앞에 두고 한 학생은 눈을 가리고 다른 학생들은 어느 쪽으로 가야 할지 방향을 알려 주어 눈을 감은 학생이 물건을 바르게 찾도록 안내한다.

　① 가위바위보를 해서 누가 술래를 할지 정한다.
　② 술래의 눈을 가리고 교실 뒤에 서게 한다.
　③ 교실 앞이나 옆, 혹은 구석에 물건을 둔다.
　④ 앞에서 "오른쪽으로 가세요.", "앞으로 가세요." 등을 말하며 물건 앞으로 술래를 인도한다.
　⑤ 물건 앞에 오면 술래가 물건을 줍고 물건을 확인한다.

　　※ 유의점: 물건 몇 개를 놓고 각 모둠의 술래가 나와서 동시에 게임을 진행할 수도 있다.

⑤ 정리 – 5분

1) 배운 내용을 간단히 확인한다.

　【선】 오늘 배운 것을 확인해 봅시다. 저를 보고 말하세요.
　　　(교사가 오른쪽으로 걸어가며) 어디로 가요?
　【학】 오른쪽으로 가요.
　【선】 (교사가 왼쪽으로 가며) 어디로 가요?
　【학】 왼쪽으로 가요.
　【선】 잘했어요. 이번 시간에 배운 것을 잘 기억하세요.

4차시 쉬는 시간

▪ 주요 학습 내용

> **어휘**
> 딱지치기, 종이접기, 찰흙 놀이, 공기놀이, 숨바꼭질
>
> **문법 및 표현**
> 에서
>
> **준비물**
> 듣기 자료

1 도입 – 5분

1) 지난 시간에 배운 내용을 간단히 복습하고 오늘 배울 내용을 알려 준다.
   - 🔵 지난 시간에 무엇을 배웠어요?

   - '오른쪽, 왼쪽, 이쪽, 저쪽, 위층, 아래층'을 연습시킨다.
   - 🔵 이번 시간에는 쉬는 시간에 하는 재미있는 놀이를 배워 봅시다.

2 제시, 설명 – 10분

1) 1번 그림을 보면서 교실에서 하는 놀이를 읽어 보게 한다. 💿131
   - ※ 유의점: 교사의 말을 듣고 따라 하거나 듣기 자료를 듣고 따라 하게 할 수도 있다.

2) 간단하게 단어의 의미를 설명하고 무슨 놀이를 해 본 적이 있는지 어떤 놀이를 좋아하는지 물어본다.

어휘 지식	
딱지치기	딱지 한 장을 땅바닥에 놓고, 다른 딱지로 그 딱지를 쳐서 젖히면 그것을 가지는 놀이. 📝 딱지치기를 해요. 저는 딱지치기를 잘해요.
종이접기	종이를 접어서 여러 가지 모양을 만드는 일. 📝 저는 종이접기를 잘해요. 종이접기가 재미있어요.
찰흙 놀이	끈끈한 성질이 있는 흙으로 여러 모양을 만드는 놀이. 📝 찰흙 놀이를 해요. 찰흙 놀이를 하면 손이 더러워져요.
공기놀이	작은 돌 다섯 개를 일정한 규칙에 따라 집고 받는 놀이. 📝 공기놀이가 재미있어요. 얘들아, 공기놀이하자.
숨바꼭질	여럿이 모여 술래가 된 한 사람이 숨은 사람들을 찾아내는 놀이. 📝 숨바꼭질이 재미있어요. 친구와 숨바꼭질을 해요.

   - 🔵 여러분은 무슨 놀이를 했어요?
     무슨 놀이를 좋아해요?

3) 문법 '에서'를 간단히 설명한다.

---

④ 쉬는 시간

1. 읽어 봅시다. 💿131

① 딱지치기
② 종이접기
③ 찰흙 놀이
④ 공기놀이
⑤ 숨바꼭질

교실에서 숨바꼭질을 하지 마세요.

2. 연습해 봅시다.

1) 무슨 놀이를 해요? 연결해 보세요.

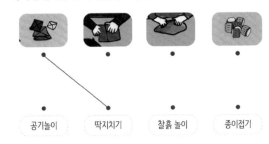

공기놀이   딱지치기   찰흙 놀이   종이접기

176 • 의사소통 한국어 1

176

> **문법 지식**
>
> **에서**
> - 앞말이 행동이 이루어지고 있는 장소임을 나타내는 조사.
>   - 📝 도서관에서 책을 읽어요.
>   문구점에서 연필을 사요.
>
> ※ '에'와 '에서' 비교
>
> | 에 | 에서 |
> |---|---|
> | · 사람이나 물건이 있는 장소를 나타낸다.
· '있다, 없다, 많다' 등과 함께 쓰인다.
📝 도서관에 책이 있어요. | · 행동이 이루어지는 장소를 나타낸다.
· 동작을 나타내는 말과 함께 쓰인다.
📝 도서관에서 공부해요. |

〔익힘책〕 116쪽 1번

그림을 보면서 맞는 어휘를 써 보게 한다. ①번을 같이 풀어 본 후 나머지는 힌트를 참고로 하여 적어 보게 한다.

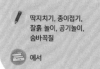

딱지치기, 종이접기,
찰흙 놀이, 공기놀이,
숨바꼭질

에서

2) 그림을 보세요. 말해 보세요.

①

준서가 운동장에서 딱지치기를 해요.

②

하미가 도서관 _____

③

아이다가 _____

④

요우타가 _____

3. 학교에서 무엇을 해요? 해 봅시다.

1) 요우타가 학교에서 무엇을 해요? 써 보세요.

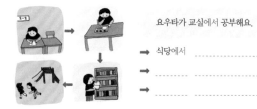

요우타가 교실에서 공부해요.

➡ 식당에서 _____ .

➡ _____ .

➡ _____ .

2) 여러분은 학교에서 무엇을 해요?

익힘책 116쪽 2번

장소와 어울리는 활동을 연결한 후 '에서'로 연결하는 문제이다. ①번을 같이 풀어 본 후 나머지도 같은 방식으로 풀어 보게 한다.

3 연습 – 10분

1) 2-1)의 놀이 그림과 이름을 연결시킨다.

· 그림을 보고 어떤 놀이인지 말해 보게 한다.
   선 그림을 보세요.
   어떤 놀이예요?

· 그림과 놀이 이름을 연결 짓게 한다.
   선 그림과 맞는 것을 연결해 보세요.

· 학생들의 활동이 끝나면 정답을 확인해 준다.

2) 2-2) 그림을 보고 '어디'에서 '무엇'을 하는지를 말해 보게 한다. 문법 '에서'와 어휘를 함께 연습하는 활동이다.

· ①번 그림을 보고 같이 연습해 본다.
   선 ①번을 보세요. 성우가 어디에 있어요?
   학 운동장에 있어요.
   선 성우가 무엇을 해요?
   학 딱지치기를 해요.
   선 같이 말해 보세요.
   성우가 운동장에서 딱지치기를 해요.
   다음 문제도 대답해 보세요.

익힘책 117쪽 3번

①번을 같이 풀어 본다. 그림을 보고 "여기가 어디예요?", "아이들이 무엇을 해요?"와 같이 질문을 하여 장소와 행동을 확인하게 한다. 다음으로 쓰여진 문장에서 잘못된 부분을 바꾸어 다시 써 보게 한다. 나머지 문제도 같은 방식으로 진행한다.

4 적용 – 10분

1) 3-1) 그림을 보면서 요우타가 학교에서 하루 종일 무엇을 하는지 적어 보게 한다.
   선 그림을 보세요.
   요우타가 학교에서 무엇을 해요?
   요우타가 교실에서 공부를 해요.
   다음은 어디에서 무엇을 해요?
   써 보세요.

2) 3-2)에서 학생들이 학교에서 무엇을 하는지 말해 보게 한다.
   선 여러분은 학교에 와요.
   교실에서 무엇을 해요?
   식당에서 무엇을 해요?
   도서관에서 무엇을 해요?
   운동장에서 무엇을 해요?

추가 활동

수업이 끝난 후 추가 활동으로 공기놀이, 딱지치기, 종이접기, 숨바꼭질 등을 자유롭게 진행할 수 있다.

익힘책 117쪽 4번

교사가 ①번의 내용으로 질문을 하면 학생들은 대답을 한 후 적게 한다. 나머지도 교사가 질문하고 학생들은 대답하면서 자유롭게 답을 적어 보게 한다.

5 정리 – 5분

1) 배운 내용을 간단히 확인한다.
   선 오늘 배운 것을 확인해 봅시다.
   여러분은 교실에서 어떤 놀이를 해요?
   선 잘했어요.
   이번 시간에 배운 것을 잘 기억하세요.

5차시 학교에서 하는 일

· 주요 학습 내용

> **어휘**
> 빌리다, 공부하다, 공놀이를 하다, 달리기를 하다
>
> **문법 및 표현**
> -으러 가다
>
> **준비물**
> 듣기 자료

1 도입 – 5분

1) 지난 시간에 배운 내용을 간단히 복습하고 오늘 배울 내용을 알려 준다.

   🔵 지난 시간에 무엇을 배웠어요?

   여러분은 교실에서 어떤 놀이를 해요?

   🔵 잘했어요.

   이번 시간에는 학교에서 하는 일을 배울 거예요.

2 제시, 설명 – 10분

1) 1번 그림을 보고 해당하는 표현을 들어 보게 한다. 💿132

   🔵 그림을 보세요.

   여기가 어디예요?

   하미와 저밍이 무슨 이야기를 해요?

   들어 보세요.

2) '-으러 가다'를 간단히 설명한다.

   🔵 도서관에 가요. 왜 도서관에 가요?

   책을 읽어요.

   책을 읽으러 도서관에 가요.

   학교에 가요. 왜 학교에 가요?

   공부를 해요.

   공부를 하러 학교에 가요.

> **문법 지식**
>
> **-으러 가다**
> · 어떤 목적을 가지고 가다.
>
> | | 조건 | 형태 | 예시 |
> |---|---|---|---|
> | ① | 받침 ○ | -으러 가다 | 식당에 밥을 먹으러 가요. |
> | ② | 받침 ✕ | -러 가다 | 학교에 공부하러 가요. |

3) 1-2) 그림을 보고 학교에서 행해지는 동작을 듣고 따라 하게 한다. 따라 한 후 뜻을 간단히 설명한다. 💿133

---

⑤ 학교에서 하는 일

1. 들어 봅시다.

   1) 들어 보세요. 💿 132

   2) 들어 보세요. 따라 하세요. 💿 133

   ① 책을 빌리다   ② 공부하다   ③ 공놀이를 하다   ④ 달리기를 하다

178 • 의사소통 한국어 1

178

> **어휘 지식**
>
> | | |
> |---|---|
> | 빌리다 | 물건이나 돈 등을 나중에 돌려주거나 대가를 갚기로 하고 얼마 동안 쓰다.
예 도서관에서 책을 빌려요.
친구에게 돈을 빌렸어요. |
> | 공부하다 | 학문이나 기술을 배워서 지식을 얻다.
예 학교에서 공부해요.
열심히 공부하세요. |
> | 공놀이를 하다 | 공을 가지고 놀다.
예 운동장에서 공놀이를 해요.
친구와 공놀이를 해요. |
> | 달리기를 하다 | 두 발을 계속 빠르게 움직여 뛰다.
예 운동장에서 달리기를 해요.
저는 달리기를 잘해요. |

익힘책 118쪽 1번

그림의 아이들이 무엇을 하는지 이야기해 보게 한다. ①번을 같이 풀어 보면서 그림에 맞는 표현을 고르게 한 후 적어 보게 한다. 나머지 문제도 같은 방식으로 풀게 한다.

154 • 의사소통 한국어 교사용 지도서 1

빌리다, 공부하다,
공놀이를 하다,
달리기를 하다

-으러 가다

2. 연습해 봅시다.

1) 여기에서 무엇을 해요? 써 보세요.

① 도서관 ➡ 책을 읽어요. 책을 빌려요.

② 교실 ➡

③ 놀이터 ➡

④ 운동장 ➡

2) 1-2) 그림을 보세요. 듣고 대답하세요. 📀134

 지민아,
뭐 하러 가? 책을 빌리러 가.

3. 친구와 이야기해 봅시다.

어디에 가? 꽃집에 가.

뭐 하러 가? 꽃을 사러 가.

5. 도서관에서 책을 읽어요 • 179

179

· ·

익힘책 118쪽 2번

주어진 문장을 '-으러 가요'로 바꾸는 문제이다. ①번을 같이 풀어 보면서 뒤에 '-으러 가요/-러 가요'가 오는 경우를 간단히 확인시켜 준다. 나머지 문제도 같은 방식으로 풀게 한다.

· ·

3 연습 – 10분

1) 2-1)의 단어를 보고 무엇을 하는지를 쓰게 한다.

· 문제를 설명하고 ①번 문제를 같이 해 본다.

🔵 도서관이에요.
도서관에서 무엇을 해요?
책을 읽어요.
책을 빌려요.
교실에서 무엇을 해요?
써 보세요. 다음 문제도 풀어 보세요.

2) 1-2) 그림을 보면서 뭐 하러 가는지 듣고 '-으러 가요'

로 대답하는 연습을 하게 한다. 📀134

🔵 그림 1-2)를 보세요.
지민이가 어디에 가요?
뭐 하러 가요?
네, 도서관에 가요.
책을 빌리러 가요.
다음 그림을 보면서 듣고 대답하세요.

· 교사가 질문을 들려주고 학생들이 대답하게 한다.

※ 유의점: 전체 활동 혹은 개별 활동으로 진행할 수도 있다.

· ·

익힘책 119쪽 3번

위에 제시된 단어를 읽어 보게 한다. ①번을 같이 풀어 보면서 그림에 맞게 문장을 적어 보도록 한다. 이때 반드시 '-으러 가요'를 써서 문장을 만들도록 지도한다. 나머지 문제도 같은 방식으로 풀게 한다.

· ·

4 적용 – 10분

1) 학생들이 어디에 가는지를 묻고 대답하게 한다.

2) 이어서 뭐 하러 가는지를 묻고 대답하게 한다.

🔵 여러분은 어디에 가요?
거기에 뭐 하러 가요?
두 사람이 같이 얘기해 보세요.

활동 팁
학생들이 장소를 쉽게 이야기하지 못하면 칠판에 장소 이름을 몇 개 적어 주고 활동을 진행하게 해도 좋다.

· ·

익힘책 119쪽 4번

학생들에게 그림의 장소가 어디인지 이야기해 보게 한다. ①번의 질문을 교사가 하면 학생들이 대답을 해 보게 한다. 장소는 정해진 대로 적지만 그곳에서 하는 일은 다양하게 적을 수 있다는 것을 알려 준다. 나머지도 같은 방식으로 진행하되, 질문과 대답의 말하기 활동을 실시한 후 쓰기로 진행할 수 있다.

· ·

5 정리 – 5분

1) 배운 내용을 간단히 확인한다.

🔵 오늘 배운 것을 확인해 봅시다.
도서관에 뭐 하러 가요?
학교에 뭐 하러 가요?
놀이터에 뭐 하러 가요?
운동장에 뭐 하러 가요?
잘했어요.
이번 시간에 배운 것을 잘 기억하세요.

6차시 학교생활 말하기

· 주요 학습 내용

> **주요 활동**
> 1. 방향을 듣고 학교 교실과 시설을 찾아내기
> 2. 학교생활 말하기
>
> **준비물**
> 종, 단어 카드(빵집, 문구점, 슈퍼마켓, 꽃집, 편의점, 약국, 분식집, 과학실, 미술실, 음악실, 보건실, 교무실, 급식실, 강당, 도서관, 식당, 놀이터, 교문 등)

1 도입 – 5분

1) 지난 시간에 배운 내용을 간단히 복습한다.

> 🔵 지난 시간에 무엇을 배웠어요?
> 도서관에 뭐 하러 가요?
> 학교에 뭐 하러 가요?
> 놀이터에 뭐 하러 가요?
> 운동장에 뭐 하러 가요?
> 잘했어요.

2) 이번 시간에 배울 내용을 간단히 설명한다.

> 🔵 이번 시간에는 지금까지 배운 내용을 복습하고 배운 것을 사용해서 이야기해 보겠어요.

2 활동 1 – 15분

1) 1-1)의 표 안에 있는 글자를 읽어 보게 한다.

> 🔵 1-1) 표를 보세요. 글자를 읽어 보세요.

2) 활동 방법을 설명한다. 방향을 가리키는 문장을 듣고 거기에 해당하는 글자를 찾아서 표시하는 활동이다. 처음 세 문장을 듣고 '미/술/실'을 찾게 한다. 🔵135

> 🔵 들어 보세요.
> 듣고 동그라미하세요.
> 무슨 교실이에요?
> 네, 미술실이에요.
> 또 어떤 곳이 숨어 있을까요?
> 듣고 찾아보세요.
>
> ※ 유의점: 같은 색으로 동그라미를 할 경우, 나중에 찾기가 힘들 수 있으니, 세 문장씩 들은 후 듣기 자료를 멈추고 다른 색깔 펜으로 동그라미를 그리게 할 수도 있다.

3) 동그라미를 이어 교실을 차례로 적어 보게 한다.

> 🔵 동그라미가 아주 많지요? 교실을 차례로 적어 보세요.

---

6 학교생활 말하기

1. 학교에 무엇이 있어요?

1) 듣고 찾아보세요. 🔵135

운	급	우	의	실	점
수	관	놀	약	서	이
국	(실)	우	(술)	터	문
동	건	장	강	식	집
보	음	실	편	악	무
시작 →	당	교	(미)	도	터

2) 차례로 쓰세요.

미술실 → ☐ → ☐

→ ☐ → ☐

3 활동 2 – 15분

> **활동 설명**
>
> 할리갈리 게임과 같이 책상의 가운데에 단어 카드를 놓고 돌아가면서 한 장씩 넘긴다. 단어를 아는 학생은 빨리 종을 치고 "○○에서 ○○을/를 해요."와 같이 말한다. 정확하게 말하는 사람이 해당 카드를 가지고 가고 틀리면 다음에 한 번 쉬어야 한다. 마지막까지 해서 카드를 가장 많이 가지고 간 사람이 이긴다.

1) 활동을 위한 물건을 준비해 두고 활동 설명을 한다.

· 다양한 장소가 쓰인 낱말 카드를 준비하여 종과 함께 가운데 모아 놓는다.

> **낱말 카드**
> 빵집, 서점, 문구점, 슈퍼마켓, 꽃집, 편의점, 약국, 분식집, 과학실, 미술실, 음악실, 보건실, 화장실, 복도, 교무실, 급식실, 강당, 도서관, 식당, 놀이터, 운동장, 교문, 집 등

2. 여기에서 무엇을 해요? 카드 게임을 해 봅시다.

도서관에서 책을 읽어요.

· 활동 방법을 간단히 설명한다.

🔲 지금부터 낱말 카드 게임을 할 거예요.

왼쪽 사람부터 돌아가면서 차례대로 한 장씩 카드를 넘기세요.

낱말을 알면 종을 치고, "○○에서 ○○을/를 해요."라고 말하세요.

말하면 한 장을 가져가요.

모르면 한 번 쉬세요.

2) 게임을 진행한다.

3) 게임이 끝나면 낱말 카드를 가장 많이 가지고 있는 사람에게 선물을 준다.

4 정리 – 5분

1) 배운 내용을 간단히 확인한 후 수업을 마무리한다.

🔲 오늘 재미있었어요?

뭐가 제일 재미있었어요?

집에 가서도 가족과 같이 이 게임을 해 보세요.

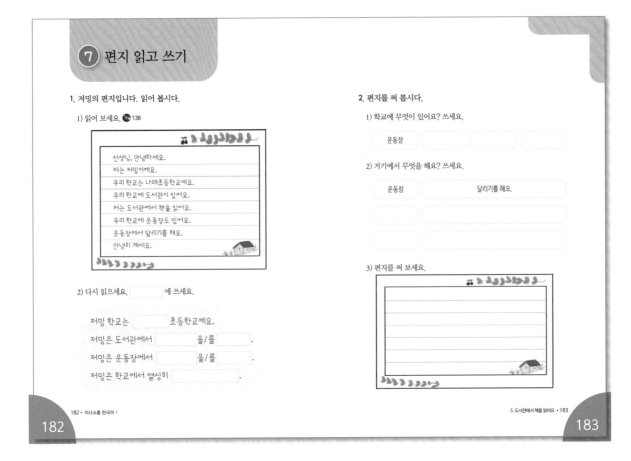

7차시 편지 읽고 쓰기

• **학습 목표**
• 활동 1: 편지 읽기
• 활동 2: 편지 쓰기

1 활동 1 – 20분

1) 1-1)을 눈으로 보면서 중요한 내용을 확인한다.
   🔵 여러분, 이건 편지예요.
   　　누구에게 썼어요?
   　　누가 썼어요?
   　　여러분도 편지를 써요?

2) 1-1) 저밍의 편지를 읽게 한다.
   ① 듣기 자료 혹은 교사의 말을 듣고 따라 하게 하거나 학생
   　들이 직접 읽어 보게 한다.
   🔵 저밍의 편지를 읽어 봅시다.

3) 1-2)를 보며 읽은 내용을 이해했는지 확인한다.
   🔵 1-2)를 보세요. 빈칸에 써 보세요.

2 활동 2 – 20분

1) 편지에 쓸거리를 찾기 위해 2-1)과 2-2)에 답을 적게
   한다.

🔵 이제 우리도 편지를 써요.
🔵 2-1)에 답을 써 보세요. 우리 학교에 무엇이 있어요?
🔵 2-2)에 답을 써 보세요. 우리 학교에서 무엇을 해요?
🔵 편지를 누구에게 쓸 거예요?

2) 2-3)에 편지를 쓰게 한다.

🔵 그럼 우리 학교를 소개하는 편지를 써 봅시다.

3) 각자가 쓴 편지를 옆 사람과 바꿔 보거나 앞에 나와서
   발표하게 한다.

8차시 동화 읽기

· **학습 목표**
· 활동: 동화 읽고 생각 말하기

1 전 활동 – 10분

1) 그림을 보면서 등장인물을 소개한다.
  선 그림에 누가 있어요?
  돼지는 몇 마리예요?

2) 간단하게 동물에 대한 설명과 소리를 흉내 내는 말을 알려 준다.
  선 돼지는 '꿀꿀' 하고 말해요.
  돼지는 뚱뚱해요.
  늑대는 '아우~' 하고 말해요.
  늑대는 돼지를 먹어요.
  무서워요.

2 본 활동 – 20분

1) 동화를 읽어 보게 한다.
· 듣기 자료를 듣고 따라 읽거나 한 명씩 돌아가면서 직접 읽어 보게 할 수 있다.
· 해설, 돼지, 늑대로 역할을 나누어 각 부분을 읽게 한다.

2) 늑대가 마지막에 뭐라고 말했을지 다양하게 말해 보게 한다. 그리고 왜 그럴 거라고 생각하는지 이유를 설명하게 한다.

3 후 활동 – 10분

1) 3명씩 조를 짠 후 해당 모둠에서 가장 재미있는 대답을 골라서 마지막 늑대의 대답으로 쓰게 한다.

2) 해설, 늑대, 돼지의 역할을 맡아 목소리를 흉내 내며 다시 읽어 보게 한다.

3) 수업 후 소감을 이야기한다.

⑨ 숨은 글자 찾기

1. 다 같이 노래해 봅시다. 춤을 춰 봅시다. 🔊138

다 같이 오른손을 안에 넣고 오른손을 밖에 빼고
오른손을 안에 넣고 힘껏 흔들어
손 들고 호키포키 하며
빙빙 돌면서 즐겁게 춤추자

다 같이 왼손을 안에 넣고 왼손을 밖에 빼고
왼손을 안에 넣고 힘껏 흔들어
손 들고 호키포키 하며
빙빙 돌면서 즐겁게 춤추자

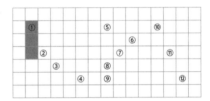

2. 색칠해 봅시다.

1) 읽어 보세요. 색칠해 보세요. 🔊139

① 아래로 세 칸 색칠하세요.
② 오른쪽으로 네 칸 색칠하세요.
③ 한 칸 색칠하세요.
④ 왼쪽으로 다섯 칸 색칠하세요.
⑤ 오른쪽으로 세 칸 색칠하세요.
⑥ 아래쪽으로 두 칸 색칠하세요.
⑦ 왼쪽으로 두 칸 색칠하세요.
⑧ 한 칸 색칠하세요.
⑨ 오른쪽으로 세 칸 색칠하세요.
⑩ 아래로 다섯 칸 색칠하세요.
⑪ 한 칸 색칠하세요.
⑫ 위로 다섯 칸 색칠하세요.

2) 무슨 글자예요? 읽어 보세요.

9차시 숨은 글자 찾기

▪ 학습 목표
• 활동 1: 노래하기
• 활동 2: 글자 찾기

1 활동 1 – 20분

1) 1번 그림을 보면서 아이들이 무엇을 하는지 이야기한 후 같이 가사를 읽어 본다.

> 🟦 이번 시간에는 노래를 배울 거예요. 그림을 보세요. 아이들이 무엇을 해요?
> 같이 읽어 볼까요?
>
> ※ 유의점: 교사가 가사를 읽으면서 손 동작을 하여 의미 파악을 돕는다.

2) 노래를 듣고 따라 하게 한다.
· 🔊138의 노래를 들려준다.
· 노래를 같이 불러 본다.

3) 다 같이 일어서서 노래에 맞추어 춤을 추면서 노래를 다시 불러 본다. 유튜브에서 '호키포키' 율동 영상을 찾아 노래와 춤을 따라 하게 한다.

> ※ 유의점: 교재의 내용을 잘 이해하고 하는 학생들에게는 3절 '오른발을 안에 넣고…'와 4절 '왼발을 안에 넣고'도 알려 주어 같이 부르게 한다

2 활동 2 – 20분

1) 2번 활동 내용을 설명하고 첫 번째 문제를 같이 풀어 본다.

> 🟦 이번에는 글자를 찾아보는 활동이에요.
> ①번에서 시작합니다. ①번을 읽어 보세요.
>
> 🟧 아래로 세 칸 색칠하세요.
>
> 🟦 네, ①번부터 아래로 세 칸 색칠하세요.
>
> ※ 유의점: '칸, 색칠하다'의 의미를 알려 준다.

2) 2-1)을 읽으면서 지시문에 따라 색칠하게 한다.
· ②번부터 학생들이 한 문장씩 읽게 하고 나머지 학생들은 지시에 따라 색칠을 한다.
· 또는 짝 활동으로 두 사람이 번갈아 가면서 읽고 나머지 학생은 색칠하게 한다.

3) 2-2) 활동을 통해 완성된 글자를 같이 확인한다.

> ※ 유의점: '노래'가 뒤에 다시 나오므로 간단히 의미를 알려 준다.

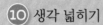

⑩ 생각 넓히기

1. 옛날에는 무엇을 하고 놀았을까요?

팽이야, 빨리 돌아라.

재미있어.

내 연이 더 높이 날아.

아니야, 내 연이 더 높아.

여덟, 아홉, 열……

다시 해야지.

윷 나와라.

다음엔 내 차례야.

2. 여러분은 무슨 놀이를 해요?

3. 재미있게 윷놀이를 해 봅시다.

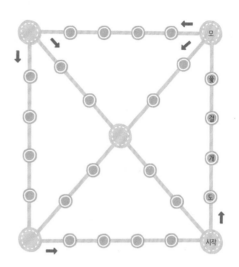

10차시 생각 넓히기

· **학습 목표**
· 활동: 전통 놀이 익히기

① 전 활동 – 5분

1) 1번 그림을 보면서 알고 있는 놀이가 있는지 물어본다.
   🔵 그림을 보세요.
   　아이들이 무엇을 해요?
   　무슨 놀이예요? 알아요?

② 본 활동 – 15분

1) 1번 각각의 그림을 설명하고 칠판에 놀이의 이름을 적어 준다. 팽이치기, 연날리기, 제기차기, 윷놀이.

   ※ 유의점: 교사가 전통 놀이 재료(팽이, 제기 등)를 가지고 와서 보여 주거나 연날리기 영상 자료를 보여 주면서 설명할 수 있다.

2) 학생들에게 이런 놀이를 한 적이 있는지 물어본다.
   🔵 여러분은 어떤 놀이를 해 봤어요?

3) 학생들은 무슨 놀이를 하면서 노는지 물어본다.
   🔵 여러분은 무슨 놀이를 해요?
   　그 놀이는 어떻게 해요?

③ 후 활동 – 20분

1) 학생들과 같이 윷놀이를 한다.
· 학생들에게 윷놀이 방법을 알려 준다.

> **활동 방법**
>
> · 말을 2~4개씩 준비해서 모둠별로 갖게 한다.
> · '시작'에서부터 '도, 개, 걸, 윷, 모'가 쓰여진 방향이 위로 올라가게 한다.
> · 도(안쪽 면이 한 개)는 한 칸, 개(안쪽 면이 두 개)는 두 칸, 걸(안쪽 면이 세 개)은 세 칸, 윷(모두 안쪽 면)은 네 칸, 모(모두 겉면)는 다섯 칸을 움직이게 한다.
> · 말이 모두 시작점으로 돌아오는 모둠이 이긴다.

· 학생들을 두 모둠으로 나누어 앉게 하고 각 모둠의 대표 한 명씩을 정해 말을 놓게 한다.
· 윷놀이를 진행한다.

6단원 • 오늘 뭐 해요?

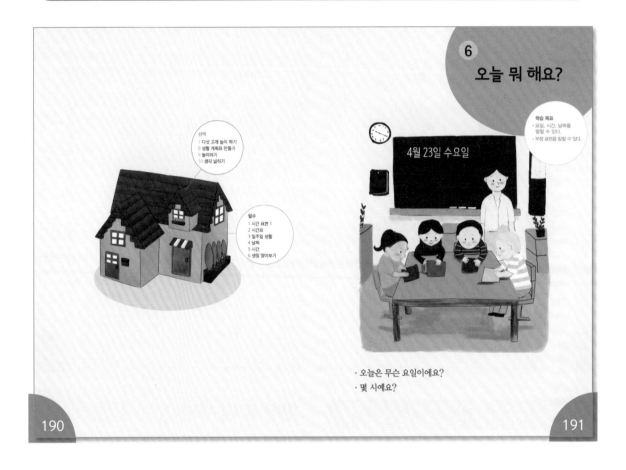

단원의 개관

이 단원의 목표는 학생들이 요일, 시간, 날짜, 부정의 표현을 알고 말하는 것이다. 학생들의 하루 일과 중 사용하는 표현을 학교의 생활 장면에서 자연스럽게 학습함으로써 실제적인 의사소통 능력을 향상시킬 수 있을 것이다.

학습 목표	• 요일, 시간, 날짜를 말할 수 있다. • 부정 표현을 말할 수 있다.						
주제	장면		기능	문법	어휘	문화	담화 유형
	일상생활	학교생활					
하루 일과	집	교실 수업	시간과 날짜 말하기 요일 말하기 과목 말하기 부정 표현하기	에(시간) 안 하고	방과 후 교실 (취미 관련) 어휘 시간 표현 ① 고유어 숫자 ② (한, 두, 세~열두) 한자어 숫자 ② (십일~오십구) 과목	수업 예절	대화 일기

● 차시 전개 과정

차시	차시 제목	성격	학습 내용	교재 쪽수	익힘책 쪽수
1	시간 표현 1	필수	• 전체 단원 도입 • 시간 표현 익히기 • (시간)에 표현 익히기	192	120
2	시간표	필수	• 요일 표현 익히기 • 과목 표현 익히기	194	122
3	일주일 생활	필수	• 부정 표현 익히기 • 방과 후 수업 표현 익히기	196	124
4	날짜	필수	• 날짜 표현 익히기 • 숫자 표현 익히기	198	126
5	시간	필수	• 시간 표현 익히기 • 숫자 표현 익히기	200	128
6	생일 알아보기	필수	• 친구의 생일 조사하기	202	-
7	다섯 고개 놀이 하기	선택	• 다섯 고개 놀이 하기	204	-
8	생활 계획표 만들기	선택	• 하루 생활 계획표 만들기	206	-
9	놀이하기	선택	• 말판 놀이 하기	208	-
10	생각 넓히기	선택	• 수업 중 지켜야 할 예절 알기	210	-

1차시 시간 표현 1

· 주요 학습 내용

> **어휘**
> 아침, 오전, 점심, 오후, 저녁, 방과 후
>
> **문법 및 표현**
> 에(시간)
>
> **준비물**
> 듣기 자료

1 도입 – 3분

1) 단원 도입 그림을 같이 보며 학생 교실의 모습을 생각하도록 한다. 교실에서 볼 수 있는 물건들을 함께 보면서 이 단원에서 배울 내용을 확인하게 한다.

> 🔵 여기가 어디예요? 무엇이 있어요? 누구예요?
>
> 교실이에요. 칠판이에요. 시계예요. 선생님이에요. 친구예요.
>
> 오늘은 무슨 요일이에요?
>
> 몇 시예요?

2) 이번 차시에서 배울 단어를 학생의 하루 생활 모습을 이야기하면서 자연스럽게 제시한다. 또한 교사의 하루 생활을 예시로 들어주며 설명할 수 있다.

> 🔵 아침이에요. (자다가 일어나는 행동)
>
> 아침에 뭐 해요?
>
> 🟠 아침에 밥 먹어요.

2 제시, 설명 – 15분

1) 그림을 보면서 듣기 자료를 들어 보게 한다.

> 🔵 아비가일은 뭐 해요?
>
> 아비가일은 방과 후 교실에 가요?
>
> 아비가일은 언제 가요?
>
> 아비가일은 오후에 가요.

2) 듣고 따라 하게 한다.

> · 🔊 140, 141을 듣고 따라 하게 한다.
>
> 성우: 오후에 뭐 해?
>
> 아비가일: 오후에 방과 후 교실에 가.
>
> ① 오전 ② 오후 ③ 아침 ④ 점심 ⑤ 저녁

어휘 지식

아침	날이 새면서 오전 반나절쯤까지의 동안. 📙 그는 아침 일찍 일어나는 편이다.
오전	자정부터 낮 열두 시까지의 시간. 📙 토요일은 수업이 오전에 끝난다.
점심	하루 중에 해가 가장 높이 떠 있는, 정오부터 반나절쯤까지의 동안. 📙 나는 점심에 낮잠을 꼭 잔다.
오후	정오(正午)부터 밤 열두 시까지의 시간. 📙 오후 3시에 집으로 돌아간다.

---

1 시간 표현 1

1. 들어 봅시다.

1) 들어 보세요. 🔊 140

오후에 뭐 해?

오후에 방과 후 교실에 가.

2) 들어 보세요. 따라 해 보세요. 🔊 141

① 오전

② 오후

③ 7:00 아침

④ 6:00 점심

⑤ 8:00 저녁

· 그림을 보며 시간을 표현하는 낱말의 의미를 이해하게 한다. 교사가 자신의 하루 일과를 설명한다.

3) 문법을 제시한다.

· 교사는 시간 표현 뒤에 '에'를 강조하며 말한다. 학생이 시간 표현 뒤에는 '에'를 붙여 말하는 것을 익히게 한다.

> **문법 지식**
>
> **에**
> · 어떤 동작이나 행위, 상태가 일어나는 시간임을 나타내는 조사. 명사에 붙어 어떤 동작이나 행위, 상태가 일어나는 시간이나 때를 나타낼 때 사용한다.
> 📙 봄에 꽃이 피어요.
> 1시에 점심을 먹어요.

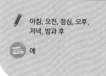
아침, 오전, 점심, 오후,
저녁, 방과 후

에

2. 연습해 봅시다.

1) 들어 보세요. 연결해 보세요. 🔊142

① 아침　② 오전　③ 점심　④ 오후　⑤ 저녁

2) 들어 보세요. ○, X표 하세요. 🔊143

① 오전	② 오후	③ 아침	④ 점심	⑤ 저녁
(○)	( )	( )	( )	( )

3. 이야기해 봅시다.

아침에 뭐 해?

오후에 _____

6. 오늘 뭐 해요? • 193

193

익힘책 120쪽 1번

그림의 시계를 보고 시간 표현 중 알맞은 낱말을 골라 쓰게
한다. 또한 그림의 내용을 이해하여 시간 표현과 함께 글로
쓰도록 한다.

3 연습 – 10분

1) 🔊142를 듣고 연결하게 한다.
　🔴 듣고 연결해 보세요.

2) 내용을 확인하게 한다.
　🔴 아비가일은 아침에 뭐 해요?
　　아비가일은 오전에 뭐 해요?
　　아비가일은 점심에 뭐 해요?
　　아비가일은 오후에 뭐 해요?
　　아비가일은 저녁에 뭐 해요?

---

3) 🔊143을 듣고 ○, X표를 해 보게 한다.
　🔴 듣고 ○, X표 해 보세요.

4) 내용을 확인하게 한다.
　🔴 아비가일은 오전에 학교에 가요?
　　아비가일은 오후에 집에 가요?
　　아비가일은 아침에 바이올린 해요?
　　아비가일은 점심에 공기놀이해요?
　　아비가일은 저녁에 책을 읽어요?

익힘책 121쪽 2번

그림을 보고 교재에서 배웠던 표현을 글로 써 보게 한다.

4 적용 – 10분

1) 3번을 보며 이야기해 보게 한다.
・오늘 자신의 하루 일과를 이야기하게 한다.
　🔴 오전에 뭐 해요?
　　오후에 뭐 해요?
　　아침에 뭐 해요?
　　점심에 뭐 해요?
　　저녁에 뭐 해요?

・친구들에게 자신의 하루 일과를 이야기하고, 친구들과
　이야기한 내용을 발표하게 한다.

익힘책 121쪽 3번

교재에서 친구와 나누었던 이야기를 정리하여 3번에 나의
일과를 시간 표현을 사용하여 쓰게 한다.

5 정리 – 2분

1) 정리를 한다.
・1번 그림을 활용하여 배운 내용을 정리하게 한다.

※ 유의점
– 학생들이 그림에 있는 계획표를 보고 시간을 정확히 이해할
　수 있도록 반복 지도한다.
– '(시간)에'의 표현을 익힐 수 있도록 한다.

2차시 시간표

• **주요 학습 내용**

> **어휘**
> 요일, 월요일, 화요일, 수요일, 목요일, 금요일, 토요일, 일요일,
> 국어, 수학, 안전, 창체, 통합(봄, 여름, 가을, 겨울)
>
> **준비물**
> 듣기 자료

1 도입 – 3분

1) 학생들이 실제로 배우는 교과서를 활용한다. 학생의 책가방에 있는 교과서를 꺼내도록 한다. 교과서를 보며 어떤 내용을 배웠는지 확인하게 한다.

> 선 책가방에 교과서 있어요? 꺼내세요.
>
> 교과서 이름을 말해 보세요.

2 제시, 설명 – 10분

1) 교사는 교과서에 있는 달력의 요일 부분을 가리키며 어휘 학습을 한다.

> 선 월요일, 화요일, 수요일, 목요일, 금요일, 토요일, 일요일.
>
> 오늘은 무슨 요일이에요?

2) 교사는 교탁에 있는 교과서를 가리키며 어휘 학습을 한다.

> 선 국어, 수학, 안전, 봄, 여름, 가을, 겨울.

3) 학생들은 자신의 교과서 중 교사가 부르는 교과서를 꺼내는 활동을 통해 연습하게 한다.

4) 교사가 보여 주는 교과서를 직접 읽는다.

5) 그림에 있는 시간표를 보며 요일과 과목을 익히게 한다.

> 선 시간표를 보세요.
>
> 월요일에 무슨 과목을 공부해요?
>
> 학 (학생들은 시간표를 보며) 국어, 통합, 창체, 안전.
>
> 선 월요일에 배우는 교과서를 꺼내 보세요.
>
> (학생들은 시간표를 보며 교과서를 꺼낸다.)

> **익힘책** 122쪽 1번
>
> 제시 활동에서 배웠던 요일을 읽고 쓰게 한다.

3 연습 – 10분

1) 🔊144를 듣고 연결하게 한다.

• 대화를 듣고 각 요일에 하는 과목을 연결하도록 한다.

> ① 나는 월요일에 안전한 생활 공부를 해
>
> ② 나는 화요일에 수학 공부를 해
>
> ③ 나는 수요일에 통합 공부를 해
>
> ④ 나는 금요일에 국어 공부를 해

---

2 시간표

1. 읽어 봅시다.

1) 요일을 읽어 보세요.

2) 과목을 읽어 보세요.

194

2) 🔊145를 듣고 쓰도록 한다.

• 대화를 듣고 시간표 빈칸에 알맞은 단어를 쓰도록 한다.

> ① 월요일에 국어 공부를 해요
>
> ② 화요일에 수학 공부를 해요.
>
> ③ 수요일에 창체 공부를 해요.
>
> ④ 목요일에 통합 교과 공부를 해요.
>
> ⑤ 금요일에 국어 공부를 해요.

> **익힘책** 122쪽 2번
>
> 제시 활동에서 배웠던 교과목의 이름을 읽고 쓰게 한다.

요일, 월요일, 화요일,
수요일, 목요일, 금요일,
토요일, 일요일, 국어,
수학, 안전, 창체,
통합(봄, 여름, 가을, 겨울)

2. 들어 봅시다.

1) 들어 보세요. 연결해 보세요. 🔊 144

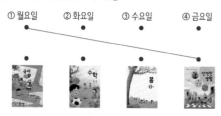

① 월요일   ② 화요일   ③ 수요일   ④ 금요일

2) 들으세요. 쓰세요. 🔊 145

시간 ＼ 요일	월요일	화요일	③	목요일	금요일
1교시	①	②	창체	④	⑤

3. 우리 반 시간표를 써 봅시다.

시간 ＼ 요일	월요일	화요일	수요일	목요일	금요일
1교시					
2교시					
3교시					
4교시					
5교시					
6교시					

6. 오늘 뭐 해요? • 195

195

익힘책 123쪽 3번

시간표를 보고 요일에 공부하는 과목이 무엇인지 묻고 내
답하여 내용을 확인한 후 맞으면 ○표, 틀리면 ×표를 하게
한다. 시간표의 내용을 바탕으로 빈칸에 알맞은 낱말을 써
넣게 한다.

① 월요일 3교시에 통합 공부를 해요.	(○)
② 화요일 2교시에 수학 공부를 해요.	(○)
③ 수요일 4교시에 국어 공부를 해요.	(×)
④ 목요일 3교시에 국어 공부를 해요.	(×)
⑤ 금요일 3교시에 통합 공부를 해요.	(○)

월요일부터 금요일까지 알 수 있는 내용을 모두 적도록 한다.

선 우리 반 시간표를 보세요. 월요일에는 뭐 해요?

학 월요일에 수학, 국어, 통합, 창체, 안전 수업을 해요.

선 익힘책에 써 보세요.

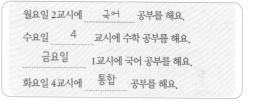

월요일 2교시에 ___국어___ 공부를 해요.

수요일 ___4___ 교시에 수학 공부를 해요.

___금요일___ 1교시에 국어 공부를 해요.

화요일 4교시에 ___통합___ 공부를 해요.

5 정리 – 2분

1) 교사는 질문으로 오늘 배운 표현을 학생들이 잘 알고 있
는지 확인한다.

※ 유의점
  – 실제 학생들의 교과서를 활용하여 과목 어휘를 익히는 것도
   좋은 방법이다.
  – 익힘책을 활용하여 충분히 단어 쓰기 연습이 되도록 한다.

4 적용 – 15분

1) 학생들의 반 시간표를 보고 읽고 적도록 한다.

선 우리 반 시간표를 꺼내 보세요.
   우리 반 시간표를 3번 시간표에 적어 보세요.

2) 교사의 질문으로 학생들의 시간표 내용을 확인하게 한다.

선 월요일에 뭐 해요?

학 월요일에 국어, 수학, 통합 수업을 해요.

3차시 일주일 생활

· 주요 학습 내용

> 어휘
> 바이올린, 로봇, 미술
> 문법 및 표현
> 안, 하고
> 준비물
> 듣기 자료

① 도입 – 3분

1) 배운 내용을 확인한다.

    🔵 오늘은 무슨 요일이에요?
       요일을 말해요.

    🟠 월요일, 화요일, 수요일, 목요일, 금요일, 토요일, 일요일.

2) 도입 그림을 같이 보면서 상황 및 단어의 주요 활동을 확인하고 대화를 듣고 따라 하게 한다.

② 제시, 설명 – 15분

1) 어휘와 문법을 제시한다.

· 대화에서 문법 표현 '안'과 '하고'를 생각하며 읽게 한다.
· 대화를 듣고 따라 하게 한다.
· 저밍의 시간표를 보며 어휘를 학습하게 한다.

    🔵 체육관, 바이올린 방과 후, 로봇 방과 후, 미술, 할머니 집.

· 저밍의 시간표를 보며 묻고 답하게 한다.

    🔵 저밍은 월요일에 체육관에 가요?
    🟠 네, 저밍은 월요일에 체육관에 가요.
    🔵 저밍은 화요일에 체육관에 가요?
    🟠 아니요, 화요일에 체육관에 안 가요.
    🔵 저밍은 언제 바이올린 방과 후를 해요?
    🟠 화요일하고 토요일에 바이올린 방과 후를 해요.

문법 지식

안

· 동작이나 상태 동사 앞에 쓰여 동사를 부정한다. 능력이나 외부 조건에 관계없이 하고 싶지 않음을 나타낸다.

    🔵 텔레비전을 안 봐요.
       우리 아이는 공부를 안 해요.

하고

· 여러 사물이나 사람을 연결함을 나타내는 조사. 명사에 붙어 사물이나 사람을 같은 자격으로 이어 주는 뜻을 나타낸다. 앞뒤 명사 모두를 가리킬 때 사용한다. 주로 구어에서 사용한다.

    🔵 교실에 책상하고 컴퓨터하고 책이 있어요.
       옷하고 구두를 사요.

---

③ 일주일 생활

1. 들어 봅시다.

1) 들어 보세요. 🔊 146

> 월요일에
> 바이올린 수업 해?

> 아니, 월요일에
> 바이올린 수업 안 해.
> 화요일하고 토요일에 해.

2) 읽어 보세요.

저밍의 일주일 생활

월요일	화요일	수요일	목요일	금요일	토요일	일요일

체육관	바이올린 방과 후	로봇 방과 후	체육관	미술	바이올린 방과 후	할머니 집

196

· ·

(익힘책) 124쪽 1번

'저밍의 일주일 생활'을 보고 저밍의 일주일 생활을 묻고 대답한다. 이해한 내용을 바탕으로 빈칸에 알맞은 글자를 써 넣게 한다.

· ·

③ 연습 – 10분

1) 1번 저밍의 시간표를 보고 맞는 것에 ∨ 표시를 해 본다.

· ·

(익힘책) 124쪽 2번

'지민이의 일주일 생활'을 보고 지민이의 일주일 생활을 묻고 대답하게 한다. 이해한 내용을 바탕으로 글을 읽고 ○, ✕표를 하게 한다.

> ① 지민이는 화요일에 도서관에 가요.   (○)
> ② 지민이는 월요일하고 수요일에 바이올린 방과 후 교실에 가요. (✕)
> ③ 지민이는 토요일하고 일요일에 할머니 집에 가요.   (○)

· ·

2. 연습해 봅시다.

1) '저밍의 일주일 생활'을 보세요. 맞는 것에 ☑하세요.

☐ 저밍이 월요일하고 금요일에 체육관에 가요.

☐ 저밍이 목요일에 로봇 방과 후를 안 해요.

2) 들어 보세요. 틀린 것을 찾아 X표 하세요. 🔊 147

지민아, 너 로봇 방과 후 수업 해?

바이올린 수업도 해?

응, 월요일하고 수요일에 해.

나 바이올린 방과 후 수업은 안 해.

월요일	화요일	수요일	목요일	금요일	토요일	일요일
로봇 방과 후	도서관	바이올린 방과 후	로봇 방과 후	체육관	할머니 집	

3. 나의 일주일을 써 봅시다.

월요일	화요일	수요일	목요일	금요일	토요일	일요일

6. 오늘 뭐 해요? • 197

197

2) 2-2) 아이다와 지민이의 대화를 듣고 지민이의 시간표에서 틀린 부분을 고쳐 쓴다. 🔊 147

· 대화를 듣기 전에 지민이의 시간표 내용을 확인한다.

🔵선 지민이는 월요일에 로봇 방과 후 수업 해요?

🟠학 네, 로봇 방과 후 수업 해요.

🔵선 지민이는 화요일에 로봇 방과 후 수업 해요?

🟠학 아니요, 로봇 방과 후 수업은 안 해요.

익힘책 125쪽 3번

주어진 글을 읽고 이해한 내용을 바탕으로 각 요일에 하는 활동을 쓰도록 한다.

월요일	화요일	수요일	목요일	금요일	토요일	일요일
로봇 방과 후	바이올린 방과 후	체육관	로봇 방과 후	미술 방과 후	놀이터	놀이터

④ 적용 – 10분

1) 학생들의 일주일 일정을 묻고 대답하게 한다.

🔵선 월요일에 축구해요?

🟠학 아니요, 축구 안 해요. 컴퓨터 해요.

🔵선 일요일에 할머니 집에 가요?

🟠학 아니요, 월요일하고 수요일에 가요.

2) 학생들의 일정을 직접 적게 한다.

3) 직접 적은 일주일 일정을 묻고 대답하게 한다

※ 유의점

– 학생들의 학교 방과 후 시간표를 수업 자료로 활용한다면 더 실제적인 학습이 이루어진다.

– 교사는 '안', '하고'의 표현이 포함된 대답이 나올 수 있는 질문을 한다.

– 식단표에서 메뉴를 보고 문법 표현을 연습해 볼 수 있다.

익힘책 125쪽 4번

교재 197쪽 3번에서 했던 활동을 바탕으로 나의 일주일 생활을 3번의 예시 글같이 직접 쓰도록 한다.

⑤ 정리 – 2분

1) 오늘 배운 어휘와 '안', '하고'의 문법을 학생들이 잘 알고 있는지 확인한다.

4차시 날짜

· 주요 학습 내용

어휘
월, 일, 십 일~삼십 일

준비물
〈부록〉 12면체 주사위, 주사위, 듣기 자료

1 도입 – 3분

1) 지난 시간에 배운 내용을 확인한다.

[선] 이것은 달력이에요.
오늘은 무슨 요일이에요?

2) 교재에 수록된 달력의 요일 부분을 보여 주며 배울 내용을 확인하게 한다.

[선] 지금 몇 월이에요?

2 제시, 설명 – 15분

1) '월'을 읽어 보도록 한다.

· 숫자 1~12를 따라 읽게 한다.
· 1월~12월까지 선생님을 따라 읽게 한다.

··

[익힘책] 126쪽 1-1)번

배운 내용을 바탕으로 직접 1월~12월까지 쓰게 한다. 여기서 숫자와 월 사이에 꼭 띄어쓰기를 하게 한다. 월 앞에 있는 숫자를 나타내는 낱말을 빨간색으로 구분하여 나타냈다. 숫자를 나타내는 낱말 연습에 집중할 수 있도록 한다.

··

2) '날짜'를 읽어 보도록 한다.

· 1일~31일까지 따라 읽게 한다.
· 1-2)의 ①~⑦번까지 따라 읽게 한다.
· 교사가 읽는 날짜를 달력에서 찾는 활동을 통해 연습한다.

··

[익힘책] 126쪽 1-2)번

배운 내용을 바탕으로 직접 1일~31일까지 쓰게 한다. 여기서 숫자와 일 사이에 꼭 띄어쓰기를 하게 한다. 일 앞에 있는 숫자를 나타내는 낱말을 빨간색으로 구분하여 나타냈다. 숫자를 나타내는 낱말 연습에 집중할 수 있도록 한다.

··

3 연습 – 10분

1) 2-1) 읽기 지문을 읽도록 한다.

· 제시된 지문을 읽게 한다.
· 지문을 읽고 질문에 답하게 한다.

---

④ 날짜

1. 읽어 봅시다.

1) 읽어 보세요.

2) 날짜를 읽어 보세요.

칠 월 일 일이에요.

2) 교사와 함께 날짜와 생일을 묻고 대답한다.

[선] 오늘은 몇 월 며칠이에요?
[학] 오늘은 4월 23일이에요.
[선] ○○의 생일은 몇 월 며칠이에요?
[학] 제 생일은 5월 2일이에요.

3) 🎧148을 듣고 인물의 생일을 쓰게 한다.

[선] 박혜연 선생님 생일은 2월 10일이에요.
[선] 장위 생일은 5월 9일이에요.
[선] 유키 생일은 7월 27일이에요.
[선] 김세현 선생님 생일은 10월 10일이에요.

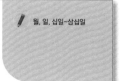
2. 읽어 봅시다.

1) 읽어 보세요. 질문에 답해 보세요.

> 오늘은 5월 26일이에요.
> 요우타의 생일이에요.
> 리암 생일은 8월 8일이에요.
> 지민이의 생일은 11월 4일이에요.

> 요우타의 생일은 몇 월 며칠이에요?
> 리암 생일은 몇 월 며칠이에요?
> 지민이의 생일은 몇 월 며칠이에요?

2) 들으세요. 써 보세요. 🔊 148

① 박혜연 선생님 생일

2 월 10 일

② 장위 생일

월 일

③ 유키 생일

월 일

④ 김세현 선생님 생일

월 일

3. 날짜를 말해 봅시다. [부록]

6. 오늘 뭐 해요? • 199

199

배운 내용을 생각하며 주어진 글을 잘 읽고, 생일 게시판에 학생의 이름과 생일을 쓰게 한다. 생일은 아라비아 숫자 대신 한글로 제시되어 있기 때문에 학생들이 실수하기 쉽다. 월/일 앞에 있는 숫자를 나타내는 한글 낱말에 주의하여 아이들의 생일을 틀리지 않게 적도록 한다.

> 성우 생일은 일 월 삼십 일이에요.
> 하미 생일은 오 월 구 일이에요.
> 요우타 생일은 유 월 십오 일이에요.
> 아비가일 생일은 칠 월 이십칠 일이에요.
> 아이다 생일은 구 월 이십구 일이에요.
> 지민 생일은 십일 월 사 일이에요.
> 빈센트 생일은 이 월 이십팔 일이에요.

⑤ 정리 – 2분

1) 달력으로 오늘 배운 날짜 표현에 대한 학습이 잘 이루어졌는지 확인한다.

 ※ 유의점
 – 학생들은 이미 1~10을 읽을 수 있다. 하지만 월과 함께 쓸 때 발음이 달라지는 것을 강조해서 지도한다. 숫자를 읽고 숫자+월을 읽는 연습을 반복적으로 한다.
 – 🕮 1[일]/1월[이뤌], 2[이]/2월[이월], 3[삼]/3월[삼월], 4[사]/4월[사월], 5[오]/5월[오월]
   6[육]/6월[유월], 7[칠]/7월[치뤌], 8[팔]/8월[파뤌], 9[구]/9월[구월], 10[십]/10월[시월]
   11[시빌]/11월[시비뤌], 12[시비]/12월[시비월]

④ 적용 – 10분

1) 날짜를 말해 보게 한다.

· 〈부록〉에 있는 12면체 주사위를 오려서 입체 주사위를 만든다.
· 교사가 "오늘은 몇 월 며칠이에요?"라고 묻는다.
· 학생은 주사위를 던져서 나온 면의 월과 일을 말한다.
   🕮 주사위의 달력에 4월 23일로 표시되어 있다면 학생은 "오늘은 4월 23일입니다."라고 대답한다.

 ※ 다른 활동: 다양한 연습을 원한다면 1~31까지의 숫자 카드를 만들어 사용한다. 12면체 주사위로는 월을 말하게 하고, 숫자 카드로는 일을 말하게 한다.

· 주요 학습 내용

> 어휘
> 시, 분, 삼십이~오십구
>
> 준비물
> 〈부록〉 숫자 카드

1 도입 – 3분

1) 지난 시간에 배운 내용을 확인한다.
- 신 오늘은 무슨 요일이에요?
  오늘은 몇 월 며칠이에요?

2) 그림을 보며 배울 내용인 시간에 대해 이야기한다.
- 신 이것은 뭐예요?
- 학 시계예요.
- 신 지금 몇 시예요?
- 학 3시 20분이에요.

2 제시, 설명 – 15분

1) 대화를 듣고 대화 내용을 이해하게 한다.
- 신 선생님이 무엇을 묻고 있어요?
- 신 선생님은 지금 시간을 물어봤어요. '지금 몇 시예요?'라고 말했어요.

2) 대화를 듣고 들은 내용을 숫자로 나타내 보게 한다.
- 신 지금은 3시 20분이에요. 3시를 써 보세요. 20분을 써 보세요.

3) 대화를 듣고 따라 하게 한다.
- 신 듣고 따라 해 보세요. "지금 몇 시예요?", "3시 20분이에요."

4) 시간의 표현을 듣고 따라 하게 한다.
- 신 한 시, 두 시, 세 시, 네 시….
- 신 십 분, 십오 분, 이십 분….

※ 유의점: '시'와 '분'을 말할 때 다른 숫자로 읽는다는 것을 학생들에게 강조하여 지도한다. 학생들은 '시'와 '분'에 다른 숫자 표현이 사용된다는 것을 어려워한다. '시'와 '분'을 숫자와 함께 읽으면서 연습시킨다.

··

익힘책 128쪽 1번

듣기 말하기로 배운 몇 시 몇 분의 표현을 직접 써 보는 활동이다. 숫자+시, 숫자+분으로 읽고 쓸 수 있도록 하되 숫자와 시, 분 사이에는 반드시 띄어쓰기를 하도록 한다. 이 활동에서는 오십구까지 써 보는 활동이다. 숫자를 반복적으로 익히게 하여 숫자를 표현하는 규칙을 스스로 알 수 있도록 한다.

··

1. 들어 봅시다. 🔊 149

지금 몇 시예요?

3시 20분이에요.

2. 연습해 봅시다.

1) 시간을 물어보세요. 답하세요.

지금 몇 시야?

5시 30분이야.

① 2:30   ② 8:05   ③ 12:40

200

3 연습 – 10분

1) 〈부록〉에 있는 숫자 카드를 사용한다.

2) 숫자 카드를 전자시계에 올려놓고 읽는다. 시간을 읽는다.
- 신 몇 시예요?
- 학 10시예요.

① 10:00

3) 숫자 카드를 전자시계에 올려놓고 읽는다. 시간을 읽는다.
- 신 몇 시예요?
- 학 2시 10분이에요. 2시 50분이에요.

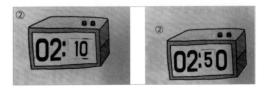

② 02:10   ② 02:50

2) 몇 시예요? 말해 봅시다.

①    ②

3. 여러 나라의 시간을 말해 봅시다.

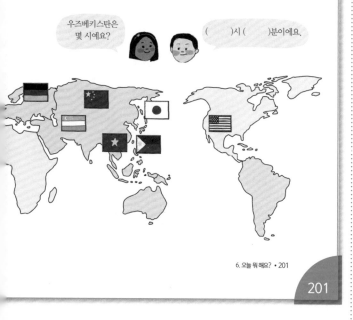

우즈베키스탄은
몇 시예요?

(   )시 (   )분이에요.

6. 오늘 뭐 해요? • 201

201

주어진 시계를 보고 맞는 시간을 연결하고 해당하는 시간
을 써 보는 활동이다. ①번 시계를 보고 5시 30분을 쓰고
다섯 시 삼십 분을 써 보게 한다. 이 활동은 학생들에게 시
계를 보고 아라비아 숫자로 시간을 나타낸 후 숫자를 나타
내는 낱말을 직접 쓰도록 하는 활동이다. 시계 보기 활동,
숫자를 읽어 보는 활동이 동시에 이루어지기 때문에 학생
들이 어려워할 수 있으므로 지도할 때 유의해야 한다.

시계	시간	읽기
① 5:30	2시 15분 →	두 시 십오 분
② 3:20	1시 45분 →	한 시 사십오 분
③ 2:15	7시 55분 →	일곱 시 오십오 분
④ 1:45	3시 20분 →	세 시 이십 분
⑤ 12:5	5시 30분 →	다섯 시 삼십 분
⑥ 7:55	12시 5분 →	열두 시 오 분

4 적용 – 10분

1) 휴대 전화의 '세계 시간' 앱을 이용하여 지도에 있는 나
라의 현재 시각을 묻고 대답하게 한다.

2) 지도에 있는 나라 이외의 다른 나라의 시각을 묻고 대
답하게 한다.

3) 학생이 온 나라의 시각을 묻고, 그 시각에 무엇을 하는
지 말해 보도록 한다.

선 우즈베키스탄은 몇 시예요?

학 8시예요.

선 8시에 어디 가요?/8시에 뭐 해요?

학 8시에 학교 가요./8시에 아침 식사 해요.

주어진 시계를 보고 묻고 대답하는 표현을 직접 써 보게 한
다. 단계적으로 빈칸을 늘리면서 시간을 묻고 대답하는 표
현을 익힐 수 있도록 한다.

시계	묻기	대답
① 5:30	지금 몇 시예요?	5시 30분이에요.
② 2:15	지금 몇 시예요?	2 시 15 분이에요.
③ 12:5	지금 몇 시예요?	12시 5분이에요.
④ 7:55	지금 몇 시예요?	7시 55분이에요.

5 정리 – 2분

1) 배운 내용을 정리한다. 교사는 교실의 시각을 가리키
며 현재 시각을 물어본다.

선 교실에 있는 시계를 보세요. 지금 몇 시예요?

6단원 오늘 뭐 해요? • 173

6차시 생일 알아보기

· 주요 학습 내용

> **주요 활동**
> 1. 친구의 생일 묻고 대답하기
> 2. 주변 사람들의 생일 조사하기
> 3. 휴일 알아보기
>
> **준비물**
> 듣기 자료

1 도입 - 3분

1) 그동안 배운 내용을 활용하여 실제 생활에 적용해 보는 과제 활동이다. 이번 6차시는 생일을 조사하는 활동으로 학생들이 어려워하는 날짜 표현을 연습하는 과제로 구성했다.

· 지난 시간에 배운 내용을 확인한다.

  🔵 오늘은 무슨 요일이에요?

  🔵 오늘은 몇 월 며칠이에요?

2 활동 1 - 10분

1) 친구들의 생일을 알아보게 한다.

· 생일판을 보고 모든 친구들의 생일을 묻고 대답하게 한다.

  🔵 성우 생일은 몇 월 며칠이에요?

  🟠 성우 생일은 1월 30일이에요.

2) 🎧 150을 듣고 쓰도록 한다.

· 듣기 자료를 듣고 인물의 생일을 쓰게 한다.

  ① 다니엘: 성우야, 너 생일이 몇 월 며칠이야?

    성우: 내 생일은 1월 30일이야.

  ② 아이다: 지민아, 너 생일이 몇 월 며칠이야?

    지민: 내 생일은 11월 4일이야.

  ③ 지민: 요우타야, 너 생일이 몇 월 며칠이야?

    요우타: 내 생일은 6월 15일이야.

  ④ 성우: 아이다야, 너 생일이 몇 월 며칠이야?

    아이다: 내 생일은 9월 29일이야.

3 활동 2 - 15분

1) 2번의 생일을 조사하는 활동을 하도록 한다.

· 주변 사람들의 생일을 묻고 조사하게 한다.

  🔵 엄마 생신은 몇 월 며칠이에요?

  🟠 엄마 생신은 4월 9일이에요.

  🔵 아빠 생신은 몇 월 며칠이에요?

  🔵 동생 생일은 몇 월 며칠이에요?

  🔵 언니 생일은 몇 월 며칠이에요?

---

6 생일 알아보기

1. 친구들의 생일을 알아봅시다.

1) 물어보세요. 답하세요.

> 〈보기〉
>
> 선생님: 성우 생일은 언제예요?
> 저밍: 성우 생일은 1월 30일이에요.

2) 들어 보세요. 써 보세요. 🎧 150

① 성우 생일	1 월 30 일	② 지민 생일	월 일
③ 요우타 생일	월 일	④ 아이다 생일	월 일

202

🔵 오빠 생일은 몇 월 며칠이에요?

🔵 할머니 생신은 몇 월 며칠이에요?

🔵 할아버지 생신은 몇 월 며칠이에요?

· 생일이 같은 사람들끼리 묶게 한다.

  1월 – 아빠

  2월 – 선생님, 나

  6월 – 할머니

  7월 – 할아버지, 동생

  12월 – 언니, 엄마

4 활동 3 - 10분

1) 달력을 보고 휴일을 조사하게 한다.

· 어린이날, 한글날, 추석, 크리스마스 등.

  ※ 유의점: 추가적으로 학교의 행사를 조사하여 말하고 쓸 수 있다.

2. 생일을 조사해 봅시다.

선생님 생일은 몇 월 며칠이에요?

4월 9일이에요.

선생님 생일	4 월 9 일

내 생일	월 일
( ) 생일	월 일
( ) 생일	월 일
( ) 생일	월 일
( ) 생일	월 일

3. 달력을 보세요. 휴일을 알아봅시다.

〈보기〉	나: 어린이날은 몇 월 며칠이에요? 선생님: 5월 5일이에요.

어린이날	월 일		한글날	월 일
추석	월 일		크리스마스	월 일

2) 다른 나라의 휴일을 조사하게 한다. 자신이 온 나라의 휴일을 조사한다. 한국과 같은 휴일과 다른 휴일에는 어떤 것이 있는지 말하게 한다.
   - 신 ○○ 나라의 어머니날은 몇 월 며칠이에요?
   - 신 ○○ 나라에는 어떤 휴일이 있어요?

5 정리 – 2분

1) 달력을 이용하여 배운 내용을 정리하게 한다.
   - 신 오늘은 몇 월 며칠인지 달력에서 찾아보고 말해 보세요.
   - 신 친구의 생일을 달력에 표시해 보세요.

● 메모

⑦ 다섯 고개 놀이 하기

성우 · 지민 · 저밍 · 요우타 · 아비가일

성우
☐ 1월 30일: 생일
☐ 3월 1일: 휴업일
☐ 금요일: 로봇
☐ 수요일: 로봇
☐ 1시 40분: 집

지민
☐ 6월 29일: 생일
☐ 토요일: 할머니
☐ 목요일: 로봇
☐ 점심: 축구
☐ 아침: 도서관

저밍
☐ 4월 23일: 생일
☐ 화요일: 바이올린
☐ 금요일: 바이올린
☐ 아침: 책
☐ 7시: 저녁 식사

요우타
☐ 8일 8일: 생일
☐ 화요일: 바이올린
☐ 금요일: 국어
☐ 금요일: 도서관
☐ 2시 40분: 바이올린

아비가일
☐ 7월 27일: 생일
☐ 수요일: 미술
☐ 목요일: 로봇
☐ 아침: 책
☐ 4시: 바이올린

1. 읽어 봅시다. 친구의 이름을 찾아 써 봅시다.

1. 나는 3월 1일에 학교에 안 가요.
2. 내 생일은 1월 30일이에요.
3. 나는 수요일하고 금요일에 로봇 방과 후를 해요.
4. 나는 1시 40분에 집에 가요.   ①

1. 나는 수요일에 미술 방과 후에 가.
2. 나는 목요일에 로봇 방과 후를 해.
3. 나는 아침에 책을 읽어.
4. 나는 4시에 바이올린 방과 후를 해.   ②

2. 들어 봅시다. 친구의 이름을 찾아 써 봅시다. 🎧 151

①　②

3. 다섯 고개 문제를 만들어 봅시다.

①
②
③
④
⑤

정답:

204 • 의사소통 한국어 1

6. 오늘 뭐 해요? • 205

204

205

7차시 다섯 고개 놀이 하기

• **학습 목표**
• 활동: 다섯 고개 놀이 하기

1 전 활동 - 15분

1) 차시를 도입한다.
　선 오늘은 무슨 요일이에요?
　　　오늘은 몇 월 며칠이에요?
　　　지금 몇 시예요?

2) 1번 그림을 같이 보면서 묻고 답한다.
　선 성우는 화요일에 로봇 방과 후 해요?
　학 아니요. 수요일하고 금요일에 로봇 방과 후 해요.
　선 지민이는 언제 할머니 집에 가요?
　학 토요일에 할머니 집에 가요.

2 본 활동 - 10분

1) 🎧151을 듣고 친구의 이름을 찾아보도록 한다.

2) 다섯 고개 문제를 읽고 친구의 이름을 찾아보도록 한다.

3 후 활동 - 15분

1) 다섯 고개 놀이를 한다.
　① 5명의 친구 중 1명을 선택한다.
　② 선택한 친구의 하루 일과를 보고 5개의 문장을 만들어 쓴다.
　③ 친구나 선생님께 5개 문장을 말한다.
　④ 문제를 들은 친구는 그림에서 해당하는 친구의 이름을 찾아 쓴다.
　⑤ 번갈아 가면서 친구와 다섯 고개 놀이를 한다.

　※ 유의점: 여러 개의 문제를 만들어 볼 수 있는 기회를 준다면 쓰기 능력이 향상될 수 있다.

176 • 의사소통 한국어 교사용 지도서 1

1. 요우타의 하루 생활 계획표를 만들어 봅시다.

7시 30분에 아침 식사를 해요.
9시에 학교에서 공부를 해요.
1시에 로봇 방과 후 교실에 가요.
4시에 놀아요. 6시에 저녁 식사를 해요.
8시에 책을 읽어요.

잠자기

〈보기〉

독서
저녁 식사
놀기
로봇 방과 후
학교생활
아침 식사

2. 나의 계획표를 만들어 봅시다.

3. 나의 생활을 써 봅시다.

　　　　시에 일어나요.

8차시 생활 계획표 만들기

- **학습 목표**
- 활동: 생활 계획표 만들기

1 전 활동 – 12분

1) 차시를 도입한다.
- 선 오늘은 무슨 요일이에요?
  오늘 1시에 뭐 해요?
- 학 미술 방과 후 하러 가요.
- 선 오늘 4시에 뭐 해요?
- 학 피아노 학원에 가요.

2) 요우타의 일기를 읽고 생활 계획표를 완성하게 한다.
- 선 요우타의 일기를 읽어요.
  일기를 읽고 생활 계획표를 만들어요.
  〈보기〉에서 골라서 쓰세요.

2 본 활동 – 15분

1) 학생들에게 직접 생활 계획표를 만들어 보게 한다.
- 선 여러분의 생활 계획표를 만들어요.

3 후 활동 – 13분

1) 3번 활동을 하도록 한다.
- 선 만든 생활 계획표를 보고 일기를 쓰세요.

※ 유의점: 학생들이 스스로의 생활을 생각해 내는 데 어려움
이 있을 수도 있으므로 기다려 줄 필요가 있다. 또한 배우
지 않은 낱말을 사용하려고 할 때는 학생들의 의견을 존중
하여 번역기나 그림, 행동을 통해서 되도록 새로운 낱말을
사용할 수 있게 한다.

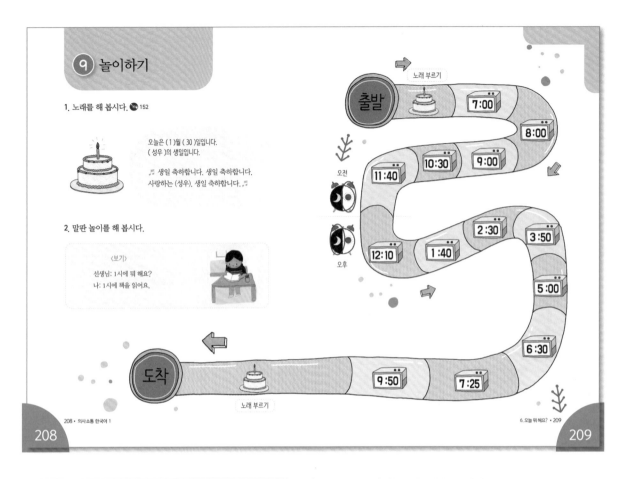

9차시 놀이하기

· 학습 목표
· 활동 1: 노래하기
· 활동 2: 말판 놀이 하기

1 활동 1 – 15분

1) 차시를 도입한다.
> 📭 오늘은 무슨 요일이에요?
> 오늘 1시에 뭐 해요?
> 📖 미술 방과 후 하러 가요.
> 📭 오늘 4시에 뭐 해요?
> 📖 피아노 학원 가요.

2) 💿152의 노래를 듣고 불러 보도록 한다.
· 말판 놀이를 하기 전에 '생일 축하' 노래를 부르게 한다.

2 활동 2 – 15분

1) 말판 놀이를 한다.
> ① 가위바위보를 한다.
> ② 가위로 이기면 2칸, 바위로 이기면 1칸, 보로 이기면 3칸을 간다.
> ③ 도착한 칸에 있는 시계를 보며 묻고 대답한다.

> 📭 도착한 칸이 2시 30분인 경우
> 📕 2시 30분에 뭐 해요?
> 📗 2시 30분에 미술 방과 후 수업 해요.

3 정리 – 10분

1) 배운 내용을 정리한다. 말판 놀이 중에 어려웠던 표현을 모형 시계를 이용하여 교사와 함께 반복 연습한다.

> 📭 (모형 시계로 11시 40분을 가리키며) 지금 몇 시예요? 11시 40분에 뭐 해요?
> 📭 (모형 시계로 7시 25분을 가리키며) 지금 몇 시예요? 7시 25분에 뭐 해요?

> ※ 유의점: 여러 개의 문제를 만들어 볼 수 있는 기회를 준다면 쓰기 능력이 향상될 수 있다.

⑩ 생각 넓히기

1. 친구들이 무엇을 하는지 말해 봅시다.

2. 잘못된 점을 찾아봅시다. 붙임 딱지

3. 해 봅시다.

바르게 들어요.

바르게 읽어요.

바르게 써요.

바르게 발표해요.

10차시 생각 넓히기

- **학습 목표**
- 활동: 수업 중 지켜야 할 예절 익히기

1 전 활동 – 15분

1) 1번 그림을 같이 보면서 묻고 답한다.
   - 선 그림을 보세요.
     여기는 어디예요?
   - 학 교실이에요.
   - 선 지금 뭐 해요?
   - 학 학교에서 공부해요.
   - 선 친구들이 뭐 해요?
   - 학 누워요./뒤에 봐요./밖으로 나가요./선생님을 봐요./앉아요.
   - 선 친구들처럼 해 보세요.

2 본 활동 – 15분

1) 2번의 잘못된 점을 찾게 한다.
   - 선 교실이에요. 수업 중이에요. 여러분은 어떻게 하고 있어요?
     (잘못된 부분에 금지 붙임 딱지를 붙이면서) 떠들면 안 돼요.
   - 학 잘못된 점을 찾아서 붙여요.

3 후 활동 – 10분

1) 선생님이 직접 시범을 보여 준다.
   - 선 선생님처럼 해요.

2) 학생들에게 직접 해 보도록 한다.
   - 선 해 봐요.

3) 약속해 보도록 한다.
   - 선 바르게 들어요. 바르게 읽어요. 바르게 발표해요.
     바르게 써요. 약속해요.

7단원 • 놀이터에서 자전거 탔어

● 단원의 개관

학생들이 자신이 할 수 있는 일이 무엇인지 말하고 과거에 있었던 일에 대하여 말할 수 있도록 하기 위한 단원이다. 학생들이 학교뿐만 아니라 가정, 지역 사회에서 하는 놀이, 운동, 여가 활동에 대해 의사소통할 수 있다.

학습 목표	• 지난 일을 표현할 수 있다. • 할 수 있는 것을 표현할 수 있다.						
주제	장면		기능	문법	어휘	문화	담화 유형
	일상생활	학교생활					
놀이와 운동	친구네 집 놀이터	교실 운동장	과거 말하기 가능한 것 표현하기	-었어요 -을 수 있어요/ 없어요 못	시간 표현 ② 놀이 장소 놀이 및 운동 어휘	박물관 관람 예절	대화 안내문 일기

● 차시 전개 과정

차시	차시 제목	성격	학습 내용	교재 쪽수	익힘책 쪽수
1	시간 표현 2	필수	• 전체 단원 도입 • 시간 표현 • 시간 표현 듣기	214	130
2	놀이 장소	필수	• 놀이 장소 관련 어휘 • '-었어요' • 과거 일 표현하기 • 어제 한 일 읽기	216	132
3	놀이와 운동 1	필수	• 놀이와 운동 관련 어휘 • '-을 수 있어요/없어요' • 대화 듣기(할 수 있는 일, 없는 일)	218	134
4	놀이와 운동 2	필수	• 놀이와 운동 관련 어휘 • '못' • 할 수 있는 일, 못하는 일 읽기	220	136
5	할 수 있는 일	필수	• 어떤 장소에서 한 일 표현하기 • 대화 듣기(할 수 있는 것, 과거) • 대화하기(할 수 있는 것, 어떻게 배웠는지)	222	138
6	할 수 있는 일 발표하기	필수	• 친구가 할 수 있는 것 조사해서 발표하기 • 자신이 한 일 쓰기	224	-
7	연극하기	선택	• 생일 파티에 초대했을 때, 초대 받았을 때 하는 말 (감사, 축하 표현) • 대본 또박또박 읽기 • 연극하기	226	-
8	이야기 읽기	선택	• 놀이공원 방문기 읽기 • 큰 소리로 읽기 • 일어난 순서대로 이야기 줄거리 말하기	228	-
9	놀이하기	선택	• 동요 듣고 부르기 • 말판 놀이 하기	230	-
10	생각 넓히기	선택	• 박물관 관람 예절 • 박물관 관람 경험 말하기	232	-

1차시 시간 표현 2

· 주요 학습 내용

> 어휘
> 어제, 오늘, 내일, 지난주, 지난달, 작년
>
> 준비물
> 듣기 자료, 달력, 색연필

1 도입 – 5분

1) 도입 그림을 같이 보면서 '놀이터'라는 장소, '어제'라는 시간, 저밍이 하고 있는 '자전거 타기'의 개념을 도입한다. 그림 하단에 있는 질문을 자연스럽게 던지면서 단원의 주요 활동을 알려 준다.

> 📗 여기가 어디예요?
> (그림을 손으로 가리키면서) 놀이터.
> 📗 놀이터예요.
> 여러분 어제 놀이터에 갔어요?
> (전체를 가리키며 몸짓도 같이)
> 📗 놀이터에서 저밍이 뭐 해요?
> (저밍을 가리키며) 자전거 타요.

2) 현재 달력을 보여 주면서 날짜를 가리키며 '오늘, 어제, 내일'을 읽어 본다. 정확한 발음으로 읽을 수 있도록 지도한다. 학생들 한 명 한 명 직접 읽어 보도록 한다.

> 📗 오늘이에요. 어제예요. 내일이에요.
> (달력의 오늘, 어제, 내일 날짜를 가리키며)
> 오늘이 ○월 ○일이에요.

2 제시, 설명 – 10분

1) 차시의 핵심 대화를 도입한다. 🎧153

> 📗 오늘이 며칠이에요?
> (몸짓으로 모른다는 것을 전달) 몰라요.
> 어떻게 말해요?
> (손으로 귀를 가리키며 들으라는 몸짓) 들어 보세요.
> 📗 오늘이 며칠이야?
> 오늘은 4월 17일이야.
> (듣기 자료의 대화를 선생님이 다시 반복함)

2) 단어를 도입하고 제시한다. 🎧154

· 1-2)의 달력 그림을 보며 날짜 단어들을 도입한다. (5월 10일을 가리키며) 오늘이라는 것을 말하고, 날짜 (5월 10일)를 단어(오늘)와 연결하는 것을 보여 준다. 학생들이 이해했으면 어제와 내일도 같은 방식으로 듣고 연결하게 한다.

> 📗 (5월 10일을 가리키며) 오늘이에요. 며칠이에요?
> 오늘은 5월 10일이에요.
> (연결하라는 손짓) 연결하세요.

---

1 시간 표현 2

1. 들어 봅시다.

　1) 들어 보세요. 🎧 153

> 오늘이 며칠이야?

> 오늘은 4월 17일이야.

　2) 들어 보세요. 연결해 보세요. 🎧 154

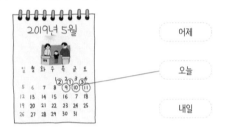

2. 연습해 봅시다.

　1) 들어 보세요. 골라 보세요. 🎧 155

① ☐ 오늘　　② ☐ 지난달　　③ ☐ 작년
　☑ 지난주　　　☐ 어제　　　　☐ 내일

214 • 의사소통 한국어 1

214

> 어제는 며칠이에요?
> 내일은 며칠이에요?
> (손으로 귀를 가리키며 들으라는 몸짓) 들어 보세요.

· ·

익힘책 130쪽 1번

학생들에게 말풍선에 있는 말을 함께 읽어 보게 한 다음 달력에서 골라 보게 한다. ①번처럼 나머지도 같은 방법으로 하게 한다.

· ·

3 연습 – 15분

1) 단어를 연습하게 한다.

· 2-1)에서 ①번 달력을 보며 오늘이 며칠인지 물어본다. 화살표 부분을 가리키며 뭐라고 말하는지 질문한 후, 듣고 찾아보게 한다. 다 같이 정답을 확인하고 따라 읽도록 한다.

> 📗 오늘이 며칠이에요?
> 🔵 5월 10일이에요.

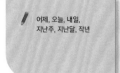

어제, 오늘, 내일,
지난주, 지난달, 작년

2) 들어 보세요. 색연필로 ○표 해 보세요. 🔊 156

오늘

3. 묻고 답해 봅시다.

오늘이 몇 월 며칠이에요?

어제가 몇 월 며칠이에요?

지난달은 몇 월이에요?

7. 놀이터에서 자전거 탔어 • 215

215

(화살표 그림을 가리키며) 뭐예요?

(들어 보라는 손짓) 들어 보세요.

🔵선 (듣기 후, 다시 화살표 그림을 가리키며) 뭐예요?

🟠학 지난주예요.

· 🔊155를 들으면서 ②, ③도 직접 해 보게 한다. 정답 확인은 ①과 같은 방법으로 한다.

⎯⎯⎯⎯⎯⎯⎯⎯⎯⎯⎯⎯⎯⎯⎯⎯⎯⎯⎯⎯

익힘책 130쪽 2번

학생들과 ①번 '오늘'을 함께 읽어 보고 나머지도 같이 읽어 본다. 왼쪽 달력을 보게 하고 "4월 15일이 오늘이에요. 그럼 4월 14일은 뭐예요?"와 같이 질문하면서 "어제"를 답하게 한다. 같은 방식으로 달력을 하나하나 보면서 대답하게 한 다음 단어를 따라 써 보게 한다.

⎯⎯⎯⎯⎯⎯⎯⎯⎯⎯⎯⎯⎯⎯⎯⎯⎯⎯⎯⎯

2) 2-2) 듣기 자료를 들어 보게 한다.

· 듣기 전: 학생들에게 색연필을 준비시킨다. 달력을 보면서 오늘을 찾아보게 하고 오늘의 날짜를 '○○년, ○월, ○일' 형식으로 대답하게 한다. 들으며 빨간 연필로

동그라미하라고 한다.

· 듣기: 🔊156을 들으면서 초록 연필, 파란 연필, 노란 연필, 검은 연필로 어제, 지난주, 지난달, 작년을 각각 찾아서 동그라미하라고 한다.

· 듣기 후: 듣기 내용을 선생님이 다시 이야기하면서 다음과 같은 형식으로 묻고 대답한다. 학생들이 새로 배운 시간 단어들과 날짜를 잘 대답할 수 있도록 지도한다.

🔵선 어제가 며칠이에요?

🟠학 어제는 2019년 10월 16일이에요.

⎯⎯⎯⎯⎯⎯⎯⎯⎯⎯⎯⎯⎯⎯⎯⎯⎯⎯⎯⎯

익힘책 131쪽 3번

학생들에게 왼쪽 달력을 보게 하고 '오늘'을 찾게 한다. 학생들이 '오늘'을 찾으면 "오늘은 몇 월 며칠이에요?"라고 질문하고 "(오늘은) 10월 22일이에요."라고 대답하게 한다. 마찬가지 방법으로 '내일', '지난달', '작년'을 질문하고 대답하게 한다. 다 한 다음에 줄을 긋게 하고 따라 써 보게 한다.

⎯⎯⎯⎯⎯⎯⎯⎯⎯⎯⎯⎯⎯⎯⎯⎯⎯⎯⎯⎯

4 적용 – 5분

1) 반 학생들이 짝과 함께 3번의 질문을 묻고 대답하게 한다.

⎯⎯⎯⎯⎯⎯⎯⎯⎯⎯⎯⎯⎯⎯⎯⎯⎯⎯⎯⎯

익힘책 131쪽 4번

적용 활동을 마친 학생들에게 자리에 앉게 한 다음 차분하게 직접 써 보게 한다.

⎯⎯⎯⎯⎯⎯⎯⎯⎯⎯⎯⎯⎯⎯⎯⎯⎯⎯⎯⎯

5 정리 – 5분

1) 달력을 보며 새롭게 배운 단어인 '어제, 오늘, 내일, 지난주, 지난달, 작년'을 다시 확인한다.

2) 달력을 보며 '어제, 오늘, 내일' 날짜를 물어보고 대답한다.

3) 달력에서 '지난달'과 '작년'의 날짜를 가리키며 년, 월, 일을 묻고 대답한다.

2차시 놀이 장소

· 주요 학습 내용

> 어휘
> 박물관, 동물원, 놀이공원, 코끼리, 호랑이, 기린
>
> 문법 및 표현
> -었어요
>
> 준비물
> 듣기 자료, 붙임 딱지, 박물관, 동물원, 놀이공원, 동물들 사진

1 도입 – 5분

1) 학습 주제를 도입한다. 박물관, 동물원, 놀이공원 사진을 다 같이 보면서 학생들에게 어느 장소를 가 봤는지 물어보며 자연스럽게 장소 단어를 노출한다. 동물원 사진을 보여 주면서 학생들이 알고 있는 동물 이름을 말하게 유도해서 배경지식이 얼마나 있는지 확인해 본다.

> 🔵 어디예요?
>
> (동물원 사진을 보여 주면서) 동물원에 가 봤어요?
>
> 🔵 동물원에 무슨 동물이 있어요?
>
> 동물 이름. 호랑이, 코끼리….

2 제시, 설명 – 10분

1) 단어를 제시한다.

· 박물관, 동물원, 놀이공원의 사진을 보여 주면서 🔵157을 통해 이름을 들려준다. 학생들에게 따라 하게 하고 익숙해지면 이미지만 보고 장소 이름을 스스로 말할 수 있게 연습한다. 동물 이름도 같은 방식으로 연습한다.

· 장소, 동물 이름이 써 있는 카드를 보여 주면서 같이 읽어 보고 이미지와 맞추어 보게 한다.

. . . .

> [익힘책] 132쪽 1번
>
> 학생들이 장소 이름을 다 익혔는지 선택하게 하고 써 보게 한다.

. . . .

3 연습 – 15분

1) 문법을 도입하고 제시한다. 🔵158

· 2-1): '오늘'이라는 단어와 '박물관에 가요'가 연결되고 '어제'라는 단어와 '동물원에 갔어요'가 연결된다는 것을 읽으며 말해 준다.

> 🔵 오늘 박물관에 가요.
>
> 어제 동물원에 가요? (몸짓으로 X) 아니에요.
>
> 어제 동물원에 갔어요. (몸짓으로 O) 맞아요.
>
> 들어 보세요.

· 예시를 짚어 주며 붙임 딱지를 이용해서 듣기 활동의 방법을 알려 준다.

2 놀이 장소

1. 읽어 봅시다. 🔵 157

① 박물관 ② 동물원 ③ 놀이공원

④ 코끼리 ⑤ 호랑이 ⑥ 기린

2. 연습해 봅시다.

1) 들어 보세요. 붙여 보세요. 🔵 158 [붙임 딱지]

	박물관에 가요.		동물원에 갔어요.
오늘		어제	

2) 들어 보세요. 연결해 보세요. 🔵 159

① 동물원에서 ●   ● 빵을 먹었어요.

② 놀이공원에서 ●   ● 호랑이를 봤어요.

③ 박물관에서 ●   ● 숙제했어요.

216 · 의사소통 한국어 1

216

· 들으면서 붙임 딱지를 붙이게 하고 다 하면 친구하고 비교해 보게 한다. 끝나면 다 같이 정답을 확인한다.

> ### 문법 지식
>
> **-었어요**
>
> · 동사나 형용사 '이다, 아니다'에 붙어 상황이나 사건이 과거에 일어났음을 나타낸다. 부차적으로 과거의 상황이나 사건이 이미 완료됨을 나타내거나, 과거의 상황이나 사건이 지금까지 지속되고 있음을 나타낼 때 사용한다.
>
> 🔵 성우가 지난달에 책을 5권이나 읽었다.
>
> 지민이는 할아버지를 많이 닮았습니다.
>
> | | 조건 | 형태 | 예시 |
> |---|---|---|---|
> | ① | ㅏ, ㅗ | -았- | 찾았다, 작았다, 좋았다, 보았다/봤다 |
> | ② | ㅏ, ㅗ 이외 | -었- | 먹었다, 싫었다, 썼다, 주었다/줬다 |
> | ③ | -하다 | -였- | 운동하였다/운동했다 도착하였다/도착했다 |
>
> · '이다'는 앞의 명사에 받침이 있으면 '-었-', 받침이 없으면 주로 '-였-'이라고 쓴다.
>
> 🔵 학생이었다, 의사이었다/의사였다.

184 • 의사소통 한국어 교사용 지도서 1

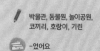

박물관, 동물원, 놀이공원,
코끼리, 호랑이, 기린

-었어요

3. 해 봅시다.

1) 읽어 보세요. 질문에 답해 보세요. 🎧160

어제 아침에 엄마, 아빠하고 동물원에 갔어요.
코끼리하고 호랑이, 기린을 봤어요.
김밥을 먹었어요. 저녁에 집에 왔어요.

● 요우타가 동물원에서 무엇을 봤어요?

□   □   □

2) 그림을 보세요. 말해 보세요.

요우타가 엄마, 아빠하고
동물원에 갔어요.
동물원에서……

7. 놀이터에서 자전거 탔어 • 217

217

─────────────────

익힘책 132쪽 2-1)번

학생들에게 왼쪽 말 상자, 오른쪽 말 상자를 차례로 보게 하
고 "오늘 박물관에 가요. 어제 박물관에 갔어요."라고 말한
다. 나머지도 같은 방법으로 해 본다. ⑤, ⑥번은 불규칙이므
로 특히 강조한다. 눈으로 문장을 다 보고 따라 한 후 써 보
게 한다.

─────────────────

2) 문법을 연습하게 한다.

· 2-2) 활동을 🎧159를 들으며 아래와 같이 한다.
· 선생님이 먼저 예시 ①번을 가리키면서 '동물원에서'
와 '호랑이를 봤어요'를 연결시키라고 활동 방법을 알
려 준다. ①을 들은 후 학생들과 정답을 확인해 본다.
🔵선 동물원에서 뭐 했어요?
🟠학 몰라요.
🔵선 (오른쪽 항목들을 가리키면서) 듣고 찾아보세요.
🔵선 (듣기 후) 동물원에서 뭐 했어요?
   (호랑이를 봤어요.) 맞아요. 호랑이를 봤어요.

─────────────────

· ①을 한 후 ②, ③번도 학생들이 듣고 연결하게 한다.
학생들이 활동을 한 후 다 같이 확인해 보며 큰 소리로
같이 읽어 본다.

─────────────────

익힘책 133쪽 2-2)번

학생들과 ①번을 같이 소리 내어 해 보고 나머지도 해 보
게 한다. 다 읽은 후 써 보게 한다.

─────────────────

3) 3-1)을 읽어 보게 한다.

· 읽기 전: 요우타를 가리키면서 요우타가 지금 누구와
함께, 어디에 갔는지 묻고 대답하여 어떤 상황인지 인
지하게 한다.
🔵선 요우타가 지금 어디에 갔어요? (동물원에 갔어요.)
   누구하고 갔어요? (가족이요.)

· 읽기: 요우타가 동물원에 가서 어떤 동물을 봤는지 물
어본다. 학생들이 동물 이름을 말하면 요우타가 어떤
동물을 봤는지 확인해 보자고 하면서 읽도록 시킨다.

· 읽기 후: 3-1) 그림을 보면서 요우타가 무슨 동물을 봤
는지 골라 보라고 하고, 짝과 함께 확인하게 한다. 선
생님과 다 같이 확인한 후 읽기 지문을 함께 소리 내어
읽어 본다.

4 적용 – 7분

1) 3-2) 활동을 한다. 짝과 함께 그림을 보고 이야기하게
한다. 한 명씩 그림 한 개를 보고 한 문장씩 만들어 보
게 하여 함께 이야기를 완성하게 한다. 선생님이 첫 번
째 그림을 보고 예시를 보여 준다.
🔵선 요우타가 엄마, 아빠하고 동물원에 갔어요.
   그다음에 뭐 했어요?
   같이 이야기해 보세요.

2) 활동을 마친 후에 몇 명에게 발표를 하게 한다. 발표한
친구들에게 칭찬을 해 주고, 발표 내용에서 발견된 발
음, 문법 등의 오류에 대해 피드백을 해 준다.

─────────────────

익힘책 133쪽 3번

오른쪽 말 상자를 함께 읽어 보고 그림과 연결하게 한다.

─────────────────

익힘책 133쪽 4번

적용 활동을 마친 학생들에게 자리에 앉게 한 다음 차분하
게 직접 써 보게 한다.

─────────────────

5 정리 – 3분

1) 요우타가 어제 무엇을 했는지 다시 한번 묻고 대답하게
한다.

2) 새로 나온 단어들을 다시 한번 읽어 주며 확인한다.

3차시 놀이와 운동 1

· **주요 학습 내용**

> **어휘**
> 자전거 타다, 그네 타다, 미끄럼틀 타다, 시소 타다,
> 줄넘기하다, 훌라후프 하다
>
> **문법 및 표현**
> -을 수 있어요/없어요
>
> **준비물**
> 듣기 자료, 놀이와 운동 그림 카드

1 **도입 - 5분**

1) 도입 그림을 같이 보면서 상황 및 단원의 주요 활동을
암시한다.

> 🔵 여기가 어디예요? (놀이터예요.)
> 🔵 (저밍을 가리키며) 누구예요?
> 저밍이 뭐 해요?(자전거 타요.)
> 🔵 여러분도 자전거 탈 수 있어요? (손으로 ○ 모양)
> 선생님은 자전거 탈 수 없어요. (손으로 × 모양)

2 **제시, 설명 - 10분**

1) 1번 그림을 보면서 ①~⑥의 단어를 제시하고 따라 읽
게 한다. 다시 한번 💿161을 듣고 확인한다.

> 🔵 저밍이 뭐 해요? 자전거 타요.
> 성우가 뭐 해요? 그네 타요.
> 아비가일이 뭐 해요? 줄넘기해요.
> 들어 보세요.

> **어휘 지식**
>
> | 줄넘기하다
[줄럼끼하다] | 양손으로 줄의 끝을 잡고 발 아래에서 머리 위로 돌리면서
그 줄을 뛰어넘는 운동을 하다.
🔴 아비가일은 오늘 아침 운동장에서 줄넘기했어요. |

> ※ 뷰의섬: '줄넘기하다'의 줄넘기 발음은 'ㄴ'이 'ㄹ'의 앞이나
> 뒤에서 [ㄹ]로 동화되어 발음되는 경우에 해당한다. 따라서
> [줄럼끼]로 발음할 수 있도록 지도한다. 이와 유사한 예로
> '난로[날로], 신라[실라]' 등이 있다.

> **익힘책** 134쪽 1번
>
> 학생들에게 왼쪽 그림을 보면서 단어를 말하게 한다. 그리
> 고 연결하게 한다.

2) 그림에 나오는 인물들을 가리키며 '-을 수 있어요/없
어요'를 제시하고 따라 읽게 한다. 💿162

> 🔵 저밍이 자전거 탈 수 있어요?
> 듣고 따라 해 보세요.

3 놀이와 운동 1

1. 들어 봅시다.

1) 들어 보세요. 💿 161

> 자전거 탈 수 있어?
>
> 네, 탈 수 있어요.

① 자전거 타다

2. 연습해 봅시다.

1) 들어 보세요. 골라 보세요. 💿 163

①

②

☑ 성우는 그네를 탈 수 있어요.
☐ 성우는 그네를 탈 수 없어요.

☐ 아비가일은 줄넘기를 할 수 있어요.
☐ 아비가일은 줄넘기를 할 수 없어요.

218 • 의사소통 한국어 1

218

> **문법 지식**
>
> **-을 수 있어요/없어요**
>
> · 능력을 나타내는 표현으로 어떤 일을 할 수 있는 능력이
> 있음을 나타낸다. '-을 수 없다'는 '-을 수 있다'의 반의 표
> 현으로 능력을 가지고 있는지에 대한 질문에 없다고 대답
> 할 때 사용한다.
>
> 🔴 저는 수영을 할 수 있어요.
> 저는 피아노를 칠 수 있어요.
>
> | | 조건 | 형태 | 예시 |
> |---|---|---|---|
> | ① | 받침 ○ | 을 | 읽을 수 있다, 먹을 수 있다 |
> | ② | 받침 ×,
ㄹ 받침 | ㄹ | 갈 수 있다, 마실 수 있다,
만들 수 있다 |

자전거 타다, 그네 타다,
미끄럼틀을 타다, 시소 타다,
줄넘기하다, 홀라후프하다

-을 수 있어요/없어요

④ 시소 타다

2) 들어 보세요. 따라 해 보세요. 🔊 162

② 그네 타다

③ 미끄럼틀 타다

⑤ 줄넘기하다

⑥ 홀라후프하다

2) 들어 보세요. ○, X표 해 보세요. 🔊 164

① 저밍은 자전거를 탈 수 있어요. (○)
② 아이다는 미끄럼틀을 탈 수 없어요. ( )
③ 요우타는 시소를 탈 수 있어요. ( )
④ 리암은 홀라후프를 할 수 있어요. ( )

3. 1의 그림을 보고 친구들과 함께 이야기해 봅시다.

홀라후프할 수 있어?

어, 할 수 있어.
너는?

친구   나

7. 놀이터에서 자전거 탔어 • 219

219

몰라요.

들어 보세요.

· 듣기 자료를 들으면서 ②번도 같은 방법으로 알맞은
말을 골라 보게 한다.
📩 아비가일은 줄넘기를 할 수 있어요? (할 수 없어요.)

· 놀이와 운동 카드를 나눠 주고 짝과 함께 듣기 내용과
같이 질문하고 대답하게 한다. 카드를 보고 이야기하
면서 3차시에 새로 나온 놀이와 운동 단어들도 자연스
럽게 익힐 수 있도록 한다.

익힘책 135쪽 2-2)번

학생들과 ①번을 같이 소리 내어 해 보고 나머지도 해 보
게 한다. 다 읽은 후 써 보게 한다.

2) 2-2) 듣기 자료를 들어 보게 한다.

· 듣기: 🔊 164를 들으면서 ①~④의 내용이 맞는지, 틀린
지 확인하게 한다. 학생들이 어떻게 하는 것인지 모를
수 있으므로 ①을 먼저 다 같이 해 보고 나서 ②를 한다.
📩 저밍은 자전거를 탈 수 있어요?

탈 수 없어요?

들어 보세요. (듣기 손짓)
📩 (듣고 나서) 탈 수 있어요.

· 듣기 후: 다 같이 정답을 확인한다. 정답을 확인한 후
학생들을 두 명씩 짝을 지어 주고 ①~④의 질문과 대
답을 묻고 대답하게 한다.

익힘책 135쪽 3번

학생들과 ①번을 같이 소리 내어 해 보고 답을 골라 보게
한다.

4 적용 – 7분

1) 1번 그림을 보고 친구들과 함께 3번의 질문과 대답을 하
며 이야기하게 한다. 한 명의 친구와만 이야기하지 않고
반 전체 활동으로 하여 여러 친구들을 만나서 이야기하게
한다.

익힘책 135쪽 4번

적용 활동을 마친 학생들에게 자리에 앉게 한 다음 차분하
게 직접 써 보게 한다.

5 정리 – 3분

1) 적용 단계에서 친구들과 대화한 내용에 대해서 선생님
이 질문하고 대답하게 함으로써 이번 차시 수업을 마
무리한다.

익힘책 134쪽 2-1)번

학생들에게 왼쪽에 있는 말 상자를 보게 하고 '김치를 먹
다.'와 같이 순서대로 읽게 한다. 선생님이 ①번을 읽으면
서 손으로 동그라미를 표시하면서 할 수 있음을 나타내는
몸짓을 하고 "김치를 먹을 수 있어요."라고 말한다. ②번
을 읽으면서 손으로 X표를 하면서 할 수 없음을 나타내며
"자전거 탈 수 없어요."라고 말한다. 나머지도 같은 방법으
로 해 본다. ③, ④번은 주의하게 한다. 따라 써 보게 한다.

3 연습 – 15분

1) 2-1) 듣기 자료를 들어 보게 한다. 🔊 163

· 2-1) ①번 그림을 보면서 어떤 상황인지 인지시킨다.
선생님이 ①번 그림을 보면서 듣기 활동 방법을 예시
로 보여 준다.
📩 여기가 어디예요? (놀이터예요.)

성우가 그네를 탈 수 있어요?

탈 수 없어요?

7단원 놀이터에서 자전거 탔어 • 187

4차시 놀이와 운동 2

· 주요 학습 내용

> 어휘
> (그림) 그리다, 노래하다, 피아노 치다, 태권도하다, 수영하다, 컴퓨터하다
>
> 문법 및 표현
> 못
>
> 준비물
> 듣기 자료, 놀이와 운동 그림 카드

1 도입 – 3분

1) 운동하는 사진들을 보여 주며 운동이라는 학습 주제를 제시하고 여러 가지 놀이 사진들을 보여 주며 놀이라는 학습 주제를 제시한다.

🔴 (운동 사진들을 모아서 보여 주며) 운동해요.
(놀이 사진들을 보여 주며) 놀아요.

2 제시, 설명 – 7분

1) 1번의 ①~⑥ 그림을 차례로 보여 주면서 발음을 들려 준다. 학생들에게 따라 하게 하고 익숙해지면 그림 카드를 보고 스스로 말할 수 있게 한다. 발음에 유의하도록 한다.

· 학생들에게 놀이와 운동 그림 카드를 나누어 준 다음, 선생님의 발음을 듣고 알맞은 그림을 들어 보게 한다.
· 🎧165를 듣고 ①의 그림을 보며 따라 읽게 한다. 이때 발음이 정확하지 않은 것이 있으면 수정해 준다.

3 연습 – 25분

1) 단어를 연습하게 한다.

· 🎧166을 듣기 전에 놀이와 운동 그림 카드를 나누어 준 다음, 듣고 해당 그림을 찾도록 한다. 정답을 확인할 때에는 하나씩 읽도록 해서 확인한다. 발음이 잘못된 경우 수정해 준다.
· 학생들이 2-1)을 듣고 따라 읽은 후 이를 이용하여 짝과 함께 TPR 활동을 하게 한다. 한 명이 그림 카드를 보고 해당 단어를 몸짓으로 표현하면 짝이 이를 보고 단어를 맞히는 활동이다. 학생들의 이해를 돕기 위해 선생님이 먼저 예시로 보여 준다.

🔴 (수영하는 모습을 보여 주며) 선생님이 뭐 해요?
🟠 수영해요.

··

익힘책 136쪽 1번

학생들에게 왼쪽 그림을 보면서 단어를 말하게 한다. 그리고 연결하게 한다.

··

---

4 놀이와 운동 2

1. 읽어 봅시다. 🎧165

①
(그림) 그리다

②
노래하다

③
피아노 치다

④
태권도하다

⑤
수영하다

⑥
컴퓨터하다

2. 연습해 봅시다.

1) 들어 보세요. 따라 해 보세요. 🎧166

2) 들어 보세요. 연결해 보세요. 🎧167

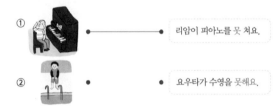

①   ●   ● 리암이 피아노를 못 쳐요.

②   ●   ● 요우타가 수영을 못해요.

220 · 의사소통 한국어 1

··

익힘책 136쪽 2번

학생들에게 그림을 보면서 질문한다. "리암이 피아노를 칠 수 있어요?" 그리고 학생들이 "아니요, 리암이 피아노를 못 쳐요."라고 대답하게 한다. 나머지도 같은 방법으로 하고 나서 따라 쓰게 한다.

··

2) 문법을 제시한다.

· 운동하는 그림들을 보여 주면서 3차시에서 배운 문법 '-을 수 있다/없다'를 복습한다. 복습이 끝나면 학생에게 태권도를 할 수 있는지 물어본다. 할 수 없다는 대답이 나오면 '-할 수 없어요'와 '-못해요'를 바꿔서 쓸 수 있다고 설명해 준다.

🔴 ○○야, 태권도 할 수 있어?
(태권도 할 수 없어요.) 태권도 할 수 없어요.
태권도를 못해요.
○○가 태권도를 못해요.

· 다른 그림 카드를 보고 학생들끼리 '못'을 써서 질문하

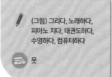

(그림) 그리다, 노래하다, 피아노 치다, 태권도하다, 수영하다, 컴퓨터하다

못

3. 읽어 봅시다. 질문에 답해 봅시다. 🔊 168

나는 피아노를 칠 수 있어요.
학교 방과 후 수업에서 배웠어요.
동생은 아기예요. 피아노를 못 쳐요.

● 누가 피아노를 칠 수 있어요?

7. 놀이터에서 자전거 탔어 • 221

221

고 대답하게 한다.

선 옆의 친구에게 물어보세요.
요우타가 수영을 할 수 있어요?
아니요, 요우타가 수영을 못해요.

문법 지식

못

· '못'은 동사 앞에 결합하여 동사가 나타내는 동작을 할 수 없거나 상태에 이르지 못함을 나타낸다.
· '못하다[모타다]'는 어떤 행위를 이룰 능력이 없음을 나타내는 한 단어로 띄어쓰기 않고 붙여 씀에 유의한다.

예 기타를 못 쳐. 피아노를 못 쳐요.
수영을 못해요[모태요]. 컴퓨터를 못해요[모태요].

· 🔊167을 듣기 전에 ①과 ②의 그림에 나온 사람이 누구인지 확인하고 어떤 상황인지 물어보고 대답한다. ①을 듣고 듣기 활동을 확인한 후 ②도 같은 방법으로 한다.

선 그림 ①이 누구예요? (리암이에요.)

리암이 피아노를 칠 수 있어요?
(아니요, 리암이 피아노를 칠 수 없어요.)
리암이 피아노를 못 쳐요?
한 번 들어 보세요.

선 (들은 후) 리암이 피아노를 못 쳐요?
(네, 피아노를 못 쳐요.) 맞아요.
②도 듣고 연결해 보세요.

∙∙

익힘책 137쪽 3번

선생님과 학생이 각각 선생님과 하미가 되어 묻고 대답하기를 해 본다. 선생님은 "하미야, 너 피아노 칠 수 있어?"라고 묻고 학생은 "네, 칠 수 있어요."라고 대답하는 방식으로 대화를 구성한다. 활동을 마친 후 직접 써 보게 한다.

∙∙

3) 3번 글을 읽어 보도록 한다.

· 읽기 전: 하미를 가리키면서 이름을 묻고 대답하게 한다. 그림을 보면서 하미가 집에서 피아노를 치고 있는 상황임을 인지하게 한다.

선 이름이 뭐예요? (하미예요.)
하미가 뭐 해요? (피아노를 쳐요.)

· 읽기: 하미가 피아노를 칠 수 있는지 질문한다. 학생들이 그림을 보면서 하미가 피아노를 칠 수 있다고 말하면 맞는지 읽어 보자고 한다. 학생들이 읽기 글을 읽고 답을 찾아내면 칭찬해 준다.

· 읽기 후: 하미와 하미 동생이 각각 피아노를 칠 수 있는지 물어보고 답을 확인한다. 읽기 지문을 다 같이 소리 내어 읽어 본다. 발음, 억양을 지도해 준다.

④ 적용, 정리 – 5분

1) 옆의 짝에게 오늘 배운 단어들을 사용하여 '-을 수 있어요?' 질문을 하고 대답하게 한다. 이때 새로 배운 문법인 '못'을 사용하도록 한다.

2) 학생에게 이야기한 내용에 대해 전체 질문하고 대답하게 하며 4차시를 마무리한다.

∙∙

익힘책 137쪽 4번

적용 활동을 마친 학생들에게 자리에 앉게 한 다음 차분하게 직접 써 보게 한다.

∙∙

5차시 할 수 있는 일

· 주요 학습 내용

> 준비물
> 듣기 자료

1 도입 – 5분

1) 1번 그림을 같이 보면서 이번 차시는 친구와 함께 이야기하는 상황이며 존댓말이 아닌 반말로 대화할 수 있음을 알려 준다. 옆의 친구와 어제 무엇을 했는지 이야기해 보라고 한다.

> 📣 친구에게 '어제 뭐 했어요?' 맞아요? 아니에요.
> '어제 뭐 했어?'라고 해요.
> 친구하고 어제 무엇을 했는지 물어보고 이야기해 보세요.

2 제시, 설명 – 10분

1) 학생들에게 1번 그림을 보며 🔊169를 같이 듣고 저밍이 어제 무엇을 했는지 알아보자고 한다.

> 📣 아비가일과 저밍이에요.
> 둘이 무슨 이야기를 하는지 들어 보세요.
> 📣 친구 둘이 말해요.
> 그래서 '어제 오후에 뭐 했어요?' 아니에요.
> '어제 오후에 뭐 했어?'라고 해요.
> '놀이터에서 자전거 탔어요.' 아니에요.
> '놀이터에서 자전거 탔어.' 말해요.
> 📣 저밍이 어제 뭐 했어요? (놀이터에서 자전거 탔어.)

> 익힘책 138쪽 1번
>
> 왼쪽에 있는 문장을 함께 읽어 본 다음에 ①번에서 저밍이 자전거 타는 그림을 나타냄을 확인한다. 나머지도 같은 방법으로 해 보게 한다.

3 연습 – 15분

1) 2-1) 듣기 자료를 들어 보게 한다.

· 듣기 전: ①, ②의 등장인물과 장소를 확인한다. 각 그림에서 등장인물들이 무엇을 하고 있는지 물어보고 대답하게 한다. 이 그림들은 어제의 그림이라고 하고, 아비가일이 어제 아침에 무엇을 했는지 들어 보자고 한다.

· 듣기: 🔊170을 들으면서 아비가일이 어제 한 일을 골라 보게 한다. ②도 같은 방법으로 한다.

> 📣 (들은 후) 아비가일이 어제 아침에 뭐 했어요?
> (어제 아침에 놀이터에서 훌라후프 했어요.)

· 듣기 후: 듣기 활동이 끝나면 들은 내용을 따라서 옆의 짝과 함께 질문하고 대답하게 한다.

---

⑤ 할 수 있는 일

1. 들어 봅시다. 🔊 169

놀이터에서 자전거 탔어.

어제 오후에 뭐 했어?

2. 연습해 봅시다.

1) 들어 보세요. 골라 보세요. 🔊 170

① ☑    ☐

② ☐    ☐

222 · 의사소통 한국어 1

222

> 익힘책 138쪽 2번
>
> 선생님과 학생이 친구의 대화를 해 본다. 선생님이 "어제 뭐 했어?"라고 묻고 학생들이 그림을 보면서 "놀이터에서 동생하고 훌라후프 했어."라고 대답하는 방식이다. 나머지도 그림을 하나하나 보면서 대화를 해 본다. 짝 활동으로 할 수도 있다. 활동을 마친 후 연결하게 하고 써 보게 한다.

2) 2-2) 듣기 자료를 들어 보게 한다. 🔊171

· 듣기 전: 그림의 등장인물을 확인하고 무엇을 하는 상황인지 확인하게 한다. 지민이와 저밍이 그림을 그리는 상황임을 파악한 후에는 이들이 코끼리와 기린 그림을 그릴 수 있을까 추측해 보게 한다. 누구의 추측이 맞는지 듣기를 통해 들어 보자고 한다.

> 📣 지민이와 저밍이 뭐 해요? (그림 그려요.)
> 지민이가 코끼리를 그릴 수 있어요? (몰라요.)
> 누가 코끼리와 기린을 그릴 수 있어요?
> (이야기 후) 듣기 자료를 듣고 확인해 보세요.

2) 들어 보세요. 질문에 답해 보세요. 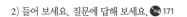 171

● 저밍은 무엇을 못 그려요? ○표 하세요.

3. 무엇을 할 수 있어요? 친구하고 이야기해 봅시다.

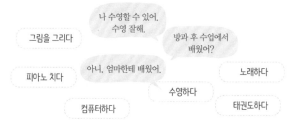

그림을 그리다

나 수영할 수 있어.
수영 잘해.

방과 후 수업에서
배웠어?

피아노 치다

아니, 엄마한테 배웠어.

노래하다

수영하다

컴퓨터하다

태권도하다

· 듣기: 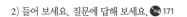 171을 들으면서 저밍이 무엇을 그릴 수 있고, 무엇을 못 그리는지 확인하게 한다.
· 듣기 후: 학생들에게 저밍이 무엇을 못 그리는지 물어 보고 답을 확인한다. 답을 찾았으면 칭찬해 준다. 저밍이 코끼리를 그릴 수 있는지 물어보고 대답을 듣는다. 저밍이 어디에서 그림을 배웠는지 물어보고 단어를 보충 설명해 준다.

🔲 저밍이 기린을 그릴 수 있어요?

(아니요, 못 그려요.)

저밍이 코끼리를 그릴 수 있어요?

(네, 그릴 수 있어요.)

어디에서 그림을 배웠어요?

(방과 후 수업에서 배웠어요.)

익힘책 139쪽 3번

글을 다 같이 소리 내어 읽어 보게 한다. 끊어 읽기, 발음, 억양에 주의하면서 읽어 본다. 다 읽은 후 써 보게 한다.

④ 적용, 정리 – 10분

1) 3번 활동을 해 보게 한다. 모둠별로 놀이와 운동 단어들을 가지고 무엇을 할 수 있는지 질문하고 답하게 한다. 또한 할 수 있는 일을 이야기할 때, 어디에서 그 일을 배웠는지도 함께 이야기해 보게 한다. 예를 들어 '수영하다'의 경우는 다음과 같이 대화를 진행하도록 예시 대화를 제시할 수 있다.

🔲 선생님이 수영을 할 수 있어요.

그럼 친구한테 이렇게 말해요.

'나 수영할 수 있어. 수영 잘해.'

그럼 친구가 알고 싶어요.

수영 어디에서 배웠어? 그럼 이렇게 질문해요.

'방과 후 수업에서 배웠어?'

선생님은 수영을 방과 후 수업에서 안 배웠어요.

엄마한테 배웠어요. 그럼 이렇게 대답해요.

'아니, 엄마한테 배웠어.'

선생님이 먼저 대화 예시를 보여 주고 나서 학생 한 명과 선생님이 '노래하다'를 이용하여 대화를 진행하여 대화하는 방법을 다시 확인하게 해 준다. 이렇게 하면 짝 활동이나 그룹 활동에서 이 대화를 진행할 수 있게 된다.

2) 적용 단계에서 한 활동에 대해서 선생님이 질문하고 학생들 중 몇 명이 대답하게 함으로써 이번 차시 수업을 마무리한다. 질문에 잘 대답한 학생들을 칭찬해 주고 억양, 발음, 오류 등에 대하여 피드백을 해 준다.

익힘책 139쪽 4번

적용 활동을 마친 학생들에게 자리에 앉게 한 다음 차분하게 직접 써 보게 한다.

6차시 할 수 있는 일 발표하기

· 주요 학습 내용

> **주요 활동**
> 1. 친구가 할 수 있는 것 조사해서 발표하기
> 2. 자신이 한 일 쓰기
>
> **준비물**
> 질문/대답 활동지

1 도입 – 5분

1) 6차시는 그동안 학습한 내용을 모두 이용해서 발표해 보고 써 보는 시간이라고 소개한다. 발표는 친구에 대한 이야기를 하고 쓰기는 나의 일에 대해서 쓸 것이라고 말해 준다. 1~5차시에서 학습한 내용이 무엇인지 간단히 짚어 준다.

2 활동 1 – 15분

1) 준비를 하게 한다.
· 앞에 나와서 발표를 하기 위한 첫 번째 준비로, 먼저 내용을 수집하게 한다. 1-1)에 나와 있는 질문을 다 같이 읽어 보고 나서 두 명씩 짝을 지어서 질문하고 대답해 보게 한다. 친구는 두 사람을 만나서 이야기해 보라고 한다. 1-1) 활동을 메모할 수 있는 질문/대답 활동지를 나누어 주고, 메모하게 한다.
· 1-1) 활동을 통해 들은 친구의 내용을 이용하여 발표의 내용을 구성하고 각자 연습하게 한다. 발표할 때 친구가 할 수 있는 일을 소개하고, 그 일을 어디에서 언제 배웠는지 이야기하게 한다. 'OO는 방과 후 수업에서 노래를 배웠어요', 'OO는 엄마한테 줄넘기를 배웠어요'와 같은 이야기도 발표할 수 있도록 준비시킨다. 태도, 몸짓, 표정, 억양 등을 함께 지도한다.

2) 과제를 수행하게 한다.
· 한 사람씩 앞으로 나와서 친구가 할 수 있는 일이 무엇인지 발표하도록 한다. 씩씩하고 자신 있는 태도로 교탁 가운데에 서게 안내한다.
· 듣는 학생들에게는 경청하도록 하고, 앞에 나온 학생이 자기소개를 마치면 환영과 격려의 뜻을 담아 박수를 치도록 안내한다.

3) 정리한다.
· 학생들을 칭찬하고 피드백을 해 준다.

---

6 할 수 있는 일 발표하기

1. 친구는 무엇을 할 수 있어요? 발표해 봅시다.

1) 질문해 보세요. 대답해 보세요.

	친구 이름	할 수 있어요
자전거 타다		
미끄럼틀 타다		
그네 타다		
시소 타다		
줄넘기하다		
훌라후프하다		

	친구 이름	할 수 있어요
그림 그리다		
노래 부르다		
피아노 치다		
수영하다		
태권도하다		
컴퓨터하다		

2) 발표를 준비해 보세요.

> 제 친구 OOO는
> _____을 수 있어요.

3) 발표하세요.

224 • 의사소통 한국어 1

224

3 활동 2 – 15분

1) 준비를 하게 한다.
· 내가 과거에 한 일에 대한 글을 쓸 준비를 한다. 2-1)의 내용을 담은 메모지를 준비하여 학생들 각자 메모하면서 과거에 한 일을 생각해 보게 한다. 각자 메모를 다 한 후에는 옆에 앉은 짝과 2-1) 질문을 물어보고 답하게 한다.

2) 과제를 수행하게 한다.
· 앞에서 메모한 내용을 이용하여 내가 과거에 한 일에 대해서 글을 써 보게 한다. '나는 지난주에/작년에/지난달에…'와 같은 형식으로 시작할 수 있다고 알려 준다.
· 다 쓴 학생들 중에서 다른 학생들에게 읽어 주고 싶은 학생이 있다면 발표해 보게 한다.

3) 정리한다.
· 발표한 학생과 글을 쓴 학생을 모두 칭찬해 주고 과거 이야기를 쓰는 글에서 주의할 점, 틀리기 쉬운 점을 정리하여 피드백을 해 준다.

2. 한 일을 써 봅시다.

1) 생각해 보세요.

● 어디에 갔어요?

☐ 놀이터　　☐ 놀이공원　　☐ 동물원　　☐ 박물관

● 언제 갔어요?

☐ 어제　　☐ 지난주　　☐ 지난달　　☐ 작년

● 거기에서 뭐 했어요?

미끄럼틀을 탔어요.　　　　코끼리를 봤어요.

2) 써 보세요.

> 나는 지난주에
> _____
> _____
> _____
> _____

④ 정리 – 5분

1) 오늘 활동 내용, 오류, 주의점을 다시 짚어 준다.

2) 1~5차시에서 학습한 내용을 다시 한번 간단히 짚어 주면서 필수 차시 학습을 마무리한다.

● 메모

7차시 연극하기

· **학습 목표**
· 활동: 생일 파티 연극하기(생일 축하, 선물 주기)

1 전 활동 - 10분

1) 배경 상황을 설명하고 등장인물을 확인하게 한다. 역할을 선택한다.
· 1번에서 그림을 보며 등장인물인 공주님과 왕자님을 도입한다.
· 그림을 보며 이야기의 배경을 확인한다. '생일 파티 대화'의 아이다, 아비가일, 리암, 저밍의 대사를 같이 읽어 본다. '생일 축하합니다'와 같은 생일 축하 표현들은 새로 나온 표현이므로 의미를 알려 주고 생일 축하 노래를 함께 불러 본다. '얼굴'도 새로운 단어이므로 의미를 짚어 준다.
· 4명을 한 모둠으로 구성하고, 각 모둠에서 각자 원하는 등장인물을 선택하게 한다.

2) 역할 대사를 연습하게 한다.
· 선택한 등장인물의 대사를 각자 여러 번 연습하여 거의 외울 수 있게 준비한다.
· 등장인물에 맞는 목소리, 태도, 발음, 억양, 몸짓 등도 지도한다.

2 본 활동 - 25분

1) 대본을 연습하게 한다.
· 3-1)의 대본을 함께 읽으며 연습한다.
· 172를 들어 보고 속도와 억양, 발음 등을 확인한다.
· 172를 들으면서 같이 읽어 보는 연습을 한다.
· 안 보고 말하는 연습을 한다.

2) 연극을 해 본다.
· 모둠별로 교실 앞에 나와서 연극을 해 보게 한다.

3 후 활동 - 5분

1) 연극을 성공적으로 한 학생들에게 칭찬과 격려를 해 주고 피드백을 해 준다.

2) 학생들이 인형극을 하는 장면을 동영상으로 촬영하여 다시 보는 것도 좋다.

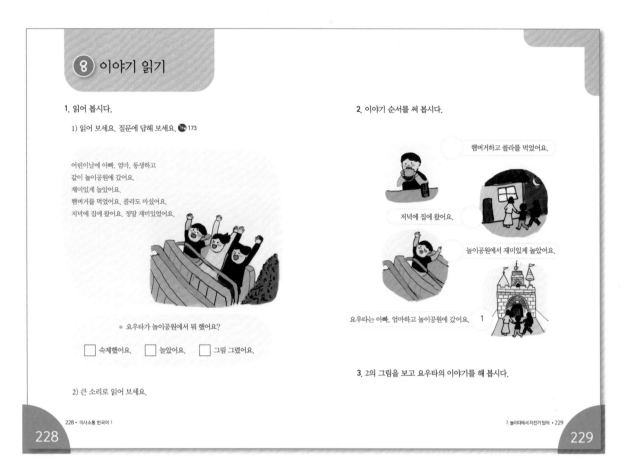

8차시 이야기 읽기

- **학습 목표**
- 활동: 놀이공원에 간 경험을 읽고 한 일을 순서대로 말하기

1 전 활동 – 10분

1) 1번 그림을 보면서 누가 어디에서 무엇을 하고 있는지 상황을 추측하게 한다.

· 요우타가 놀이공원에서 한 일을 추측해서 이야기해 보게 한 후 무슨 일이 있었는지 읽기를 통해 확인해 보자고 한다.

· '햄버거', '콜라'는 새로 나온 단어이므로 의미와 발음을 짚어 준다.

2 본 활동 – 25분

1) 1-1)을 읽어 보게 하고 요우타가 놀이공원에서 무엇을 했는지 찾아보게 한다.

🔵 요우타가 놀이공원에 갔어요.
놀이공원에서 뭐 했어요? (놀았어요.)

· 읽기 지문을 다시 한번 큰 소리로 읽어 보게 한다.
· 🎧173을 들으면서 속도, 억양, 발음을 확인하게 하고 다시 한번 읽게 한다.

2) 이야기 순서를 찾게 한다.

· 2번 그림들을 보고 무슨 상황인지 이해시킨다. 먼저 예시로 1번 그림을 같이 이야기해 본다.

🔵 요우타가 어디에 갔어요? (놀이공원에 갔어요.)
누구하고 갔어요? (아빠, 엄마하고 갔어요.)

· 2번에 있는 4개의 그림들 옆에 있는 글을 다 같이 읽어 보게 한다.
· 요우타가 놀이공원에 간 다음에 무엇을 했는지 찾아보게 한다. 1번의 읽기 지문에서 요우타가 한 일의 순서대로 그림을 찾아보게 한다.
· 학생들끼리 2번 활동을 한 후, 선생님과 이야기 순서를 확인한다.
· 다 같이 순서대로 다시 한번 읽어 본다.

3 후 활동 – 5분

1) 요우타의 이야기를 책을 안 보고 이야기하게 한다.

2) 학생들 중 몇 명의 발표를 들어 본다. 요우타의 이야기를 잘한 아이들에게 칭찬을 해 주고 피드백을 해 준다.

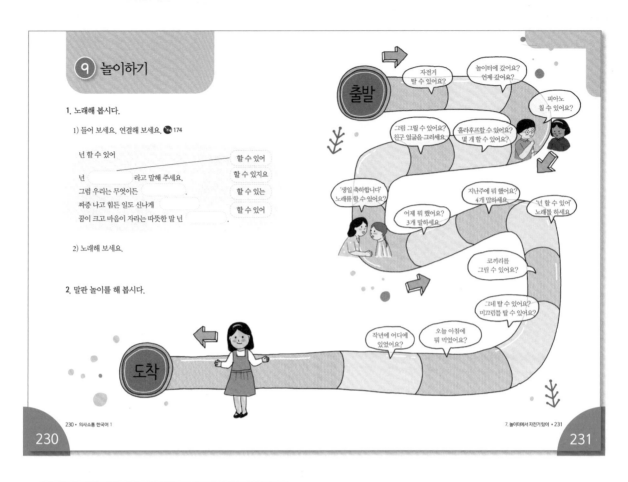

9차시 놀이하기

· **학습 목표**
· 활동 1: '넌 할 수 있어라고 말해 주세요' 노래하기
· 활동 2: 말판 놀이 하기(단원 복습)

1 전 활동 - 10분

1) 학생들에게 무슨 말을 들으면 힘이 나고 신나는지 물어보고 대답하게 한다. 어렵거나 할 수 없는 일이 있을 때 무슨 말을 듣고 싶은지 물어보며 자연스럽게 노래의 주제를 제시한다.

2) 학생들과 이야기를 주고받으며 자연스럽게 '힘들다', '신나다', '짜증 나다', '따뜻하다'라는 새로운 단어를 제시하고 의미를 짚어 준다.

2 본 활동 - 25분

1) 다 같이 노래를 듣고 불러 본다.
· 듣기 전: 1-1)을 다 같이 읽으면서 무슨 내용인지 파악하게 한다. 빈칸에 들어갈 오른쪽의 표현들도 큰 소리로 다 같이 읽어 본다.
· 듣기: ☉174를 들으면서 빈칸에 알맞은 말을 오른쪽에서 찾아서 넣도록 한다.
· 듣기 후: 빈칸에 들어갈 말을 확인하고 다시 한번 노래

를 듣고 다 같이 불러 본다.

2) 말판 놀이를 한다.
· 주사위로 말판 놀이를 하는 방법에 대해 설명해 준다.
신 (주사위가 1이 나왔을 때) 한 칸 갔어요.
  질문을 읽어요.
  '자전거 탈 수 있어요?' 그리고 그 질문에 대답하세요.
  '네, 탈 수 있어요/탈 수 없어요.'
  그리고 끝까지 먼저 가는 사람이 이겨요.
· 학생들이 모둠별로 앉아 말판 놀이를 할 수 있도록 한다. 게임을 어려워하는 학생들이 있으면 지도해 준다.

3 후 활동 - 5분

1) 1~6차시에서 배운 내용을 다시 한번 간단하게 짚어 주고, 오늘 활동에 대해 피드백을 해 준다.

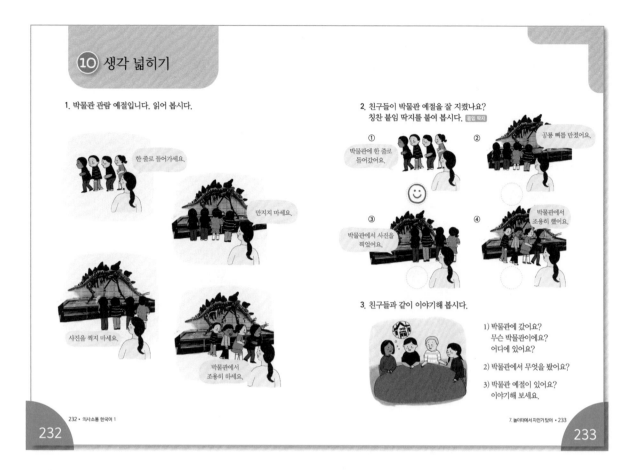

10차시 생각 넓히기

- **학습 목표**
- 활동: 박물관 관람 예절 배우기

1 전 활동 – 10분

1) 1번 그림들을 보면서 배경 장소가 어디인지 물어보고 대답하게 한다.

- 오늘 수업의 주제가 박물관 관람 예절이라는 것을 제시한다.
- 1번 그림들을 보면서 등장인물들이 무엇을 하고 있는지 물어보고 대답하며 새로 나온 단어들(한 줄, 만지다, 사진을 찍다, 조용히 하다)의 의미를 설명해 준다.

2 본 활동 – 15분

1) 읽기 지문의 문법을 제시한다.

- 학교에서 선생님이 학생들에게 무엇을 시킬 때 어떻게 말하는지 묻고 생각하게 한다. '숙제하세요', '학교에 일찍 오세요'처럼 학생들이 학교에서 많이 듣는 표현으로 '-으세요' 문법을 제시한다.
- 박물관 관람 예절을 말할 때도 '-으세요'로 말할 수 있음을 설명해 준다.

2) 읽어 보도록 한다.

- 1번 그림들을 보면서 관람 예절을 다 같이 큰 소리로 읽어 보게 한다.
- 짝과 함께 2번 활동을 하게 한다. 2번 활동을 어떻게 하는지 ①을 예시로 보여 준다. ①을 큰 소리로 읽게 하고 그림을 보면서 예절을 잘 지켰는지 물어본다. 예절을 잘 지켰다고 하면 칭찬 붙임 딱지를 붙여 준다. ②~④번은 짝과 함께 읽고 직접 붙임 딱지를 붙여 보라고 한다.
- 학생들이 2번 활동을 마치면 다 같이 확인한다.

3 후 활동 – 15분

1) 3번 활동을 모둠별로 하게 한다. 학생들이 모둠별로 모여서 3-1)~3)을 질문하고 이야기해 보게 한다.

2) 모둠 활동이 끝나면 자신이 다녀온 박물관의 관람 예절에 대해서 발표하게 한다.

3) 발표를 한 학생들을 칭찬해 주고 표현, 발음, 억양에 대해 피드백을 해 준다.

4) 오늘 배운 내용을 정리하며 10차시 수업을 마친다.

8단원 • 음식을 골고루 먹겠습니다

● 단원의 개관

이 단원에서는 원하는 것을 표현하는 방법을 학습한다. 또한 앞에서 배운 반말과 격식체를 확장하여 학습한다. 친구들에게 가볍게 명령(권유)하는 방법을 배우고, 명사뿐만 아니라 동사가 결합하는 격식체를 표현할 수 있으며, 앞으로의 계획도 표현할 수 있게 된다.

학습 목표	• 원하는 것을 말할 수 있다. • 반말로 명령할 수 있다. • 계획을 발표할 수 있다.						
주제	장면		기능	문법	어휘	문화	담화 유형
	일상생활	학교생활					
바른 생활	집	교실, 급식실	원하는 것 표현하기 반말하기(명령) 계획 표현하기 격식체 말하기	-고 싶어요 -어 ② -지 마 -습니다 -겠습니다	음식 어휘 급식 표현 생활 어휘	급식 예절	대화 일기

● 차시 전개 과정

차시	차시 제목	성격	학습 내용	교재 쪽수	익힘책 쪽수
1	음식	필수	• 전체 단원 도입 • 음식 어휘 • '-고 싶어요' • 먹고 싶은 음식 묻고 답하기	236	140
2	급식	필수	• 급식 관련 표현 • '-어 ②'(반말 명령형) • 일기 읽기 • 친구에게 가볍게 명령하기(바른 행동 권하기)	238	142
3	하루 생활 1	필수	• 생활 관련 어휘 • '-지 마' • 대화 듣기(바르지 않은 행동 하지 말라고 하는 대화) • 역할극하기	240	144
4	하루 생활 2	필수	• 생활 관련 어휘 • '-습니다' • 이야기 읽기(격식체) • 격식체 발음 연습하기	242	146
5	계획	필수	• '-겠습니다' • 앞으로의 계획 발표 듣기 • 앞으로의 계획 격식체로 말하기	244	148
6	계획 발표하기	필수	• 앞으로의 계획 발표하기 • 앞으로의 계획 쓰기	246	-
7	연극하기	선택	• 대본 또박또박 읽기 • 연극하기	248	-
8	이야기 읽기	선택	• 청개구리 이야기 읽기 • 큰 소리로 읽기 • 뒷이야기 추측하기	250	-
9	놀이하기	선택	• 동요 듣고 부르기 • 말판 놀이 하기	252	-
10	생각 넓히기	선택	• 급식 예절 • 다른 나라의 급식 메뉴, 예절 말하기	254	-

1차시 음식

· **주요 학습 내용**

> **어휘**
> 과자, 고기, 주스, 과일, 요구르트, 야채
>
> **문법 및 표현**
> -고 싶어요
>
> **준비물**
> 듣기 자료, 〈부록〉 붙임 딱지

1 도입 – 5분

1) 도입 그림을 같이 보면서 '음식', '급식'의 개념을 도입한다. 그림 하단에 있는 질문을 자연스럽게 던지면서 단원의 주요 활동을 암시한다.

> 🔲 이게 다 뭐예요?
> (음식을 전체적으로 가리키며) 음식이에요.
> 학교에서 밥을 먹어요.
> 학교에서 먹는 밥이 뭐예요?
> (급식판을 가리키며) 급식이에요.
> 친구들이 지금 뭐 해요? (급식을 먹어요.)

2) 1번 그림을 같이 보면서 음식을 한 개씩 가리키며 이름을 읽어 본다. 정확한 발음으로 읽을 수 있도록 지도한다. 학생들 한 명 한 명 직접 읽어 보도록 하면서 지도한다.

> 🔲 (음식 사진을 가리키며) 음식이에요.
> 과자, 고기, 주스, 과일, 요구르트, 야채.

· ·

익힘책 140쪽 1번

> 학생들에게 그림에 있는 음식 이름을 말하게 한 다음 ①번처럼 연결하게 한다. 나머지도 같은 방법으로 하게 하고 따라 쓰게 한다.

· ·

2 제시, 설명 – 10분

1) 배가 고프다는 것을 몸짓과 함께 이야기하고 선생님은 ○○(음식 이름)을 먹고 싶다고 말하면서 자연스럽게 문법을 제시한다. 요우타는 무엇이 먹고 싶은지 들어 보자고 하고 핵심 대화를 듣는다. 💿 175

> 🔲 선생님은 지금 배가 고파요.
> (배가 고프다는 몸짓) 고기 먹고 싶어요.
> 요우타는 뭐 먹고 싶어요?
> 몰라요. 들어 보세요. (들으라는 손짓)

1 음식

1. 들어 봅시다.

1) 들어 보세요. 💿 175

뭐 먹고 싶어? 과자 먹고 싶어.

2. 연습해 봅시다.

1) 들어 보세요. 골라 보세요. 💿 177

① ② ③

✔ 과일 먹고 싶어요. ☐ 야채 먹고 싶어요. ☐ 요구르트 마시고 싶어
☐ 고기 먹고 싶어요. ☐ 고기 먹고 싶어요. ☐ 주스 마시고 싶어요.

236 · 의사소통 한국어 1

236

2) '-고 싶어요'를 도입한다. 도입 그림에 있는 음식을 하나하나 가리키면서 음식 뒤에 '먹고 싶어'를 붙여 말한다. 학생들도 따라 하도록 유도한다.

> 🔲 과자 먹고 싶어.
> 고기 먹고 싶어.
> 주스 먹고 싶어.
> 과일 먹고 싶어….

· 💿 176을 듣게 하고 다시 따라 해 보게 한다.

3 연습 – 15분

1) 문법을 연습하게 한다.

· 2-1)에서 ①~③의 내용을 읽게 한다. ①을 시범으로 같이 해 본다.

> 🔲 아비가일이 뭐 먹고 싶어요?
> 과일 먹고 싶어요?
> 고기 먹고 싶어요?
> 들어 보세요.

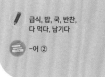

급식, 밥, 국, 반찬,
다 먹다, 남기다

-어 ②

3. 해 봅시다.

1) 읽어 보세요. 질문에 답해 보세요. 🔊 182

오늘 급식에
밥하고 국, 야채가 나왔다.
나는 고기를 먹고 싶었다.
그런데 고기가 안 나왔다.
급식을 남기고 싶었다.

● 아비가일은 오늘 무슨 음식을 먹고 싶었어요?

☐ 　☐ 　☐

2) 아비가일한테 무슨 말을 하고 싶어요? 써 보세요.

아비가일아,

_____

_____

_____

와 같이 명령문을 만드는 시범을 보이고 나머지 번호도 명령문을 만들어 보게 한다. ②, ⑤, ⑥번은 틀리기 쉬우므로 주의하게 한다. 다 한 후 써 보게 한다.

3) 3-1) 읽기 자료를 읽어 보게 한다.

· 읽기 전: 그림의 아비가일을 가리키면서 아비가일은 무슨 음식을 먹고 싶어 할지 물어보고 대답해 보게 하여 읽기 주제에 대한 관심을 끈다.
🔳 아비가일은 무엇이 먹고 싶어요?
알아요?
야채예요?

· 읽기: 학생들이 야채 사진을 보면서 '야채'라고 말하면 맞는지 한 번 읽어 보자고 한다. 학생들이 읽기 글을 읽고 아비가일이 무슨 음식을 먹고 싶었는지 찾아내면 칭찬해 준다.
🔳 아비가일은 오늘 무슨 음식을 먹고 싶었어요?
(고기를 먹고 싶었어요.) 맞아요.

· 읽기 후: 읽기 지문을 다 같이 소리 내어 읽어 본다. 억양, 몸짓, 발음을 지도한다.

익힘책 143쪽 3번

선생님이 엄마, 학생들이 아비가일이 되어 대화를 구성해 본다. 학생들이 ①번을 하면 엄마가 어떻게 말했을 것 같은지 추측해 보게 하면서 ②를 만들어 본다. 대화를 마친 후 써 보게 한다.

4 적용 - 7분

1) 3-2) 활동을 한다. A4 종이를 나누어 주고 학생들에게 아비가일에게 하고 싶은 말을 써 보라고 한다. 오늘 배운 문법을 사용해서 무언가를 권하는 표현을 쓰도록 지도한다.

2) 학생들이 자신이 쓴 내용을 가지고 짝과 이야기해 보게 한다.

익힘책 143쪽 4번

적용 활동을 마친 학생들에게 자리에 앉게 한 다음 차분하게 직접 써 보게 한다.

5 정리 - 3분

1) 음식이 남은 사진을 보여 주고 알맞은 표현을 말해 보게 한다.

2) 음식을 남긴 친구에게 할 수 있는 말을 물어보고 답해 보게 하면서 오늘 배운 내용을 다시 한번 정리해 준다.

문법 지식

-어

· 사실을 명령함을 나타내는 종결 어미. 동사에 붙어 어떠한 행동을 할 것을 명령함을 나타낸다. 주로 듣는 사람에게 무언가를 시킬 때 사용한다.
🔳 방을 청소해.
　놀기 전에 숙제해.

	조건	형태	예시
①	ㅏ, ㅗ	-아	앉아, 가, 와
②	ㅏ, ㅗ 이외	-어	먹어, 읽어
③	-하다	해	공부해, 말해, 청소해

익힘책 142쪽 2번

학생들과 왼쪽 그림에 있는 인물이 누구인지, 무엇을 하는지 함께 이야기한다. 그리고 가운데 행동 표현 카드와 연결해 보게 한다. ①번을 가리키면서 "지민아, 약국에 가."

3차시 하루 생활 1

· **주요 학습 내용**

> 어휘
> 일찍 일어나다, 늦게 일어나다, 음식을 골고루 먹다,
> 숙제 먼저 하다, 일찍 자다, 늦게 자다
>
> 문법 및 표현
> -지 마
>
> 준비물
> 듣기 자료, 생활 그림 카드, 역할극 카드

1 도입 – 5분

1) 도입 그림을 같이 보면서 상황 및 단원의 주요 활동을 암시한다.

　교 (요우타를 가리키며) 누구예요?

　　 (요우타예요.) 누구하고 이야기해요?

　　 (엄마를 가리키며) 요우타의 엄마예요.

　　 요우타가 누구를 생각해요?

　　 (생각하는 그림을 가리키며) 성우를 생각해요.

　　 요우타가 뭐 하고 싶어요?

　　 (놀고 싶어요.) 네, 맞아요.

　　 놀이터에서 놀고 싶어요.

2 제시, 설명 – 15분

1) 문법을 제시한다.

· 1-1) 그림을 보면서 지금 엄마가 무슨 말을 할 것 같냐고 물어보며 2차시에서 배운 문법 '-어'를 복습한다.

　교 지금 저녁 시간이에요.

　　 엄마가 밥을 했어요.

　　 엄마가 무슨 이야기를 해요?

　　 요우타야, 밥 먹어.

· 요우타의 엄마가 또 무슨 말을 하는지 ◎183을 통해 들어 보라고 한다.

· ◎183을 들은 후 문법 '-지 마'를 설명하고 학생들이 1-1)을 따라 읽게 한다.

　교 (듣기 자료를 들은 후) 엄마가 요우타에게 '나가지 마.' 말해요.

　　 '나가.' (나가라고 말하는 몸짓)

　　 '나가.' 안 돼요.

　　 '나가지 마.'

　　 ('하지 마세요'를 보여 주는 × 모양을 몸짓으로 보여 주며) 말해요.

> **문법 지식**
>
> **-지 마**
> · 어떤 행위의 금지를 나타내는 표현. 동사에 붙어 어떤 행위를 하지 못하게 함을 나타낸다. 다른 사람의 행위를

---

3 하루 생활 1

1. 들어 봅시다.

　1) 들어 보세요. ◎ 183

　　엄마, 성우하고 놀이터에서 놀고 싶어요.

　　지금 나가지 마. 밥 먹어.

　2) 들어 보세요. 따라 해 보세요. ◎ 184

　① 일찍 일어나다　② 늦게 일어나다　③ 음식을 골고루 먹다

　④ 숙제 먼저 하다　⑤ 일찍 자다　⑥ 늦게 자다

240 · 의사소통 한국어 1

240

금지할 때 주로 사용한다.

　예 아기가 자니까 떠들지 마.

　　시간이 늦었으니까 나가지 마.

	조건	형태	예시
①	받침 ○	-지 마	먹지 마
②	받침 ×, ㄹ 받침	-지 마	남기지 마, 떠들지 마

2) 단어를 제시한다.

· 1-2)의 하루 생활을 나타내는 그림 카드 여섯 장을 차례로 보여 주면서 무슨 상황인지 물어본다. 학생들이 말하면 발음을 확인해 주고 학생들이 잘 모르면 표현을 알려 주며 따라 하게 한다.

· ◎184를 들어 보고 발음을 확인하게 하고 따라 읽게 한다.

· 학생들끼리 생활 그림 카드만 보면서 해당 표현을 말해 보는 연습을 하게 한다.

2. 들어 보세요. 골라 봅시다.

1) 들어 보세요. 골라 보세요. 🔊 185

① 　② 　③

| ✓ 일찍 일어나! | ☐ 숙제 먼저 해! | ☐ 늦게 일어나지 마! |
| ☐ 일찍 자! | ☐ 음식을 골고루 먹어! | ☐ 늦게 자지 마! |

2) 들어 보세요. 골라 보세요. 🔊 186

① 가　✓ 나　② ☐ 가 ☐ 나

3. 역할극을 해 봅시다.

엄마, 자고 싶어요.

지금 몇 시야? 일찍 일어나! 밥 먹어!

①  ②

8. 음식을 골고루 먹겠습니다 • 241

241

'먹다'와 같이 순서대로 읽게 한다. 선생님이 ①번을 읽으면서 손으로 하지 말라는 뜻을 나타내는 몸짓을 하고 "과자를 많이 먹지 마."라고 말한다. ②번도 같은 방법으로 같이 해 본다. ③번은 주의하게 한다. 따라 써 보게 한다.

2-2)번도 같은 방법으로 그림을 보면서 학생들과 문장을 구성해 보고 나서 써 보게 한다.

2) 2-2) 듣기 자료를 들어 보게 한다.

· 듣기 전: ①과 ②의 장소와 등장인물들을 확인한다. 가와 나의 그림이 어떤 상황인지 물어보고 다 같이 이야기해 본다.

🔵 (가 그림을 보며) 요우타예요.

　요우타가 뭐 해요?

　(자요.) 엄마가 뭐라고 해요?

　(일찍 일어나!)

· 듣기: 🔊186의 대화를 들으면서 가와 나 중 어떤 그림이 맞는지 골라 보게 한다. 학생들이 어떻게 하는 것인지 모를 수 있으므로 ①을 먼저 다 같이 해 보고 나서 ②를 한다. 정답 확인은 다음과 같이 한다.

🔵 요우타가 뭐 하고 싶어요?

　(텔레비전 보고 싶어요.)

　엄마가 뭐라고 했어요?

　(텔레비전 보지 마. 일찍 자.)

　몇 번 그림이에요?

　(나요.)

· 듣기 후: 학생들을 두 명씩 짝을 지어 주고 ①의 나, ②의 가의 대화를 해 보게 한다.

> **익힘책** 145쪽 3번
>
> 학생들과 ①번을 같이 소리 내어 해 보고 답을 골라 보게 한다. 나머지도 같은 방법으로 한다.

④ 적용 – 10분

1) 역할극 활동을 해 보게 한다.

2) 3번을 응용하여 역할극을 하게 한다. A4 종이를 반으로 접어서 앞면에는 엄마, 뒷면에는 등장인물을 써서 학생들에게 한 장씩 나누어 준다. 한 번은 엄마(또는 아빠), 한 번은 아이로 역할을 서로 바꾸어 가며 대화해 보게 한다. 반 전체 활동으로 서로 짝을 바꾸어 가면서 한다.

> **익힘책** 145쪽 4번
>
> 적용 활동을 마친 학생들에게 자리에 앉게 한 다음 차분하게 직접 써 보게 한다.

⑤ 정리 – 5분

1) 적용 단계에서 한 역할극을 반 친구들 앞에서 발표해 보게 함으로써 이번 차시 수업을 마무리한다. 역할극을 수행한 학생들을 칭찬해 주고 억양, 몸짓, 발음 등에 대하여 피드백을 해 준다.

> **익힘책** 144쪽 1번
>
> 학생들에게 왼쪽 그림을 보면서 단어를 말하고 연결하게 한다.

③ 연습 – 10분

1) 문장을 연습하게 한다.

· 앞에서 제시한 하루 생활 표현들에 반말 명령형 '-어'와 '-지 마'를 결합해서 이야기해 보는 연습을 한다.

🔵 일찍 일어나! 일찍 자!

　숙제 먼저 해!

　음식을 골고루 먹어!

　늦게 일어나지 마!

　늦게 자지 마!

· 🔊185를 들으면서 알맞은 답을 골라 보게 한다.

> **익힘책** 144쪽 2-1), 2)번
>
> 학생들에게 왼쪽에 있는 말 상자를 보게 하고 '과자를 많이

· 주요 학습 내용

> **어휘**
> 이를 닦다, 손을 씻다, 발을 씻다, 머리를 감다,
> 세수하다, 샤워하다
>
> **문법 및 표현**
> -습니다
>
> **준비물**
> 듣기 자료, 욕실 사진, 생활 그림 카드

1 도입 – 5분

1) 욕실 사진을 보여 주면서 장소를 질문하며 대답하게
한다. 욕실에서 무엇을 하는지 물어보고 학생들의 대
답을 유도하여 배경지식을 확인한다.

> 선 욕실이에요.
>
> 욕실에서 뭐 해요?
>
> (세수해요….)

2 제시, 설명 – 10분

1) 단어를 제시한다. ('하루 생활 2' 단어)

· 생활 그림 카드를 차례로 보여 주면서 발음을 들려준
다. 학생들에게 따라 하게 하고 익숙해지면 그림 카드
를 보고 스스로 말할 수 있게 한다. 발음에 유의하도록
한다.

· 학생들에게 생활 그림 카드를 나누어 준 다음, 선생님
이 말하는 단어의 그림을 들어 보게 한다.

· 🎧187을 듣고 교재에 있는 단어를 크게 따라 읽게 한다.

3 연습 – 20분

1) '하루 생활 2'의 단어를 연습하게 한다.

· 2-1) 그림을 보고 등장인물이 누구인지 다 같이 확인
한다. 🎧188을 통해 등장인물의 행동을 듣고 누구에
대한 내용인지 그림에 동그라미를 그리도록 한다. 정
답을 확인할 때에는 학생들이 하나씩 읽도록 해서 확
인한다. 발음이 잘못된 경우 수정해 준다.

· 학생들이 짝과 함께 TPR 활동을 하도록 지도한다. 짝
한 명이 새로 나온 생활 단어에 해당하는 행동을 몸짓
으로 보여 주면 다른 한 명이 이를 보고 단어를 맞히도
록 한다. 선생님이 예시로 한 행동을 보여 주고 학생들
에게 답을 맞혀보게 하고 학생들이 활동 방법을 익힐
수 있도록 한다.

> **어휘 지식**
>
> | 닦다 [닥따] | 때, 먼지 녹 따위의 더러운 것을 없애거나 윤기를 내려고 거죽을 문지르다.
 예 이를 닦다, 구두를 닦다, 방바닥을 걸레로 닦다. |
> | --- | --- |

---

❹ 하루 생활 2

1. 읽어 봅시다. 🎧 187

①
이를 닦다

②
손을 씻다

③
발을 씻다

④
머리를 감다

⑤
세수하다

⑥
샤워하다

2. 연습해 봅시다.

1) 들어 보세요. 해 보세요. 🎧 188

2) 위의 그림을 보세요. 연결해 보세요. 🎧 189

> 빈센트가 이를 닦습니다.

> 아비가일이 발을 씻습니다.

> 저밍이 세수합니다.

242

씻다 [씯따]	물이나 휴지 따위로 때나 더러운 것을 없게 하다. 예 얼굴을 씻다, 때를 씻다, 손을 씻고 밥을 먹어라.
감다 [감따]	머리나 몸을 물로 씻다. 예 머리를 자주 감으면 머릿결이 상한다.

익힘책 146쪽 1번

학생들에게 왼쪽 그림을 보면서 단어를 말하게 한다. 그리
고 연결하게 하고 따라 쓰게 한다.

2) 문법을 제시하고 연습하게 한다.

· 2-2)에서 제시한 '습니다'가 자기소개할 때 배운 '-입
니다'와 같은 문법임을 학생들이 인식하게 한다. 2-1)
그림을 보면서 등장인물들의 이름을 '-입니다' 형식으
로 말하게 하여 배운 격식체를 다시 환기시킨다. 생활
단어 동사들을 '-어요' 형식으로 읽어 주고 이를 '-습
니다'로 바꿔서 말하게 한다.

> 선 (빈센트를 가리키며) 이름이 뭐예요?
>
> 빈센트예요.
>
> 네, 자기소개 발표할 때 어떻게 말했어요?

이를 닦다, 손을 씻다,
발을 씻다, 머리를 감다,
세수하다, 샤워하다

-습니다

3. 해 봅시다.

1) 읽어 보세요. 질문에 답해 보세요. 🎧 190

아이다 동생이
이를 안 닦습니다.
아이다가 말합니다.
"이 닦아!"
동생이 말합니다.
"나 네 살이야. 이 못 닦아!"

● 누가 이를 안 닦습니까?

☐ (얼굴 그림)   ☐ (얼굴 그림)

2) 1)을 정확한 발음으로 읽어 보세요.

　이를 안 닦습니다.　　　　동생이 말합니다.

빈센트입니다.
따라 해 보세요. (빈센트입니다.)

🔵 빈센트가 뭐 해요? (이를 닦아요.)
빈센트가 이를 닦습니다.
따라 해 보세요. (빈센트가 이를 닦습니다.)
아비가일이 뭐 해요? (발을 씻어요.)
발을 씻습니다.

· 2-2)를 보면서 선택지를 읽어 보게 한다. 🎧189를 듣고 선택지가 설명하는 인물을 찾아 연결하게 한다.
· 듣기 활동이 끝나면 다 같이 확인해 보면서 큰 소리로 읽어 본다.

문법 지식

-습니다

· 정중하게 동작이나 상태를 서술함을 나타내는 종결 어미. 동사나 형용사에 붙어 동작이나 상태, 사실을 설명함을 나타낸다. 평서형 종결 어미 중 가장 상대방을 높이는 최고 높임의 뜻을 가지며, 격식적인 상황에서 말하는 사람이 듣는 사람에게 현재의 상황이나 동작에 대해 정중하게 설명할 때 사용한다.

🔵 도서관에 책이 많습니다.
저는 아침에 빵을 먹습니다.

	조건	형태	예시
①	받침 ○	-습니다	먹습니다, 읽습니다, 많습니다
②	받침 ✕	-ㅂ니다	갑니다, 옵니다, 공부합니다
③	ㄹ받침	-ㅂ니다 ('ㄹ' 탈락)	삽니다, 만듭니다

익힘책 146쪽 2-1), 2)번

2-1)번은 학생들에게 왼쪽에 있는 말 상자를 보게 하고 "요우타가 이를 닦다", "요우타가 이를 닦습니다."와 같이 순서대로 읽게 한다. 다 같이 ②번부터 읽는데, ④번은 주의하게 한다. 따라 써 보게 한다.
2-2)번도 같은 방법으로 그림을 보면서 학생들과 문장을 구성해 보고 나서 써 보게 한다.

3) 3번을 읽어 보도록 한다.

· 읽기 전: 3번 그림을 가리키면서 아이다와 동생이 무엇을 하고 있는 상황인지 인지하게 한다. 학생들에게 누가 이를 닦는지 물어보고 읽기를 통해 확인해 보자고 한다.

🔵 (아이다와 동생을 가리키며) 누구입니까?
(아이다, 아이다 동생입니다.)
아이다하고 동생이 지금 어디에 있습니까?
(욕실에 있어요.) 네, 욕실에 있습니다.
뭐 합니까? (이를 닦습니다.)

· 읽기: 누가 이를 닦는지 질문한다. 학생들이 그림을 보면서 잘 말하지 못하면 한 번 읽어 보자고 한다. 학생들이 읽기 글을 읽고 답을 찾아내면 칭찬해 준다.
· 읽기 후: 읽기 지문을 다 같이 소리 내어 읽어 본다. 억양, 몸짓, 발음을 지도한다.

익힘책 147쪽 3번

선생님과 학생이 같이 읽으면서 ①번을 같이 만들어 본다. 나머지도 같은 방법으로 읽은 후 직접 써 보게 한다.

익힘책 147쪽 4번

적용 활동을 마친 학생들에게 자리에 앉게 한 다음 차분하게 직접 써 보게 한다.

4 적용, 정리 – 5분

1) 3-2)를 보면서 정확한 발음으로 읽어 보게 한다. 오늘 배운 하루 생활 단어들을 '습니다'로 바꾸어서 다시 한 번 읽어 보게 하며 4차시를 마친다.

· 주요 학습 내용

> 문법 및 표현
> -겠습니다
>
> 준비물
> 듣기 자료

1 도입 – 5분

1) 1-1) 그림을 같이 보면서 이번 차시의 상황은 4차시와 마찬가지로 공식적인 상황이며, 발표할 때 사용하는 형식임을 알려 준다. 그때는 언어적 표현과 태도가 달라진다는 것을 알려 준다.

2) 리암이 친구들 앞에서 무슨 발표를 하고 있을지 질문하며 관심을 유도한다. 🔊191을 같이 들으면서 리암이 발표하는 상황임을 인식하게 하고 '계획'을 말하고 있음을 알려 주면서 5차시의 주제를 자연스럽게 노출한다.

> 🔴 리암이에요. 발표해요.
>
> 무엇을 발표해요?
>
> 들어 보세요.
>
> 🔴 어때요? 리암이 앞으로 무엇을 하겠다고 해요.
>
> 리암의 계획이에요. 리암의 계획이 뭐예요?
>
> (음식을 골고루 먹어요.)
>
> 네, '음식을 골고루 먹겠습니다.'라고 말했어요.

· ·

익힘책 148쪽 1번

왼쪽에 있는 그림을 보면서 격식 상황인지, 비격식 상황인지 이야기를 나눈다. ①, ②는 격식 상황, ③, ④는 비격식 상황임을 확인하고 격식 상황에서는 '나' 대신 '저', '-어요' 대신 '-습니다'를 사용한다는 사실을 다시 강조한다.

· ·

2 제시, 설명 – 10분

1) 문법을 도입하고 제시한다.

· 학생들에게 숙제가 많을 때 숙제를 먼저 하는지 물어 보고 학생들의 답을 듣는다. 학생들이 숙제를 먼저 한다고 하면 칭찬을 해 주고, 숙제를 먼저 하지 않는다고 하면 앞으로 어떻게 하면 좋을지 계획을 질문해서 대답을 유도한다.

· 계획을 말할 때는 '-겠습니다'를 사용해서 말할 수 있다고 알려 주고, 1-2) ①, ②번 옆에 있는 선택지를 함께 읽어 본다.

· 하미와 요우타가 발표를 하는 상황이라고 말해 주고, 어떻게 말할지 같이 추측해 본다. 학생들이 말하면 확인해 보자고 한다. 🔊192를 들으면서 하미가 한 말, 요우타가 한 말을 각각 연결해 보게 한다. ① 하미는 먼저 '저는 숙제 먼저 하겠습니다.'를 같이 듣고 교재

5 계획

1. 들어 봅시다.

1) 들어 보세요. 🔊191

> 저는 야채를 잘 안 먹습니다.
> 앞으로는 음식을 골고루 먹겠습니다.

2) 들어 보세요. 연결해 보세요. 🔊192

① 〔얼굴 그림〕 ──── 저는 숙제 먼저 하겠습니다.

나는 숙제 먼저 해요.

② 〔얼굴 그림〕 나는 손을 잘 씻어요.

저는 손을 잘 씻겠습니다.

의 연결선을 확인하면서 과제 해결 방법을 알게 한다. 학생들이 방법을 익히면 ②를 들으면서 직접 해 보게 한다.

· 정답을 확인하면서 '숙제 먼저 하겠습니다.', '손을 잘 씻겠습니다.'를 발음에 유의하며 다시 한번 읽어 보게 한다.

문법 지식

-겠습니다

· 미래에 대한 의지를 나타내는 표현. 동사에 붙어 앞으로 일어날 미래에 대한 의지를 드러낼 때 사용한다.

· 받침의 유무에 상관없이 '-겠-'을 쓴다.

> 📝 저는 이번 주말까지 이 책을 읽겠습니다.
>
> 저는 오늘부터 수업을 열심히 듣겠습니다.

· ·

익힘책 148쪽 2-1), 2)번

2-1)번은 학생들에게 왼쪽에 있는 말 상자를 보게 하고 '이를 닦다', '이를 닦겠습니다.'와 같이 순서대로 읽게 한

2. 연습해 봅시다.

1) 들어 보세요. 골라 보세요. 🔘 193

2) 저밍하고 촘푸도 발표했어요. 어떻게 했어요? 해 보세요.

3. 여러분은 어때요? 앞으로 어떻게 하고 싶어요?

저는 아침에 늦게 일어납니다. 앞으로는 _____.

저는 손을 잘 안 씻습니다. 앞으로는 _____.

다. 다 같이 읽고 나서 따라 써 보게 한다.
2-2)번도 같은 방법으로 그림을 보면서 학생들과 문장을 구성해 보고 나서 써 보게 한다.

3 연습 – 15분

1) 문법을 연습하게 한다.

· 2-1) 그림을 보면서 학생들이 무엇을 하는 상황인지 파악하게 한다. 그림의 등장인물을 한 명씩 가리키면서 각자 무슨 생각을 하고 있을지 물어보고 어떤 발표를 할지 추측해 보게 한다.

🔵 (그림을 가리키며) 지금 학생들이 어디에서 뭐 해요?

(교실에서 발표해요.)

🔵 (저밍을 가리키며) 저밍이 지금 무슨 생각 해요?

(급식 생각해요.)

저밍이 무슨 말을 할까요?

(급식을 잘 먹겠습니다.)

2) 듣기 자료를 들어 보게 한다.

· 듣기 전: 🔘193을 듣기 전에 학생들 중에 누가 발표를 할지 추측해 보게 한다. 듣기를 통해 확인해 보자고 하고 들어 본다.

· 듣기: 🔘193을 들으면서 누가 발표를 하는지 골라 보게 한다.

· 듣기 후: 누가 발표했는지 물어보고 무슨 발표를 했는지 대답하게 한다. 선생님이 다시 한번 듣기 내용을 말해 주고 따라 하게 한다.

🔵 누가 발표했어요? (아비가일이요.)

아비가일이 뭐라고 발표했어요?

(저는 우유를 잘 안 마십니다. 앞으로는 잘 마시겠습니다.)

네. "저는 우유를 잘 안 마십니다.

앞으로는 잘 마시겠습니다."라고 발표했어요.

다시 한번 말해 보세요.

· 2-2) 활동을 하게 한다. 저밍하고 촘푸도 발표했다고 하고 이들은 어떻게 했는지 모둠별로 앉아 말해 보게 한다. 다 하면 역할을 바꾸어 다시 해 보게 한다.

🔵 저밍하고 촘푸예요.

(그림에서 이들을 가리키며)

이들은 어떻게 발표했을까요? 모둠별로 이야기해 보세요.

한 명이 선생님, 다른 두 사람이 요우타와 촘푸예요.

🔵 역할을 바꾸어서 한 번 더 해 보세요.

· 2-2) 활동 후 발표하고 싶은 모둠의 발표를 듣고 칭찬해 주며 피드백을 해 준다.

> **익힘책** 149쪽 3번
>
> ①번에서 아비가일이 생각하는 말풍선의 내용을 함께 읽어 보게 하고 발표할 때는 어떻게 말할 것 같은지 이야기해 보게 한다. 말 상자를 보면서 확인한다. ②번도 같은 방법으로 해 보게 하고 써 보게 한다.

4 적용, 정리 – 10분

1) 3번 활동을 해 보게 한다. 학생들에게 무엇을 못하는지 말하게 하고 앞으로 어떻게 하고 싶은지를 물어본다.

2) 짝과 함께 이야기해 보게 한 다음 몇 명의 발표를 들어 본다. 발표한 학생들을 칭찬해 주고 억양 및 발음 등에 대해 피드백을 해 준다.

· 주요 학습 내용

> **주요 활동**
> 1. 바른 생활을 하기 위한 나의 계획 발표하기
> 2. 바른 생활을 하기 위한 나의 계획 쓰기
>
> **준비물**
> 메모지

1 도입 – 5분

1) 6차시는 그동안 학습한 내용을 모두 이용해서 직접 자신의 계획을 발표하는 시간이라고 말해 준다. 두 가지 방법으로 계획을 발표할 예정인데, 첫 번째는 말하기로, 두 번째는 쓰기로 할 것임을 알려 준다. 1~5차시에서 학습한 내용이 무엇인지 간단히 짚어 준다.

2 활동 1 – 15분

1) 준비를 하게 한다.

· 앞에 나와서 발표를 하기 위한 첫 번째 준비로, 먼저 내용을 구상하게 한다. 1-1)에 나와 있는 질문을 다 같이 읽어 보고 나서 두 명씩 짝을 지어서 질문하고 대답해 보게 한다.

· 앞에서 대답한 내용을 이용하여 발표의 내용을 구성하고 각자 연습하게 한다. 계획 발표 내용의 처음과 마지막에 들어가야 하는 표현을 알려 준다. '안녕하세요?', '저의 계획을 발표하겠습니다.', '발표가 끝났습니다. 감사합니다.' 이들 표현을 포함하여 발표를 준비하게 한다. 태도, 몸짓, 표정, 억양 등을 함께 지도한다.

2) 과제를 수행하게 한다.

· 한 사람씩 앞으로 나와서 격식 있게 발표를 하도록 한다. 씩씩하고 자신 있는 태도로 교탁 가운데에 서게 안내한다.

· 듣는 학생들에게는 경청하도록 하고, 앞에 나온 학생이 발표를 마치면 환영과 격려의 뜻을 담아 박수를 치도록 안내한다.

3) 정리한다.

· 학생들을 칭찬하고 피드백을 해 준다.

3 활동 2 – 15분

1) 준비를 하게 한다.

· 계획에 대한 발표문을 쓸 준비를 하게 한다. 2-1)의 내용을 담은 메모지를 준비하여 학생들 각자 1번에서 이야기한 것 중에서 '네' 한 것과 '아니요' 한 것에 대해 메모해 보게 한다.

---

6 계획 발표하기

1. 말해 봅시다.

1) 나는 어때요?

	네	아니요
1. 음식을 골고루 먹어요?	( )	( )
2. 급식을 다 먹어요?	( )	( )
3. 주스를 잘 마셔요?	( )	( )
4. 야채를 잘 먹어요?	( )	( )
5. 아침에 일찍 일어나요?	( )	( )
6. 숙제 먼저 해요?	( )	( )
7. 밤에 일찍 자요?	( )	( )
8. 이를 잘 닦아요?	( )	( )
9. 손을 잘 씻어요?	( )	( )

2) 발표를 준비해 보세요.

> 저는 급식을 남깁니다.
> 그리고 밤에 늦게 잡니다.
> 앞으로는 _____

3) 발표해 보세요.

2) 과제를 수행하게 한다.

· 앞에서 메모한 내용을 이용하여 발표문을 써 보게 한다. '저는 …습니다'의 형식으로 격식 있게 쓰도록 안내한다.

· 다 쓴 학생의 글을 선생님이 받아서 전체 학생들에게 읽어 준다. 글에서 이름은 밝히지 않고 'ᄋᄋᄋ(땡땡땡)'이라고 한다. 선생님이 읽어 주는 글이 누구의 것인지 알아맞혀 보게 한다.

신 누구예요?
들어 보세요.
저는 ᄋᄋᄋ(땡땡땡)입니다.
저는 ~습니다.
앞으로는… 이 사람은 누구예요?

3) 정리한다.

· 학생들을 칭찬해 주고 발표문에서 주의할 점, 틀리기 쉬운 점을 정리하여 피드백을 해 준다.

2. 발표문을 써 봅시다.

1) 메모해 보세요.

> 앞에서 '네' 한 것이 뭐예요?

> 앞에서 '아니요' 한 것이 뭐예요?

2) 써 보세요.

저는
그리고
그런데
앞으로는

247

④ 정리 – 5분

1) 오늘 활동 내용, 오류, 주의할 점을 다시 짚어 준다.

2) 1~5차시에서 학습한 내용을 다시 한번 간단히 짚어 주면서 필수 차시 학습을 마무리한다.

7차시 연극하기

- **학습 목표**
- 활동: 숲속 나라 인형극하기(바른 생활)

1 전 활동 – 10분

1) 등장인물을 확인하고 역할을 선택하게 한다.

- 1번에서 등장인물인 북극곰, 원숭이, 다람쥐, 용을 도 입한다.
- 그림을 보면서 이야기의 배경을 확인한다. 숲속 나라 임을 확인하게 해 주고, 동물 친구들이 과자 집으로 가 고 싶어 하는 상황임을 확인하게 한다.
- 2번 아래 동물들의 대화를 읽어 보게 하고 '손톱 깎다' 는 새로운 단어이므로 의미를 짚어 준다.
- 4명을 한 모둠으로 구성하고, 각 모둠에서 각자 원하는 등장인물을 선택하게 한다.

2) 역할 대사를 연습하게 한다.

- 선택한 등장인물의 대사를 각자 여러 번 연습하여 거 의 외울 수 있게 준비한다.
- 등장인물에 맞는 목소리, 태도, 발음, 억양, 몸짓 등도 지도한다.

2 본 활동 – 25분

1) 대본을 연습하게 하다.

- 3-1)의 대본을 함께 읽으며 연습한다.
- 194를 들어 보고 속도와 억양, 발음 등을 확인한다.
- 194를 들으면서 같이 읽어 보는 연습을 한다.
- 안 보고 말하는 연습을 한다.

2) 연극을 해 본다.

- 대사를 하면서 연극을 해 본다.
- 모둠별로 연극을 해 보게 한다.

3 후 활동 – 5분

1) 연극을 성공적으로 한 학생들에게 칭찬과 격려를 해 주고 억양 및 발음 등에 대해 피드백을 해 준다.

2) 학생들이 인형극을 하는 장면을 동영상으로 촬영하여 다시 보는 것도 좋다.

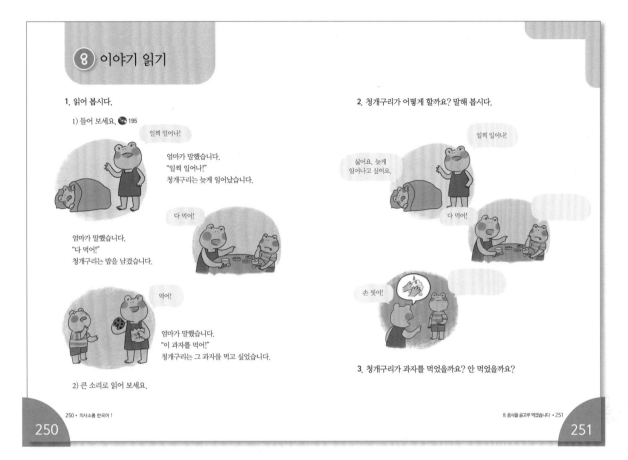

250

251

8차시 이야기 읽기

• **학습 목표**
• 활동: 청개구리 이야기 듣고 뒷이야기 추측하기

1 전 활동 – 5분

1) 1번 그림을 보면서 등장인물인 '청개구리'를 도입한다.
· 1번 그림들을 보면서 청개구리와 청개구리 엄마가 무슨 대화를 할지 이야기해 보게 한 후, 무슨 대화를 했는지 읽기를 통해 확인해 보자고 한다.

2 본 활동 – 25분

1) 1-1)을 읽어 보게 하고 청개구리 엄마가 한 말과 청개구리의 행동을 말해 보게 한다.
  선 청개구리 엄마가 뭐라고 말했어요?
  (일찍 일어나! 말했어요.)
  청개구리가 어떻게 했어요?
  (늦게 일어났어요.)
· 청개구리가 항상 엄마의 말과 반대로 행동함을 짚어줘서 내용의 이해, 등장인물의 성격 이해를 돕는다.
· 1-1) 읽기 지문을 다시 한번 큰 소리로 읽어 보게 한다.
· **⊙** 195를 들으면서 속도, 억양, 발음을 확인하고 다시 한번 읽게 한다.

2) 청개구리의 대답을 말해 보게 한다.
· 2번 그림들을 보고 청개구리와 엄마의 대화를 만들어 보게 한다. 먼저 예시로 첫 번째 그림을 같이 이야기해 본다.
  선 청개구리 엄마가 말했어요. "일찍 일어나."
  그러니까 청개구리가 뭐라고 말했을까요?
  (싫어요. 늦게 일어나고 싶어요.)
· 다른 그림들을 보면서 청개구리 엄마의 말을 읽어 보게 하고 청개구리의 대답을 만들어 보게 한다. 짝과 역할을 바꾸어 가며 읽어 보게 한다.
· 짝과 함께 만든 대화를 발표해 보게 한다.
· 발표한 친구들을 칭찬해 주고 문법, 발음 및 억양에 대해 피드백을 해 준다.

3 후 활동 – 10분

1) 3번 활동을 하게 한다. 1번의 마지막 그림에서 청개구리가 어떻게 했을지 물어보고 짝과 함께 이야기해 보게 한다.

2) 학생들 중 몇 명의 발표를 들어 본다. 발표한 친구들을 칭찬해 주고 피드백을 해 준다.

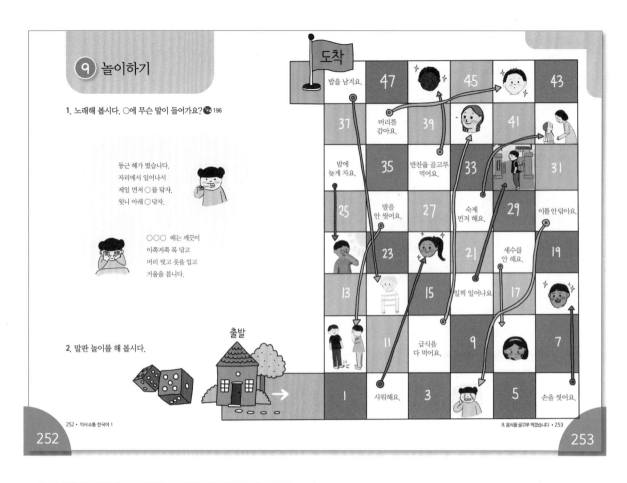

9차시 놀이하기

• **학습 목표**
• 활동 1: '둥근 해가 떴습니다' 노래하기
• 활동 2: 말판 놀이 하기(단원 복습)

1 전 활동 – 5분

1) 노래에 나오는 새로운 단어들을 도입한다. 학생들에게 아침에 일어나면 무엇을 하는지 이야기해 보게 하면서 노래에 나오는 생활 단어들을 유도해 낸다.

2) '둥근 해', '윗니, 아래 이', '머리 빗다', '거울'과 같은 단어는 사진을 보여 주면서 의미를 알려 준다.

2 본 활동 – 30분

1) 다 같이 노래를 듣고 불러 본다.
· 듣기 전: 1-1)을 다 같이 읽으면서 무슨 내용인지 파악하게 한다. 빈칸에 무슨 말이 들어갈지 생각해 보면서 읽어 보게 한다.
· 듣기: 🎧196을 들으면서 빈칸에 알맞은 말을 써 보도록 한다.
· 듣기 후: 빈칸에 들어갈 말을 확인한다. 다시 한번 노래를 듣고 다 같이 불러 본다.

2) 말판 놀이를 한다.
· 주사위로 말판 놀이 활동을 하는 방법에 대해 설명해 준다.
　🔲 (주사위가 2가 나왔을 때) 두 칸 갔어요.
　　읽어요.
　　'샤워해요.' 그리고 질문을 만들어요. '샤워했어요?'
　　그 질문에 '네, 아니요.'로 대답하세요.
　　'네, 샤워했어요.' 그러면 화살표를 따라 올라가세요.
　　(화살표를 가리키며) 만약 내가 20번에 있어요.
　　'세수를 안 해요.' 질문하세요.
　　세수를 안 했어요.
　　그러면 내려가세요.
　　그리고 끝까지 먼저 가는 사람이 이겨요.
· 학생들이 모둠별로 앉아 말판 놀이를 할 수 있도록 한다. 게임을 어려워하는 학생들이 있으면 지도해 준다.

3 후 활동 – 5분

1) 1~6차시에서 배운 내용을 다시 한번 간단하게 짚어 주고, 오늘 활동에 대해 피드백을 해 준다.

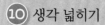

10차시 생각 넓히기

- **학습 목표**
- 활동: 급식실 예절 배우기

1 전 활동 - 10분

1) 1번 그림을 보면서 배울 내용을 살펴보게 한다.
- 1번 그림들을 보면서 배경 장소가 어디인지 물어보고 대답하게 한다.
- 오늘 수업의 주제가 급식 예절임을 알려 준다.
- 1번 그림들을 보면서 선생님이 학생들에게 무엇을 말할지 추측해 보게 한다.

2 본 활동 - 20분

1) 읽기 지문을 읽어 보게 한다.
- 1번 그림들을 보면서 급식 예절을 다 같이 큰 소리로 읽어 보게 한다.
- 그림에서 선생님이 학생들에게 시킨 예절이 무엇인지 물어보고 대답하게 한다.

2) 읽기 활동을 하게 한다.
- 짝과 함께 2번 활동을 하게 한다. ①~④의 그림을 보고 친구들이 급식 예절을 잘 지켰는지 또는 안 지켰는지 알아보자고 한다.

- ①을 통해 2번 활동을 어떻게 하는지 예시로 보여 준다. ①의 지문 '빈센트가 손을 안 씻었어요.'를 큰 소리로 읽게 하고 빈센트가 예절을 잘 지켰는지 물어본다. 같은 방법으로 ②~④에서 친구들이 지켜야 하는 급식 예절이 무엇인지 이야기해 보고, 급식 예절을 지켰는지 알아보게 한다.
- 학생들이 2번 활동을 다 하면 같이 확인한다.

3 후 활동 - 10분

1) 3번 활동을 모둠별로 하게 한다. 학생들이 모둠별로 모여서 3-1)~2)를 질문하고 이야기해 보게 한다.

2) 학생들이 다른 나라의 급식 예절에 대해서 알고 있는 것이 있으면 이야기해 보게 한다.

3) 이야기한 내용에 대해서 발표하게 하고 발표를 한 학생들은 칭찬해 준다.

4) 오늘 배운 내용을 정리하며 10차시 수업을 마친다.

● 메모

● 메모

● 메모

기획·담당 연구원 ──

정혜선 국립국어원 학예연구사
이승지 국립국어원 연구원
박지수 국립국어원 연구원

집필진 ──

책임 집필
이병규 서울교육대학교 국어교육과 교수

공동 집필
박지순 연세대학교 글로벌인재학부 교수
손희연 서울교육대학교 국어교육과 교수
안찬원 서울창도초등학교 교사
오경숙 서강대학교 전인교육원 교수
이효정 국민대학교 교양대학 교수
김세현 서울명신초등학교 교사
김정은 서울가원초등학교 교사
박유현 연세대학교 언어연구교육원 한국어학당 강사
박지현 연세대학교 언어연구교육원 한국어학당 강사
박창균 대구교육대학교 국어교육과 교수
박혜연 서울교대부설초등학교 교사
박효훈 서울원명초등학교 교사
신윤정 서울도림초등학교 교사
신현진 서울강동초등학교 교사
이은경 세종사이버대학교 한국어학과 교수
이현진 서울천일초등학교 교사
조인옥 연세대학교 언어연구교육원 한국어학당 교수
최근애 서울사근초등학교 교사
강수연 서울구로중학교 다문화이중언어 교원

초등학생을 위한
표준 한국어 교사용 지도서
저학년 의사소통 1

ⓒ 국립국어원 기획 | 이병규 외 집필

초판 1쇄 인쇄 | 2020년 3월 10일
초판 2쇄 발행 | 2023년 4월 5일

기획 | 국립국어원
지은이 | 이병규 외
발행인 | 정은영
책임 편집 | 한미경
디자인 | 디자인붐, 박현정, 이경진, 정혜미
일러스트 | 우민혜, 민효인, 김채원, 고굼씨

펴낸 곳 | 마리북스
출판 등록 | 제2019-000292호
주소 | (04037) 서울시 마포구 양화로 59 화승리버스텔 503호
전화 | 02)336-0729   팩스 | 070)7610-2870
이메일 | mari@maribooks.com
인쇄 | (주)금명문화

ISBN 979-11-89943-31-8 (64710)
    979-11-89943-30-1 (set)